Thomas Auchter · Michael Schlagheck (Hg.)

Theologie und Psychologie
im Dialog über den Traum

D1666873

Schriftenreihe der Katholischen Akademie
Die Wolfsburg, Mülheim/Ruhr
Haus für Erwachsenenbildung des Bistums Essen

Hg. von Michael Schlagheck

Thomas Auchter
Michael Schlagheck (Hg.)

Theologie und Psychologie im Dialog über den Traum

Imprimatur. Paderbornae, d. 11. m. Julii 2003
Nr. A 58-21.00.2/698. Der Diözesanadministrator Hans-Josef Becker

Bibliografische Information Der Deutschen Bibliothek
Die Deutsche Bibliothek verzeichnet diese Publikation in der
Deutschen Nationalbibliografie; detaillierte bibliografische
Daten sind im Internet über http://dnb.ddb.de abrufbar.

Umschlaggrafik:
Claudia Goldstein, Dortmund

ISBN 3-89710-206-4

© 2003 by Bonifatius GmbH Druck · Buch · Verlag Paderborn

Gesamtherstellung:
Bonifatius GmbH Druck · Buch · Verlag Paderborn

Inhalt

Thomas Auchter / Michael Schlagheck

Vorwort

„Jakob zog aus Beerscheba weg und ging nach Ha-
ran. Er kam an einen bestimmten Ort, wo er über-
nachtete, denn die Sonne war untergegangen. Er
nahm einen von den Steinen dieses Ortes, legte ihn
unter seinen Kopf und schlief dort ein. Da hatte er einen Traum: Er sah eine Treppe, die auf der Erde
stand und bis zum Himmel reichte. Auf ihr stiegen
Engel Gottes auf und nieder. Und siehe, der Herr
stand oben und sprach: Ich bin der Herr, der Gott dei-
nes Vaters Abraham und der Gott Isaaks. Das Land,
auf dem du liegst, will ich dir und deinen Nachkommen geben. Deine Nachkommen werden zahlreich
sein wie der Staub auf der Erde. Du wirst dich unauf-
haltsam ausbreiten nach Westen und Osten, nach
Norden und Süden, und durch dich und deine Nachkommen werden alle Geschlechter der Erde Segen erlangen. Ich bin mit dir, ich behüte dich, wohin du
auch gehst, und bringe dich zurück in dieses Land.
Denn ich verlasse dich nicht, bis ich vollbringe, was
ich dir versprochen habe. Jakob erwachte aus seinem
Schlaf und sagt: Wirklich, der Herr ist an diesem Ort,
und ich wusste es nicht" (Genesis 28,10-16).

So reich das Alte und das Neue Testament auch an
Träumen sind, gewiss gilt dieser Abschnitt aus dem
Buch Genesis als einer der bedeutsamsten Träume al-
ler Zeiten. Jakob ist auf der Flucht vor seinem Bruder
Esau, nimmt sich bei Sonnenuntergang einen Stein,

auf den er sich legt und träumt. Nach dem Erwachen sagt er: „Wirklich der Herr ist an diesem Ort, und ich wusste es nicht." Gott spricht zu Jakob im Traum und eröffnet ihm den Blick auf eine andere Wirklichkeit; eine weite Perspektive tut sich auf. Ein Traum von den rund hundert Träumen in der Bibel – und zumeist ist es eine Erfahrung, die gewonnen wird: Gott spricht zu den Menschen und sucht die Gemeinschaft mit ihnen.

Diese Erfahrung gilt für viele Religionen und Kulturen. Bereits aus der Zeit des Königs Hammurabi, 1728-1686 vor Christus, kennen wir das älteste assyrische Traumbuch. Es sind 12 Keilschrift-Tontafeln, die nach einem Gebet an den Gott der Träume ein systematisches Traumverzeichnis enthalten. Das persönliche und soziale Leben waren stark von Träumen geprägt, die so verstanden wurden, dass Gott in das Leben eingriff.

In der Antike kündigen Träume als göttliche Botschaften bedeutsame Ereignisse an oder weisen den Weg bei schwierigen Entscheidungen. Die Geschichte des Volkes Gottes kennt die Träume als Mittel der Offenbarung. Neben dieser religiösen gibt es jedoch bereits früh die psychologische Sichtweise. Aristoteles sieht keinen göttlichen Ursprung im Traum, sondern vielmehr die Fortsetzung der geistigen Aktivitäten des Tages während des Schlafes.

In der geistlichen Tradition der frühen Kirche behält der Traum seine Rolle als Ort der Gotteserfahrung. Tertullian (ca. 160-220) schreibt in seinem Buch über die Seele: „Ist es nicht allen Menschen bekannt, dass

Gott sich dem Menschen am besten durch den Traum offenbaren kann?" Durch einen Traum wird Hieronymus bekehrt, Franziskus erfährt seine Berufung im Traum, die durch einen Traum des Papstes bestätigt wird. Einige Beispiele, gewiss geprägt von verschiedenen kulturellen Umfeldern.

In der Dichtung der Romantik erfährt der zwischenzeitlich „verdrängte" Traum eine Renaissance. Für Literatur und Musik sind die Träume bedeutsam. So heißt es von Beethoven, er habe morgens früh Melodien komponiert, die er im Schlaf gehört habe. Oder Ernest Hemingway, der morgens früh schrieb, um seine Träume zu verarbeiten. Erinnert werden muss an die Malerei, z.B. einen Surrealisten wie Yves Tanguy, über dessen Bilder man sagt, sie seien eine Leiter in das Reich der Träume.

Nicht erst seit dem epochemachenden Werk „Die Traumdeutung" von Sigmund Freud gehört der Traum zur Psychologie des Alltagslebens. Doch Freud hat wie kein anderer vor ihm den Traum zu einem Forschungsgegenstand gemacht und eine Theorie über die Träume vorgelegt. 1899 erstmals veröffentlicht, enthält das Buch nach seinen eigenen Worten im Vorwort zur dritten englischen Auflage „das Wertvollste aller meiner Entdeckungen, welche mir mein gutes Geschick zu machen erlaubte. Eine solche Einsicht fällt einem nur einmal im Leben zu." Für Freud sind Träume vor allem Erfüllungen verdrängter Wünsche und ihre Deutung ist der Königsweg zur Kenntnis des Unbewussten im Seelenleben. Kann man nach Freud noch vom Traum als Ort der religiösen Erfahrung sprechen und wenn ja in welcher Weise?

Viele Tagungen und Publikationen treten mit einem interdisziplinären Anspruch auf und kommen dabei oft nicht darüber hinaus, verschiedene Disziplinen zwischen zwei Buchdeckel zu pressen, wie es einmal hieß. Wir freuen uns, dass neben den Beiträgen aus den Geschichtswissenschaften, der Theologie, der Psychoanalyse und den Neurowissenschaften ein Dialog zwischen den Fachvertretern veröffentlicht werden kann.

Der vorliegende Band dokumentiert eine Tagung der Katholischen Akademie „Die Wolfsburg" in Kooperation mit der psychoanalytischen Arbeitsgemeinschaft Köln-Düsseldorf in der Tagungsreihe „Theologie und Psychologie im Dialog".

Bei dieser Akademietagung fragten wir nach dem Traum in der Religionsgeschichte, in Bibel und Mystik, wir suchten die Fundamente psychoanalytischer Traumdeutung zu erfassen, ebenso wie die neurobiologischen Forschungsergebnisse. Welche Grundlagen des Träumens gibt es? Wie bildet sich ein Traum und welche Funktion hat er? Welche Deutungswege lassen sich unterscheiden? Lässt sich der Traum verstehen als ein Ort des seelischen Wachstums, der Gottesbegegnung, der religiösen Erfahrung? Können Träume verstanden werden als sinnlich wahrnehmbare Erscheinungen Gottes, die dem nicht selten beklagten Erfahrungsverlust des Glaubens begegnen?

Ein Ziel der Tagung war es, durch den interdisziplinären Dialog, „Sichtbehinderungen" einzelner Fächer zu reduzieren und gemeinsam eine ganzheitlichere Sicht des Menschen zu gewinnen.

In einem im guten Sinne streitbaren Dialog zwischen Theologie und Psychologie können sich die Fächer wechselseitig befruchten, wenn sie dabei die Grenzen ihrer jeweiligen Disziplin anerkennen und sich zugleich mit einer Grundhaltung des Verstehenwollens begegnen. So ist zu wünschen, dass die vorliegende Publikation als guter Beitrag im kritisch-konstruktiven Dialog zwischen Theologie und vor allem der Psychoanalyse wirksam werden kann.

Gregor Weber

„Zweifach sind die Tore der wesenlosen Träume ..."

Traum und Traumdeutung in der Antike[*]

1. Einführung

Im 19. Buch von Homers *Odyssee* findet sich eine berühmte Szene. Odysseus ist, als Bettler verkleidet, nach dem Trojanischen Krieg und zehnjähriger Irrfahrt in die Heimat Ithaka zurückgekehrt, hat sich aber seiner Frau Penelope noch nicht zu erkennen gegeben. Zuvor soll nämlich die Ermordung der aufsässigen Freier bewerkstelligt werden. Bei einem abendlichen Gespräch, so der Dichter, fühlt sich Penelope zu dem fremden Bettler hingezogen, der ihr Nachrichten über den verschollenen Mann zu berichten weiß, jedenfalls schüttet sie ihm ihr Herz aus. Denn sie steht in der Entscheidungssituation, ob sie im Hause ihres verschollen geglaubten Mannes bleiben oder einen der Freier heiraten soll.[1] In diesem Zusammenhang erzählt sie dem Bettler einen aktuellen,

---

[*] Der Text meines Vortrags in der ‚Wolfsburg' ist im Originalduktus belassen und um einige Anmerkungen und weiterführende Hinweise ergänzt. Mein Dank gilt vor allem den Mitreferenten und Teilnehmern an der Tagung für die anregende Diskussionsatmosphäre und den intensiven Austausch, außerdem Ellen Bierwisch für die Gestaltung des Manuskriptes.

[1] Vgl. dazu Flaig 1995.

sie verwirrenden Traum und erbittet eine Deutung:[2] *Doch auf! Deute mir diesen Traum und höre! Gänse fressen mir in dem Hause, zwanzig den Weizen aus dem Wasser, und ich erquicke mich an ihnen, sie anzusehen. Da kam vom Berge ein großer Adler mit krummem Schnabel und brach allen den Hals und tötete sie, sie aber lagen zu Hauf hingeschüttet in den Hallen. Er aber flog in den göttlichen Äther. Und ich klagte und schluchzte in dem Traume, und es versammelten sich um mich die flechtenschönen Achaierfrauen, wie ich erbärmlich wehklagte, dass mir der Adler die Gänse getötet hatte. Da kam er wieder und setzte sich auf das vorspringende Dach und verwehrte es mir mit menschlicher Stimme und begann: ‚Fasse Mut, Tochter des weitberühmten Ikarios! Kein Traum ist dies, sondern richtige Wahrheit, die dir vollendet werden wird. Die Gänse sind die Freier, ich aber war dir vordem ein Adlervogel, jetzt aber hinwieder bin ich als dein Gatte gekommen, der ich über die Freier alle ein schmähliches Schicksal bringen werde!‘ So sprach er. Da ließ der honigsüße Schlaf mich los, und wie ich um mich schaute, sah ich die Gänse in den Hallen den Weizen an dem Troge knabbern, wo auch vorher.*“ Der Bettler bestätigt die bereits im Traum gegebene Deutung, was Penelope zu folgendem wichtigem Einwurf veranlasst: *Fremder! Wahrhaftig, den Träumen ist nicht beizukommen, die Ungeschiedenes reden, und nicht alles geht den Menschen in Erfüllung. Denn zweifach sind die Tore der wesenlosen Träume. Die einen sind aus Horn gefertigt, die anderen aber von Elfenbein. Und welche nun von den Träumen kommen aus dem gesägten Elfen-*

---

[2]   So explizit Rozokoki 2001, 1, Anm. 3.

bein, die äffen rein, indem sie unerfüllbare Worte bringen. *Doch die da ausgehen aus dem geglätteten Horn, die sind zur Wahrheit auserkor'n, wenn einer der Sterblichen sie sieht. Mir aber, denke ich, ist nicht von dorther jener schreckliche Traum gekommen.*[3] Hierbei handelt es sich um Literatur, also einen vom Dichter *gestalteten* Text,[4] doch besteht kein Zweifel daran, dass der Dichter entsprechende Erfahrungen bei seinen Lesern bzw. Hörern voraussetzen konnte. Der Traum ist positioniert zwischen zwei weiteren Träumen der Penelope[5] und besteht aus fünf Teilen – der eigentlichen Traumsequenz, der im Traum gegebenen Deutung, der Reaktion im Wachzustand, der Bestätigung der Deutung durch den Bettler Odysseus sowie der Reflexion über Herkunft und Glaubwürdigkeit der Träume.[6] Die wesentlichen symbolischen Bezugspunkte werden durch die Deutung

---

[3] Homer, *Odyssee* 19,508-604, vgl. Messer 1918, 30ff.; Kessels 1978, 91ff.; Russo 1982; Latacz 1992; Manuwald 1994, 17ff.; Weber 2000, 34 mit Anm. 39; Walde 2001a, 54-67; Rozokoki 2001.

[4] Zum Aspekt der Lesersteuerung am konkreten Beispiel vgl. Latacz 1992.

[5] Homer, *Odyssee* 4,787-845 u. 20,22-100, dazu Walde 2001a, 44-49 u. 68-72.

[6] Es besteht eine – wenig fruchtbare - Diskussion darüber, ob die vorgeführte Theorie auf den Dichter zurückgeht oder ob dieser Gedankengut aus früherer Zeit aufgenommen hat, dazu vgl. Rozokoki 2001, 6. Zur weitgehend standardisierten Traumszenerie mit fünf Elementen (Rahmenhandlung, Traum, Reaktion, Interpretation und Antwort auf die Botschaft), die durch weitere Ausarbeitungen bereichert werden konnte, vgl. Kessels 1978, 134ff.; Hanson 1980, 1400-1413; Weber 2000, 41-43.

evident gemacht, die der Adler, wiederum Odysseus, im Traum gibt, und sie erfahren durch den Bettler nochmals eine Bestätigung in der Wachwelt, ohne dass eine vollständige Entschlüsselung vorgenommen wird.[7] Durch den Traum wird außerdem Penelope deutlich, dass sie sich nichts sehnlicher herbeiwünscht als die Rückkehr ihres Mannes und den Tod der Freier, die sie bislang hinhalten konnte. Odysseus hingegen erfährt den Gefühlszustand seiner Frau; das Gespräch trägt dazu bei, die Ehegatten auf die bald erfolgende Wiedererkennung psychisch einzustimmen. Aufschlussreich ist der letzte Teil: Penelope charakterisiert Träume als unbegreiflich, unklar und teilweise sich nicht erfüllend. Diese Ambivalenz wird auf die Herkunft aus zwei verschiedenen Toren – aus Elfenbein und aus Horn – zurückgeführt. Aus den Toren kommen die Träume als Botengestalten, die von außen an die Träumenden herantreten.[8] Ausgehend von dem im griechischen Text vorzufindenden Wortspiel, das in der Übersetzung nachzuahmen versucht wurde, sind zahlreiche Vermutungen geäußert worden, wie es zu dieser Klassifizierung in zwei Traumtypen gekommen ist. Am einleuchtendsten erscheint die These, dass Elfenbein zwar beeindruckenderes Material darstellt, doch eine strahlende Erscheinung auch täuschen kann, während die Wahrheit dagegen oft unbeachtet bleibt. Penelope würde den Traum gerne erfüllt sehen, was ihr aber so wenig vorstellbar

---

[7] Vgl. Walde 2001a, 56.

[8] Die Tore werden zwar bereits 4,809 genannt, sind aber eingebettet in den Erzählvorgang und erfahren keine Reflexion, dazu Walde 2001a, 64f. Zum Herantreten der Träume vgl. Weber 2000, 42, bes. Anm. 100.

16

erscheint, dass sie ihn der elfenbeinernen Kategorie zurechnet.[9] Dahinter ist die Erfahrung zu sehen, dass es dem Menschen trotz intensiver Deutungsbemühungen nicht möglich ist, letzte Gewissheit über seine Zukunft zu erlangen. Dies ist um so beunruhigender, als eine zentrale Eigenart antiken Traumverstehens gerade darin besteht, Träume als göttliche Hinweise auf künftiges Geschehen aufzufassen.

An der vorgestellten Textsequenz lassen sich zentrale Aspekte aufzeigen, die für ein Verständnis von Traum und Deutung in der Antike wichtig sind. Auf folgende möchte ich besonders aufmerksam machen:

- Der Text zeigt erstens, dass es ausgefeilte Traumdiskurse mit mehreren Szenerien und mit einem Symbolvorrat gab. Hierbei handelt es sich um Allegorisierungen, die auch eine psychologische Funktion hatten; der Inhalt steht eindeutig mit dem in Zusammenhang, womit sich die Träumende am Tag beschäftigt hat. Andere Träume bei Homer beinhalten dagegen eindeutige Anweisungen von den Göttern.

- Der Text zeigt zweitens, dass Träume ernst genommen wurden. Gerade die nach dem Aufwachen vorherrschende Verwirrung und die Korre-

---

[9]   Mit dem ‚Gänsetraum' sind zahlreiche weitere Interpretationsprobleme verbunden, etwa die Korrelation der Zahl 20 mit der tatsächlichen Anzahl der Freier bzw. mit den Jahren der Abwesenheit des Odysseus, außerdem angebliche Gefühle der Penelope für die Gänse/Freier sowie die Vermutung, dass Penelope den Ehegatten schon längst erkannt hat, dazu vgl. Walde 2001a, 58f. u. 62.

lation mit Wünschen der Träumenden verstärkten das Bedürfnis nach Deutung. Deshalb trat man über Träume in Kommunikation, und bereits Homers *Ilias* nennt ausdrücklich professionelle Traumdeuter.[10]

- Der Text zeigt drittens, dass Überlegungen zu Herkunft und Glaubwürdigkeit der Träume angestellt wurden, im vorliegenden Fall anhand der beiden Tore, durch die die Träume kommen. Von ihnen wird nicht gesagt, wo man sie sich detailliert vorzustellen hat[11] – vermutlich in der Unterwelt. Im 24. Buch der *Odyssee* wird nämlich von einem ‚Volk der Träume' gesprochen, das in der Nähe des Totenreiches zu lokalisieren ist. Ein anderer Traum der Penelope bringt Dämonen als Ursprung ins Spiel. Dagegen wird in der *Ilias* (1,63) formuliert, dass die Träume von Zeus kommen. Die Vorstellungen sind also alles andere als einheitlich.

Die Passage aus der *Odyssee* ist um so wichtiger, als das Epos am Beginn griechischer Schriftlichkeit steht. Sie entstand zwischen 700 und 670, vermutlich in Kleinasien, während die *Ilias* eine Generation älter sein dürfte.[12] Auch in diesem Epos spielen Träume

---

[10] Homer, *Ilias* 1,62f. u. 5,148ff., dazu Weber 2000, 44 mit Anm. 112, dort weitere Literatur.

[11] Rezipiert von Vergil, Horaz, Properz, Ovid, Lukian und Iulian, dazu Weber 2000, 34, Anm. 40; Walde 2001a, 64f., Anm. 51.

[12] Zur Datierung vgl. Högemann 2000, 7; Kullmann 1995, 57 (mit einer späteren Datierung der Odyssee).

eine nicht unwichtige Rolle, etwa der trügerische, ‚Verderben bringende Traum', den Agamemnon von Zeus erhält, damit er die griechischen Kämpfer rüstet und so die Handlung in Gang gebracht wird.[13] In diesem Kontext wird auch formuliert, dass die Glaubwürdigkeit eines Traumes mit dem Sozialstatus des Träumenden korreliert, also ein König zuverlässiger träumt als ein Sklave.[14]

Die Relevanz von Traum und Deutung in der Antike blieb freilich weder auf das frühe Griechenland noch auf die Literatur als solche bzw. eine literarisch gebildete Oberschicht beschränkt. Es handelt sich vielmehr um ein Phänomen, das erstens die *ganze* Antike durchzog und Menschen zum Nachdenken provozierte, das zweitens auch in Nachbarkulturen wie Babylon, Israel oder Ägypten präsent war (und Griechenland beeinflusste) und das drittens im Alltag *aller* Bevölkerungsschichten bis hin in die hohe Politik eine Relevanz besaß.[15] Deshalb möchte ich im Folgenden, gegliedert in drei Abschnitte, zunächst eine Übersicht über das Vorkommen von Träumen, bestimmte Charakteristika und Standardsituationen geben, dann wichtige Aspekte der antiken Traumdeutung behandeln und schließlich noch einen konkreten Anwendungsbereich, die Politik, vorstellen.

---

[13] Vgl. dazu Messer 1918, 2ff.; Walde 2001a, 19-42.

[14] Homer, Ilias 2,80-82: Hätte uns diesen Traum ein anderer Achaier berichtet, hätten wir Lug ihn genannt und eher ab uns gewendet; aber es sah ihn, der sich der beste Achaier zu sein rühmt. Dazu vgl. Brillante 1991, 32ff. u. 166f.; Weber 2000, 34 mit Anm. 38.

[15] Für einen Überblick vgl. Latacz 1994; Manuwald 1994; Weber 2000, 30-55.

2. Träume in der Antike

Zunächst zur Terminologie:[16] Die griechische und lateinische Sprache kannte mehrere Begriffe für den Traum. Sie unterscheiden sich zunächst dadurch, was akzentuiert werden sollte: den Vorgang des Sehens, die ergangene Anweisung oder den Zustand des Schlafes. Es gibt zwar zeitlich bedingte oder autorspezifische Präferenzen, doch waren im alltäglichen Sprachgebrauch die Begriffe weitgehend austauschbar. Verkompliziert wurde die Benennung durch zwei Sachverhalte: Zum einen gab es dem Traum vergleichbare Phänomene, die aber nicht während des Schlafes, sondern als Wachvision stattfanden,[17] ebenso Formen von Ekstase oder Halluzinationen. Und man war sich keineswegs immer sicher, um welche Art von Offenbarung es sich handelte. Zum anderen hat man zwischen verschiedenen Traumarten differenziert, und zwar basierend auf der Erfahrung, dass es Träume gab, die in Erfüllung gingen, und solche, die trügerisch waren. Eine Systematisierung war also angebracht.

Aus der Antike hat sich ein Traumdeutungsbuch mit einem theoretischen Teil, gedeuteten Traumsymbolen und Beispieldeutungen erhalten. Es stammt von Artemidor aus dem kleinasiatischen Ephesos, wird *Oneirokritikon* genannt und ist in das 2. nachchristliche Jahrhundert zu datieren. Diese Schrift stellt inso-

---

[16] Vgl. Weber 1998, 35f.; Weber 2000, 31-34.

[17] Ein solches Geschehen wurde in der Antike höher bewertet als der Traum, der untrennbar mit dem Zustand des Schlafens verbunden war, dazu vgl. Weber 2000, 33 mit Anm. 33.

fern die Summe des bisherigen Wissens zum Thema dar, als der Autor den Anspruch erhebt, alles Bekannte an Klassifizierung und Auslegungspraxis zusammengetragen und verarbeitet zu haben.[18] Artemidor (1,1f.) differenziert zwischen folgenden Traumarten:[19] Symbolisch verschlüsselte *oneiroi* waren deutungsbedürftig und bildeten das eigentliche Material für den Deuter, anders als *chrematismoi*, die direkte Mitteilungen darstellten, oder als *horamata*, die das zukünftige Geschehen unmittelbar abbildeten. Nur diesen drei Arten wurde ein Zukunftsbezug attestiert, sie allein waren signifikant. Für Verwirrung sorgten dagegen *enhypnia*, das sind Tagesreste aus dem Innern des Träumenden, die durch Affekte, körperliche und seelische Zustände, bestimmt sind, sowie *fantasmata*, Illusionen oder Trugbilder. *Vor* der Traumerfüllung war längst nicht immer eindeutig darüber zu befinden, welche Traumart vorlag. Denn verlässliche Kriterien ließen sich hierfür nur bedingt aufstellen bzw. stellten eine Herausforderung für den Deutungsprofi dar. Da es sich potentiell immer um die Botschaft einer Gottheit handeln konnte, gehören Träume in das Spektrum religiöser Kommunikation.[20]

Träumen konnte prinzipiell jeder, vom Kaiser bis zum Sklaven, Männer und Frauen, und es wurde eher

---

[18] Zu Artemidor vgl. zuletzt Näf 1999; Walde 1999; Weber 1999; Lavér Hansen 2000; bes. Walde 2001, 144-221. Zitiert wird nach der deutschen Übersetzung von F.S. Krauss (in: G. Löwe [Hg.], Artemidor. Traumkunst, Leipzig 1991).

[19] Zu anderen Klassifikationen, die möglich bzw. üblich waren, vgl. Kessels 1969; Weber 2000, 40f.

[20] Vgl. dazu Rüpke 2001 und Weber 2001.

als bemerkenswert angesehen, wenn jemand *nicht* träumte. Dies wurde dem Kaiser Nero *vor* dem Mord an seiner Mutter Agrippina unterstellt; es heißt nämlich, *danach* hätten ihn Träume, und zwar in Form von Angst- und Alpträumen, heimgesucht.[21] Träume waren auch an keinen Ort gebunden, sondern wurden dem Träumenden einfach zuteil. Es gab dennoch Möglichkeiten, Träume künstlich zu induzieren, etwa mittels magischer Praktiken oder im Kontext der Inkubation, also des Schlafes im Heiligtum einer Gottheit,[22] worauf noch einzugehen ist. Es wurde auch darüber diskutiert, zu welchen Tages- oder gar Jahreszeiten Träume am zuverlässigsten sind. Dies geht zum Beispiel aus einer Notiz hervor, die Sueton in seiner Biographie über Augustus für diesen Kaiser überliefert hat: *Während des ganzen Frühjahrs hatte er sehr viele überaus angsteinflößende, aber inhalts- und folgenlose Träume, in den übrigen Jahreszeiten träumte er seltener und weniger Unsinniges.*[23] Hält man diese Notiz für authentisch, woran aufgrund der vielen für Augustus überlieferten Träume nicht zu zweifeln ist, so wird deutlich, dass man auch über längere Zeit Träume und die Erfüllung ihrer Deutung registriert hat.

---

[21] Vgl. Sueton, Nero-Vita 46,1, u. Tertullian, De anima 44,2 u. 49,2, dazu Loretto 1956, 119f.; Weber 2001, 90 mit Anm. 6.

[22] Zur Inkubation vgl. Deubner 1900; Herzog 1931; LiDonnici 1995; Graf 1998. Zu den Zauberpapyri vgl. Weber 2000, 63f.

[23] Sueton, Augustus-Vita 91,1: ipse per omne ver plurima et formidulosissima et vana et irrita videbat, reliquo tempore rariora et minus vana. Dazu Weber 2002.

Das Traumgeschehen hat den Charakter einer ausgesprochen individuellen Erfahrung. Diese an sich banale Feststellung ist um so wichtiger, als man sich vergegenwärtigen muss, dass Träume aus der Antike nur in schriftlicher oder auch bildlicher Form vorliegen,[24] jedenfalls nicht als unmittelbares mündliches Zeugnis, bei dem man gegebenenfalls weiter nachfragen kann. Die Faktizität eines Traumes – also ob er *tatsächlich* stattgefunden hat und was in ihm übermittelt wurde – ließ sich weder von den antiken Zeitgenossen überprüfen noch steht der modernen Forschung dafür ein Instrumentarium zur Verfügung. Deshalb ist es nicht möglich, die Psyche einzelner Persönlichkeiten aus der Antike mit Hilfe ihrer Träume verstehen zu wollen, zumal letztlich keine ausreichenden biographischen Informationen vorliegen.[25] Denn was überhaupt von einem Traum an andere vermittelt wurde, hing gänzlich von den Intentionen des Träumenden ab. Die fehlende Überprüfbarkeit verweist auf die auch genutzte Möglichkeit, Träume zu konstruieren.

Diese Behauptung führt zu der Frage, in welchen Quellen und Kontexten Träume überliefert sind und was damit beabsichtigt sein könnte. Ich möchte auf sechs Punkte verweisen:

---

[24] Zu bildlichen Darstellungen vgl. van Straten 1976.

[25] Selbst bei denjenigen Personen aus der Antike, über die wir am meisten wissen – dies sind Autoren, von denen ein umfangreiches Briefcorpus vorliegt (z.B. Cicero oder Johannes Chrysostomos) –, ist dies ausgesprochen schwierig. Ein problematischer Versuch zu Hieronymus bei Feichtinger 1991.

1. In Inschriften, in diesem Falle auf Stein, konnte festgehalten werden, dass die Aufstellung eines Monuments auf Traumgeheiß erfolgt ist. Dies war meist nur in wenigen Worten aufnotiert, ohne detaillierte Beschreibung des Traumes.[26] Da die Dedikation eines solchen Monuments auch *ohne* Berufung auf einen Traum erfolgen konnte, dürfte mit dem expliziten Hinweis eine Absicht verbunden gewesen sein: Gerade, wenn die Gottheit genannt wurde, die im Traum erschienen war, präsentierte sich der Träumende seiner sozialen Gruppe mit einem besonderen Verhältnis zu eben dieser Gottheit. Dies kann sich freilich auch zu einem Standard ausgebildet haben. Eine besondere Gruppe von Inschriften stellen diejenigen dar, die in den Inkubationsheiligtümern, zum Beispiel in Epidauros, aufgestellt wurden: Darauf sind ausführlich die Heilungen durch den Gott, etwa Asklepios, beschrieben, bei denen Träume eine zentrale Rolle spielten; sie waren teilweise auch auf Holztafeln aufgezeichnet und erfuhren durch die Priester des Tempels eine Überarbeitung und Zusammenstellung auf Stein – zweifellos mit werbendem Effekt. Ein typisches Beispiel: *Ambrosia aus Athen, einäugig. Diese kam als Hilfeflehende zum Gott. Als sie herumging im Heiligtum, verlachte sie einige der Heilungen als unwahrscheinlich und unmöglich, dass Lahme und Blinde allein dadurch (schon) gesund würden, dass sie einen Traum gesehen hätten. Als sie (im Abaton [dem Allerheiligsten]) schlief, hatte sie einen Traum: Es schien ihr, dass der Gott zu ihr trat und sagte, dass er sie gesund machen werde, dass sie jedoch verpflichtet sei, als Lohn im Heiligtum ein silbernes*

---

[26]   Dazu vgl. Gramaglia 1989; Leuci 1993, 10ff. u. 173ff.

Schwein zu weihen zum Gedenken an ihre Unwissen-
heit, nach diesen Worten ihr krankes Auge aufschlitz-
te und ein Heilmittel hineinträufelte. Nach Tagesan-
bruch ging sie gesund hinaus.[27] In diesen Zusammenhang gehören auch Reliefs mit bildlichen Darstellungen träumender Personen und des Heilgottes.

2. Es gab Briefe, in denen dem Adressaten – meist
waren es Freunde – Träume mitgeteilt wurden. Einige
solcher Briefe haben sich auf Papyrus im Wüstensand
erhalten; sie stellen unmittelbare, nicht literarisch
überformte Zeugnisse dar. Hier hat man sich über
Träume ausgetauscht, man konnte sie aber auch instrumentalisieren. So wendet sich im Jahre 257 v.Chr.
ein gewisser Zoilos aus Aspendos an den ‚Finanzmi-
nister' Apollonios in Alexandreia, der Hauptstadt des
Ptolemäerreiches, mit der Bitte um Hilfe: Ihm, einem
eifrigen Verehrer des Gottes Sarapis, sei der Gott
mehrfach im Schlaf erschienen, damit er den ergangenen Auftrag dem Apollonios kundmache. Es sei ein
Tempelbezirk zu errichten und ein Priester einzuset-
zen. Sein eigenes Zögern sei mit Krankheit bestraft,
der Versuch einer anderen Person, am selben Ort ein
Heiligtum zu errichten, vom Gott verhindert worden.
Der Brief schließt mit der Aufforderung: *Es verhält*
sich freilich wohl, Apollonios, dass du den vom Gott
ergangenen Anweisungen Folge leistest, damit Sara-
pis dir gnädig ist und dich an Einfluss und Prestige
beim König sowie an körperlichem Wohlergehen

---

27 Sylloge Inscriptionum Graecarum³ 1168 = Inscriptiones
    Graecae IV 1² 121, 33-41 = Historische griechische Inschrif-
    ten in Übersetzung II 290; dazu Herzog 1931, 8ff.; LiDonnici
    1995, 25 u. 89 (A4).

wachsen lässt.[28] Dies lässt sich als Versuch deuten, sich bei Apollonios unter Vorspiegelung religiöser Gefühle beliebt machen zu wollen, zumal die Behauptung bezüglich der Träume nicht kontrollierbar ist. Die Wiederholung von Träumen und die Krankheit des Träumenden sind Standards, um die Traumbotschaft besonders dringlich zu machen. Jedenfalls ist es offenkundig, dass die Traumanweisung in der Argumentation des Briefschreibers wichtig war. Ein zweites Beispiel macht deutlich, dass man sich mit der Berufung auf Träume nicht der Lächerlichkeit preisgab, sondern dass gerade die Elite, hier die Bevölkerung in der römischen Kaiserzeit, sich intensiv mit ihnen beschäftigte. In einem Brief von Plinius dem Jüngeren (ca. 70-130 n.Chr.) wird ein Traum des bereits genannten Biographen Sueton diskutiert und werden Überlegungen angestellt, inwieweit man sich davon beeindrucken lassen sollte.[29] Man hat sich also kaum gewundert, wenn durch Träume in das individuelle Leben eingegriffen wurde: Die Traumwelt war Teil der Wirklichkeit.

3. Auch in Autobiographien konnten Träume einen wichtigen Platz einnehmen, indem für bestimmte Entscheidungen auf Träume als Legitimation verwiesen wurde; von einem der großen Feldherrn der römischen Republik, von Sulla, ist dies ausdrücklich belegt, ebenso von Augustus. Manche antike Zeitgenossen führten auch private Traumtagebücher. Dies emp-

---

[28] P. Cair. Zen. I 59034,18-21 = Papiri della Società Italiana IV 435 (12. Februar 257), dazu Weber 1998, 28f.

[29] Epistulae 1,18, dazu vgl. zusammenfassend Weber 2000, 72-74.

fahl der spätantike Philosoph und spätere christliche Bischof Synesios von Kyrene ausdrücklich, weil sich nur so feste individuelle Traumsymbole und Stereotypen feststellen ließen;[30] und ein Zeitgenosse Artemidors, der Redner Aelios Aristeides, hat in fünf Büchern seine Traumaktivitäten publiziert, die im Kontext von Krankheit und Heilung standen.[31] Der Zufall der Überlieferung hat auf Papyrus ein ‚Traumtagebuch‘ mit 35 Träumen aus hellenistischer Zeit bewahrt, das allerdings nicht zur Publikation bestimmt war. Die Träume wurden nicht allein dem Aufschreibenden selbst zuteil, einem Makedonen namens Ptolemaios, sondern auch Personen aus dessen Umgebung.[32] Sie sind interessant, weil sie keine Anzeichen einer literarischen Ausgestaltung aufweisen, sondern direkt aufgezeichnet wurden. Die Auswertung dieser Träume ist für uns deshalb schwierig, weil die Träumenden teils dem griechischen, teils dem ägyptischen Milieu entstammten und bei vermuteten Tagesresten nicht die Möglichkeit besteht, die Informationen mit verlässlichen biographischen Details zu korrelieren. Wichtig ist jedenfalls der Befund, dass in diesen Träumen nicht explizit von Göttern die Rede ist, sondern die Träumenden sehen sich selbst in einer Abfolge von Handlungen agieren und interagieren.

4. Die griechische und lateinische Dichtung weist vielfach Träume und Deutungen auf. Ein Beispiel bei Homer haben wir kennen gelernt, weitere Stellen aus Tragödie und Komödie, aus der hellenistischen und

---

[30] Vgl. Lang 1926; Lacombrade 1951, 150-169

[31] Vgl. dazu Walde 2000, 52-105.

[32] Hierzu vgl. Weber 1998, 29ff.

kaiserzeitlichen Dichtung ließen sich anführen. Hier ist evident, dass Träume einer poetologisch gestalterischen Absicht untergeordnet waren. Dies ist freilich mit Blick auf die Rezipienten nur dann möglich, wenn Träume als solche und deren Interpretation für das Publikum nachvollziehbar waren.[33]

5. Gleiches gilt für die Geschichtsschreibung und die Biographie.[34] Dass auch hier gestalterische Gesichtspunkte eine Rolle spielten, ist evident, doch haben die Autoren historisches Material verwenden können. Es gibt nämlich genügend Hinweise darauf, dass sie entsprechende Informationen in der Überlieferung oder bei befragten Zeitgenossen vorfanden. Dennoch wurden Träume einem Selektionsprinzip unterworfen: Aufgenommen wurde nur, was im Hinblick auf einen Staat oder den König bzw. Kaiser relevant erschien. Träume anderer Personen mit niedrigerem Sozialstatus fanden nur dann Berücksichtigung, wenn sie in irgendeiner Weise auf die genannten Themen bezogen waren.

6. Schließlich ist noch auf theoretische Abhandlungen über das Phänomen ‚Traum' zu verweisen, hierbei besonders auf die antiken Mediziner und Philosophen. Vieles davon ist verloren gegangen, das heißt, wir kennen allein die Titel entsprechender Schriften. Immerhin haben sich von Aristoteles drei Schriften zum Thema ‚Schlaf und Traum' erhalten, in denen er verschiedene Aspekte des Themas behandelt und da-

---

[33] Dazu vgl. die Gesamtdarstellung von Walde 2001a.

[34] Vgl. zur Geschichtsschreibung: Pelling 1997 u. Freyburger-Galland 1999; zu Plutarch: Brenk 1975 u. Leuci 1993.

bei vor allem auf physiologische und psychische Prozesse, nicht dagegen auf einen göttlichen Ursprung der Träume rekurriert.[35] In diese Richtung tendiert auch ein Traktat aus dem Umfeld des Arztes Hippokrates, demzufolge Träume zur Diagnose von Krankheiten eingesetzt werden können.[36] Ciceros Schrift *De divinatione* ist eine Fundgrube für unterschiedliche Positionen, denn gerade unter den Philosophen gab es radikale Kritik.[37] Für eine Skepsis bzw. Leugnung der Relevanz von Träumen stehen vor allem Epikur und seine Schule. Ihm zufolge sind Träume zwar Wirklichkeit, sie verkünden aber nicht die Wahrheit und sind eine rein private Erfahrung.[38] Ablehnung wurde aber auch in der Praxis geäußert, basierend auf der Erfahrung, dass sich die Deutungen nicht erfüllt haben. Besagter Ptolemaios, der seine Träume aufschrieb, hatte einen jüngeren Bruder Apollonios, der seine Handlungen zeitweilig an Träumen ausrichtete. Dieser beklagt sich geradezu feindselig darüber, den Träumen und der Deutung, wohl des Bruders, gefolgt – und getäuscht worden zu sein: *Denn du lügst alles (zusammen) und die Götter bei dir gleichfalls, denn sie haben uns in einen großen Schlamm geworfen und worin wir sterben können, und wenn du (im Traume) gesehen hast, dass wir gerettet werden sollen, (gerade) dann werden wir untergetaucht, ... in die Irre ge-*

---

[35] Weitere Hinweise bei van der Eijk 1994.

[36] Zur Schrift De regimen vgl. Cambiano 1980, Guidorizzi 1988, bes. Walde 2001, 110ff.

[37] Vgl. den Überblick bei Kragelund 2001, außerdem die allgemeinen Auseinandersetzungen von Beard 1986 und Schofield 1986.

[38] Vgl. Brillante 1991, 78ff., u. Weber 2000, 36f mit Anm. 52.

führt von den Göttern im Glauben an die Träume.[39]
Die Passage ist wichtig: Sie zeigt, dass erfolgreiche
Kommunikation mit den Göttern immer wieder der
Bestätigung bedurfte. Das Interesse an Träumen
konnte sich durchaus auch in Kritik und Ablehnung
äußern.

Betrachtet man dieses gesamte Material, so tritt ein
wichtiger Befund zu Tage: Träume (und ebenso auch
andere Divinationsformen) sind kein diskreditiertes
Unterschicht-Phänomen, etwa in dem Sinne, dass
sich die *gebildeten* Griechen und Römer allein der of-
fiziellen Polis- oder Staatsreligion zuwandten und die
Unterschicht dagegen in abergläubischen Praktiken
verhaftet war. Und es wird auch deutlich, dass nicht
wenige der antiken Zeitgenossen aus Träumen, eigenen sowie denen von anderen, für ihr Leben Konse-
quenzen zogen, sei es, dass sich eine konkrete Beziehung zur eigenen Lebensgeschichte herstellen ließ,
sei es, dass die Beunruhigung über das Geträumte sie
von Deuter zu Deuter trieb.

3. Antike Traumdeutung

Träume beinhalteten Botschaften, die aus Worten,
Bildfolgen oder Symbolen bestehen konnten. Letzteren waren keine Grenzen gesetzt, sie blieben aber
kulturspezifisch immer innerhalb der antiken Vorstel-
lungswelt. Oft waren sie mehrdeutig und mussten von
der Traumwelt in die Wachwelt ‚übersetzt' werden.

---

[39] Urkunden der Ptolemäerzeit 70, 6-13 u. 28-30, dazu Weber
1998, 37.

Dies führt zur Frage nach den Deutern sowie deren Theorie und Praxis. Zunächst ist festzuhalten, dass jeder selbst seine Träume auslegen konnte. Dafür war es auch möglich, auf Traumdeutungsbücher zurückzugreifen. Diese waren – wie alle Bücher, die von Hand abgeschrieben werden mussten – nicht gerade billig, und deshalb war deren Anschaffung nur einem kleinen Kreis möglich. Es gab aber ebenso professionelle Traumdeuter, die gegen ein entsprechendes Entgelt konsultiert wurden.[40] Solche Deuter, die ihr Wissen oft innerhalb der Familie weitergaben, befanden sich gerne im Umkreis von Tempeln, wie auch Priester selber bestimmte Fertigkeiten ausbilden konnten; Märkte und Jahrmärkte waren ebenfalls beliebte Orte ihres Wirkens. Es wurde jedoch bereits in der Antike vermerkt, besonders von Kritikern der Traumdeutung, dass konkurrierende Interpretationen desselben Traumes möglich, ja üblich waren.[41] Dies lag daran, dass es keine übergeordnete, letztverbindliche Deutungsinstanz gab, sondern unterschiedliche Auslegungen und Methoden standen nebeneinander. Entscheidend für das Prestige eines Deuters dürfte gewesen sein, dass sich zumindest gelegentlich eine Deutung bewahrheitete und die Klientel zufrieden gestellt wurde.

Bis weit in die römische Kaiserzeit liegen diverse Hinweise auf Traumdeuter vor, nicht zuletzt auch

---

[40] Frühe Belege sind Plutarch, Aristeides 27 u. Isokrates 19,5-7, für die hellenistische Zeit vgl. Weber 1998, 34; für die Kaiserzeit vgl. Weber 2000, 116-120.

[41] Vgl. etwa Cicero, De divinatione 2,144, dazu del Corno 1962, 348ff.

namentliche Erwähnungen bei Artemidor, der sich immer wieder mit seinen Vorgängern auseinander setzt.[42] Von ihrer Methode wissen wir so gut wie nichts, sondern es sind nur wenige Kommentare geblieben, wiederum bei Artemidor. Deshalb ist es allein praktikabel, sich mit der Methode Artemidors zu befassen. Sein Werk gliedert sich in fünf Bücher: Im ersten und zweiten Buch werden verschiedene Traumarten klassifiziert, methodische Hinweise zur Deutung gegeben sowie, beginnend mit der Geburt des Menschen, die Traumsymbole, einzeln oder als Sequenz, mit verschiedenen Deutungen vorgestellt. Buch 3 stellt eine Sammlung von Nachträgen dar. In den Büchern 4 und 5 werden Deutungsprinzipien wiederholt, außerdem sind Argumente gegen offenbar zwischenzeitlich geäußerte Einwände zusammengestellt, die sich auf Inhalt und Methode bezogen haben. Den Abschluss bildet eine Sammlung von 95 Träumen und den sich daran anschließenden Ereignissen im Leben der Träumenden, durch welche die richtige Deutung bestätigt wird.

Für Artemidor sind allein die auf die Zukunft bezogenen *oneiroi* entscheidend, von diesen wiederum die allegorischen, also symbolisch verschlüsselten Träume. Das Ziel der Deutung besteht darin, die Relevanz der Träume für das zukünftige Leben des Träumenden zu ergründen, nicht dagegen Einsichten in das eigene Ich oder in Prägungen durch die Vergangenheit zu vermitteln. Wie ging der Deuter konkret vor? Zunächst zerlegte er eine Traumsequenz in ihre Hauptteile, die wiederum einzeln zu deuten waren und bei

---

[42] Vgl. hierzu Weber 1999, 221; Walde 2001, 127-143.

denen der leitende Aspekt herausgefiltert werden musste. Für die Deutung lässt sich eine einfache Formel aufstellen: „Wenn einer ‚a' träumt, dann wird ‚b' eintreten, weil ‚c' gegeben ist." Ein Beispiel (3,46): *Wenn einer träumt, dass aus dem Körper eine Pflanze gewachsen ist* [a], *wird er ... sterben* [b]; *denn die Pflanzen wachsen aus der Erde und zu Erde löst sich auch der Körper der Verstorbenen auf* [c]. Artemidor geht demnach von der prinzipiellen Übertragbarkeit von Gesetzmäßigkeiten aus der Wachwelt in die Traumwelt aus; gerade die Begründungen der Deutung (‚c') – oft differenziert nach Männern und Frauen, Armen und Reichen, Gesunden und Kranken, Sklaven und Freien – waren fest im gesellschaftlichen Wissens- und Erfahrungssubstrat verankert. Die unterschiedliche Sichtweise für einzelne gesellschaftliche Gruppen – oft geht es um drohende Arbeitslosigkeit und Freilassung der Sklaven – ermöglicht es dem Historiker, den Blick für Ängste und Hoffnungen der antiken Zeitgenossen zu schärfen.[43]

Außerdem werden zwei wichtige Deutungsgrundsätze formuliert. Einmal: *Die Traumdeutung ist nichts anderes als ein Vergleichen von Ähnlichkeiten* (2,25), dann das oft angewandte Prinzip des Gegenteils. Für eine erfolgreiche Interpretation des Traumes und eine sinnvolle Anwendung dieser Grundsätze sollte sich der Deuter möglichst genau über den Träumenden, seine Lebensumstände und kulturellen Prägungen informieren: Dies impliziert über biographische Details hinaus eine Prüfung der Gewohnheiten des Träumenden und eine Erkundung der Stimmung, in der dieser

---

[43] Vgl. hierzu die grundlegende Studie von Hahn 1992.

sich zur Zeit des Traums befand.[44] Denn ein Traum für die gleiche Person konnte in verschiedenen Situationen jeweils etwas anderes bedeuten, wie auch derselbe Traum für verschiedene Personen unterschiedlich zu deuten war. Dafür gibt Artemidor ein Übungsbeispiel (4,67), nämlich dass Frauen träumten, eine Schlange geboren zu haben. Dieser Traum erfährt sieben Auslegungen.[45] Daraus wird zweierlei deutlich: Zum einen waren Traumsymbole in der Auslegung flexibel, sogar strukturell ambivalent, zum anderen hat der Sozialstatus in der Anwendung der Deutungsregeln *die* primäre Rolle gespielt.[46] All diese Auslegungen mögen uns heute willkürlich erscheinen, sie fußen jedoch auf einem wichtigen Grundsatz, den Artemidor für sich in Anspruch nimmt, nämlich ein großes Allgemeinwissen sowie langjährige Erfahrung und Beobachtung.[47] Damit musste es gelingen, die Unsicherheit, die aus der Bedeutungsvielfalt der Bilder herrührte, durch Kohärenz einzudämmen.

Versucht man hingegen, mit Hilfe von Artemidors *Oneirokritikon* Träume aus der antiken Literatur zu deuten, gelingt dies nur bedingt. Es lässt sich nämlich meist *weder* die exakte persönliche Situation auch eines historischen Träumenden ganz einholen *noch*

---

[44] Ein mögliches Frageraster hat Walde 2001, 211ff., aus Artemidor entwickelt.

[45] Die Träumenden waren eine reiche Frau, die Gattin eines Priesters, die Tochter eines Weissagers, „ein ziemlich liederliches Weib", eine wenig vorbildliche Frau, eine Sklavin und eine kranke Frau.

[46] Artemidor 4,67.

[47] Zum wichtigen Aspekt der Erfahrung vgl. Price 1986.

sind derartige Traumberichte so detailliert, dass sie dem ausdifferenzierten Deutungsschlüssel Artemidors gerecht würden.

Traumdeutungsliteratur findet sich nach Artemidor erst wieder in byzantinischer Zeit, zwischen dem 6. und dem 11. Jahrhundert. Im Vergleich mit Artemidor ist viel an Komplexität und Differenzierungsvermögen verloren gegangen. Die sogenannten ‚Volkstraumbücher‘ bestehen aus einer Ansammlung einzelner Deutungssprüche, aber ohne eine Begründung für die Deutung und ohne theoretischen Rahmen.[48] Immerhin geht aus dem Material hervor, dass das Deuten von Träumen in allen Gesellschaftsschichten eine hohe Attraktivität behielt.[49]

4. Traum und Politik

Träume standen in der Antike nicht nur in einem persönlich-privaten Deutekontext, sondern hatten auch eine eminent kommunikative Dimension, d.h., man sprach über sie, schrieb sie auf, publizierte sie. Besondere Beachtung wurde denjenigen Träumen zuteil, die eine Verbindung mit einem Herrscher aufwiesen, angefangen von hellenistischen Königen wie Alexander dem Großen bis hin zu den Kaisern der christlichen Spätantike. Dabei machte es keinen Unterschied, ob der Herrscher selbst träumte oder ob er in den Träumen anderer vorkam. Diese Träume waren

---

[48] Die Texte finden sich übersetzt bei Brackertz 1993.

[49] Zu diesem Themenbereich vgl. Oberhelman 1981 u. Dagron 1985.

deshalb interessant, weil sie eine göttliche Botschaft übermitteln und so die Zukunft anzeigen konnten. Genau dies ließ sich oft noch nicht absehen, das heißt, die Träume waren strukturell offen. Das reiche Material, aus dem der Traum Konstantins im Zusammenhang mit der Schlacht an der Milvischen Brücke im Jahre 312 n.Chr. am bekanntesten ist,[50] lässt sich in sechs Standardsituationen bzw. feste Traummotive einteilen:[51]

1. Im Traum wurde die künftige Bedeutung des Protagonisten den Eltern oder anderen Personen bereits vor seiner Geburt oder während seiner Kindheit angekündigt.
2. Im Traum erging eine Voraussage der baldigen Übernahme der Herrschaft.
3. Im Traum vor einer Schlacht wurde dem Herrscher der Sieg bedeutet.
4. Im Traum spiegelte sich die konkrete Ausübung der Herrschaft wider.
5. Im Traum wurde die besondere Befähigung und göttliche Begünstigung des Herrschers herausgestellt.
6. Im Traum erfuhr das nahende Ende des Herrschers eine eindrucksvolle Ankündigung.

In der Forschung hat man sich lange Zeit auf die Frage fixiert, ob ein Traum tatsächlich so geträumt und nicht vielmehr erfunden worden war – vom Herrscher selbst oder einem antiken Autor. Diese Frage führt

---

[50]   Zu diesem Material vgl. Weber 2000, 274-294, außerdem noch Barceló 2001 u. Rosen 2001.
[51]   Für das Folgende vgl. Weber 2000a.

methodisch in eine Sackgasse, da die Authentizität eines Traums *nicht* einholbar ist. Mehr Sinn macht es, nach der Funktion der Träume mit Herrscherbezug sowie nach der Einstellung zu ihnen zu fragen. Hier lässt sich ein ganzes Panorama an Möglichkeiten aufzeigen: Die Antwort bewegt sich zwischen den Polen ,Literarisierung', d.h. bestimmte Funktionen innerhalb eines Werkes, und ,Gewinnung von Akzeptanz', etwa dass ein Herrscher durch die Berufung auf einen Traum bei einer bestimmten Zielgruppe Zustimmung zu erreichen versuchte, indem er sich in besonderer Weise darstellte. Träume dienten einem Herrscher auch zur Selbstvergewisserung und als Entscheidungshilfe bzw. gaben ihm die Gelegenheit, sein Verhalten nach außen hin plausibel und akzeptabel zu machen. Auch andere Personen hatten verschiedene Möglichkeiten des Einsatzes von Träumen, zum Beispiel eigene Ansprüche aufzuzeigen oder Interessen durchzusetzen. Letzteres konnte direkt bei einem Herrscher sein, der den Verweis auf einen Traum akzeptierte. Mit Träumen war auch agitatorisches Vorgehen gegen einen Herrscher möglich, etwa mit dem Nachweis, dass er den Ansprüchen der Herrschaft nicht gewachsen oder bestimmten Gefährdungen ausgesetzt war. Schließlich ließ sich mit Träumen zum Ausdruck bringen, dass ein Herrscher sein Leben verwirkt hatte und dass deshalb sein Tod bevorstand oder gerechtfertigt war.

Eine wichtige und gleichzeitig heikle Rolle spielten hier Deutung und Deuter: Der Herrscher konnte zweifellos seine Träume selbst deuten, er konnte sie aber auch Spezialisten seines Umfelds vorlegen.[52] Dies beinhaltete für ihn eine potentielle Abhängigkeit, und brachte außerdem die Deuter mitunter in erhebliche Konflikte, wenn ihre Auslegung *eigentlich* in eine negative Richtung verlief. So berichtet der spätantike Historiker Ammian: Kaiser *Iulian musste immerhin befürchten, dass man sich Antworten ausdachte, die seinen eigenen Wünschen entgegenkamen, und war deswegen verärgert.*[53] Auch hierbei wird erneut deutlich, dass das eigentliche Problem in der Ambivalenz der Symbole und der verschiedenen Deutungsmöglichkeiten lag. Und wenn sich einmal eine Deutung im Umlauf befand, ließ sie sich kaum entkräften.

Ich kann nicht für alle genannten Motive und Funktionen Beispiele geben, möchte das Gesagte aber wenigstens mit zwei Texten veranschaulichen. Aus einer Passage bei dem griechischen Historiker Diodor zum 1. Sklavenaufstand auf Sizilien (136-132 v.Chr.) wird deutlich, wie Träume bewusst zur Erringung von Herrschaft eingesetzt werden konnten, und zwar nicht von einem der bekannten Herrscher, sondern von einem Sklaven namens Eunos, der sich später sogar zum König ausrufen ließ:[54] *Er selbst [also Eunos] gab vor, auf Befehl der Götter im Schlaf die Zukunft zu weissagen, und viele täuschte er mit seiner Begabung für solche Dinge. Nach solchem Erfolg ging er weiter und weissagte nicht nur aus seinen Träumen, sondern behauptete, auch im Wachen die Götter zu*

---

[52]   Zu diesem Zusammenhang vgl. Weber 2000, 115ff.

[53]   Ammianus Marcellinus 22,1,2, dazu Weber 2000, 119, Anm. 142, mit weiteren Hinweisen.

[54]   Diodor 34,2,5-7, vgl. Weber 2000, 179f.

sehen und von ihnen die Zukunft zu vernehmen. Vieles wurde von ihm frei erfunden, aus Zufall entsprachen einige seiner Weissagungen aber auch der Wahrheit. Die nicht in Erfüllung gegangenen Wahrsagungen wurden von niemand kritisiert, doch die erfüllten Wahrsprüche stießen auf Beifall, und so wuchs sein Ansehen als Wahrsager. Schließlich spie er mit Hilfe eines Tricks in einer Art Gottbegeisterung Feuer und weissagte so nach Orakelart die Zukunft. Dieser Mann sagte vor dem Aufstand, die syrische Göttin sei ihm erschienen und habe ihm gesagt, er werde als König herrschen. Es handelt sich um einen der seltenen Texte, die explizit die Mechanismen des Einsatzes von Träumen und deren Akzeptanz zeigen. Auch erfundene Prophezeiungen konnten sich zufällig bewahrheiten und verstärkend auf weitere Äußerungen des Eunos wirken. Deutlich wird auch, dass nicht erfüllte Prophezeiungen nicht negativ verbucht wurden, sondern dem Vergessen anheim fielen, solange es immer wieder eine positive Bestätigung gab.

Einen Todestraum von Kaiser Caligula hat der Biograph Sueton überliefert:[55] *Am Tage vor seinem Tod träumte er, er habe im Himmel neben dem Thron Iuppiters gestanden und sei von diesem mit der großen Zehe des rechten Fußes gestoßen und auf die Erde hinabgestürzt worden.* Es fällt auf, dass sich an die Wiedergabe des Traumes *keine* Deutung anschließt, sondern dies blieb dem Leser oder Hörer überlassen. Jedenfalls ist jedes Wort von Bedeutung: Zunächst sieht sich Caligula neben Iuppiters Thron stehen, und zwar im Himmel. Dies lässt sich auf seinen Habitus

---

[55] Sueton, Caligula-Vita 57,3, dazu Weber 2000, 445-447.

und seine Ambitionen deuten, da er beanspruchte, mit den Göttern Umgang zu haben, und sich in die Hausgemeinschaft der kapitolinischen Götter aufgenommen wähnte. Dann: Die rechte große Zehe wurde in der Antike als heilbringend angesehen, wobei im vorliegenden Falle das Heil den römischen Bürgern, nicht dem Träumenden selbst zuteil wurde. Man könnte also den Akzent auf einen machtvollen Fußtritt legen, möglich wäre aber auch die Deutung, dass Caligula gerade einmal einen Fußtritt wert ist – oder nicht einmal einen Fußtritt, sondern nur die Berührung mit einer Zehe. Wenn Caligula schließlich auf die Erde hinunterstürzt, ist sein Aufenthalt im Himmel beendet, das heißt, er wird auf den Boden der Realität zurückgeworfen. Die Aussage ist eindeutig: Indem Iuppiter auf diese Weise die Beziehung quasi definiert hat, wird Caligulas zu Lebzeiten praktizierter Anspruch, *divus*, also Gott, zu sein, nachhaltig bestritten, mehr noch: Sein Leben ist beendet. Dazu passt, dass ihm nach dem Tod vom römischen Senat die Apotheose verweigert wurde, also genau der Akt, mit dem man verstorbene Herrscher zum *divus* erklärt hat; statt dessen erfolgte die *damnatio memoriae*, das ewige Vergessen.[56]

Es dürfte sich kaum um einen Traum gehandelt haben, den der Kaiser selbst publik gemacht hat, schon gar nicht unmittelbar vor seinem Tod am 24. Januar 41. Dies hätte auch seinem sonstigen Habitus kaum entsprochen, zumal er sich in dieser Zeit vor Attentaten fürchtete. Nicht auszuschließen ist eine Erfindung bereits zu Caligulas Lebzeiten, zumal der *Traumin-*

---

[56] Vgl. Clauss 1999, 356ff.

halt auch nicht spezifisch mit dem Tod verknüpft ist. Er konnte ebenso zu einem anderen Zeitpunkt im Leben des Caligula als göttliche Bestätigung dafür eingesetzt werden, dass dessen Ansprüche nicht haltbar sind und eine Bestrafung erfolgen wird. Nach dem Ableben des Kaisers wird man den Traum als Hinweis darauf verstanden haben, dass der höchste Gott des Staates dem Spuk dieses unberechenbaren Prinzipates ein Ende bereitet hat.[57]

5. Schluss

Ausgehend vom Bild der zwei Tore, aus denen die Träume kommen, das uns Homer in der *Odyssee* überliefert, sollte gezeigt werden, dass Träume in der Antike in der Regel große Beachtung fanden. Dies ist primär dem Umstand zu verdanken, dass sie als Voraussagen der Zukunft, die von den Göttern gesandt wurden, verstanden werden konnten. Darüber bestand jedoch eine doppelte Unsicherheit, weil einerseits oft schwer zu entscheiden war, welche Traumart vorlag, und weil andererseits die geträumten Symbole ambivalent waren. Dieser Umstand ist immer zu berücksichtigen, wenn man die zahlreichen Möglichkeiten betrachtet, in denen über Träume kommuniziert wurde. Mit einer solchen Kommunikation konnten verschiedene Intentionen verbunden sein, für die allesamt gilt, dass selbst ein authentisches Traumerlebnis nicht mehr einholbar ist.

---

[57]   Mehr zu Caligula bei Barrett 1989 u. Clauss 1999, 89-94.

Was die Deutung von Träumen angeht, hat die Antike eine beachtliche Methodik entwickelt und diese auf eine geradezu wissenschaftliche Grundlage zu stellen versucht, um die Unsicherheit möglichst in Kohärenz zu verwandeln. Dabei spielte insbesondere das Gespräch mit dem Träumenden und die angemessene Erfassung seiner Lebensumstände eine zentrale Rolle. Alles stand jedoch unter der Prämisse der Signifikanz für die Zukunft. Unter historischem Gesichtpunkt sind Träume und noch mehr die Deutungen samt Begründung eine wichtige Quelle für den Alltag und die Mentalitäten der antiken Zeitgenossen.

Träume und ihre Deutung hatten ein besonderes Anwendungsgebiet in der Politik. Dies ist dem Umstand zu verdanken, dass man allen Träumen, die mit einem Herrscher oder einem Gemeinwesen zusammenhingen, besondere Aufmerksamkeit schenkte. Sie waren nicht nur aufgrund des Zukunftsbezuges von größerem Allgemeininteresse, sondern der Sozialstatus eines Herrschers machte den Traum auch glaubwürdiger. Gerade hier war man sich der Möglichkeit, Träume zu erfinden und in bestimmten Situationen auch zu instrumentalisieren, sehr wohl bewusst; dies hat aber die Wirksamkeit des Phänomens keinesfalls geschmälert.

Die unmittelbaren Beziehungen zwischen der antiken und der modernen Traumdeutung wären ein eigenes und sehr komplexes Thema;[58] und sicher wird manches in den folgenden Beiträgen noch angesprochen

---

[58] Vgl. dazu Price 1986; Weber 2000, 531-536; Näf 2000 u. 2001.

werden. Mein Anliegen war es jedenfalls, auf die Andersartigkeit des Umgangs mit Träumen und ihrer Deutung in der Antike aufmerksam zu machen und dabei die entsprechenden Voraussetzungen und Intentionen herauszuarbeiten. Denn wenn unser modernes Traumverständnis einfach auf die Antike übertragen wird, verstellt man sich die Möglichkeit, die epochalen und kulturellen Eigenheiten im weitesten Sinne überhaupt wahrzunehmen. Erst dann kann in einem vorsichtigen Vergleichen versucht werden, Bezugspunkte überhaupt in den Blick zu nehmen.

Literatur

Barceló 2001: P. Barceló: Constantins Visionen. Zwischen Apollo und Christus. in: ders. – V. Rosenberger (Hgg.): Humanitas. Beiträge zur antiken Kulturgeschichte. Festschrift für Gunther Gottlieb zum 65. Geburtstag. München, 45-61.

Barrett 1989: A. A. Barrett: Caligula. The Corruption of Power. New Haven – London.

Beard 1986: M. Beard: Cicero and Divination. The Formation of Latin Discourse. Journal of Roman Studies 76, 33-46.

Brackertz 1993: K. Brackertz: Die Volks-Traumbücher des byzantinischen Mittelalters. München.

Brenk 1975: F. E. Brenk: The Dreams of Plutarch's Lives. Latomus 34, 336-349.

Brillante 1991: C. Brillante: Studi sulla rappresentazione del sogno nella Grecia antica. Palermo.

Cambiano 1980: G. Cambiano: Une interpretation 'matérialiste' des rêves du régime IV. in: M. D. Grmek (Hg.): Hippocratica. Paris, 87-96.

Clauss 1999: M. Clauss: Kaiser und Gott. Herrscherkult im Römischen Reich. Stuttgart.

Dagron 1985: G. Dagron: Rêver de Dieu et parler de soi. Le rêve et son interprétation d'après les sources byzantines. in: T. Gregory (Hg.): Il sogno nel medioevo. Rom, 37-55.

Deubner 1900: L. Deubner: De incubatione capita quattuor. Leipzig.

van der Eijk 1994: P. J. van der Eijk: Aristoteles. De insomniis, De divinatione per somnum. Berlin.

Feichtinger 1991: B. Feichtinger: Der Traum des Hieronymus. Ein Psychogramm. Vigiliae Christianae 45, 54-77.

Flaig 1995: E. Flaig: Tödliches Freien. Penelopes Ruhm, Telemachs Status und die sozialen Normen. Historische Anthropologie 3, 364-388.

Freyburger-Galland 1999: M.-L. Freyburger-Galland: Les rêves chez Dion Cassius, Revue des Études Anciennes 101, 533-545.

Graf 1998: F. Graf: Art. Inkubation. in: Der Neue Pauly 5, 1006f.

Gramaglia 1989: P. A. Gramaglia: Sogni, visioni e locuzioni interiori nell'epigrafia africana. Augustinianum 29, 497-548.

Guidorizzi 1988: G. Guidorizzi: Sogno, diagnosi, guarigione. Da Asclepio a Ippocrate. in: ders. (Hg.): Il sogno in Grecia. Bari, 87-102.

Hahn 1992: I. Hahn: Traumdeutung und gesellschaftliche Wirklichkeit. Artemidorus Daldianus als sozialgeschichtliche Quelle (Xenia 27). Konstanz.

Hanson 1980: J. S. Hanson: Dreams and Visions in the Graeco-Roman World and Early Christianity. in: ANRW II 23,2, 1395-1427.

Herzog 1931: R. Herzog: Die Wunderheilungen von Epidauros. Ein Beitrag zur Geschichte der Medizin und der Religion (Philologus Suppl. 22/3). Leipzig.

Högemann 2000: P. Högemann: Der Iliasdichter, Anatolien und der griechische Adel. Klio 82, 7-39.

Kessels 1969: A. H. M Kessels: Ancient Systems of Dream-Classification. Mnemosyne 4. ser. 22, 389-424.

Kessels 1978: A. H. M. Kessels: Studies on Dreams in Greek Literature. Utrecht.

Kragelund 2001: P. Kragelund: Dreams, Religion and Politics in Republican Rome. Historia 50, 53-95.

Kullmann 1995: W. Kullmann: Homers Zeit und das Bild des Dichters von den Menschen der mykenischen Kultur. in: O. Andersen – M. Dickie (Hgg.): Homer's World. Fiction, Tradition, Reality. Bergen, 57-75.

Lacombrade 1951: C. Lacombrade: Synésios de Cyrène, hellène et chrétien. Paris.

Lang 1926: W. Lang: Das Traumbuch des Synesius von Kyrene. Übersetzung und Analyse der philosophischen Grundlagen. Diss. Heidelberg (ersch. Tübingen).

Latacz 1992: J. Latacz: Lesersteuerung durch Träume. Der Traum Penelopes im 19. Gesang der Odyssee. in: H. Froning et al. (Hgg.): Kotinos. Festschrift für E. Simon. Mainz, 76-89.

Latacz 1994: J. Latacz: Funktionen des Traums in der antiken Literatur. in: T. Wagner-Simon – G. Benedetti (Hgg.): Traum und Träumen. Göttingen, 10-31.

Lavér Hansen 2000: H. Lavér Hansen: 'The Thruth without Nonsens'. Remarks on Artemidorus' Interpretation of

Dreams. in: J. Isager – R. Lorsch Wildfang (Hgg.): Divination and Portents in the Roman World. Odense, 57-65.

Leuci 1993: V. A. Leuci: Dream-Technical Terms in the Graeco-Roman World. Diss. (masch.) Univ. of Missouri/Columbia.

LiDonnici 1995: L. R. LiDonnici: The Epidaurian Miracle Inscriptions. Text, Translation, and Commentary. Atlanta.

Manuwald 1994: B. Manuwald: Traum und Traumdeutung in der griechischen Antike. in: R. Hiestand (Hg.): Traum und Träumen. Inhalt, Darstellung, Funktionen einer Lebenserfahrung in Mittelalter und Renaissance. Düsseldorf, 15-42.

Messer 1918: W. S. Messer: The Dream in Homer and Greek Tragedy. New York.

Näf 1999: B. Näf: Artemidoro: un interpreti di sogni nel mondo antico. in: L. Canfora (Hg.): Studi sulla tradizione classica per Mariella Cagnetta. Rom – Bari, 345-362.

Näf 2000: B. Näf: Freuds ‚Traumdeutung' – Vorläufer in der Antike?. in: B. Boothe (Hg.): Der Traum – 100 Jahre nach Freuds Traumdeutung. Zürich, 59-79.

Näf 2001: B. Näf: Traumdeutung von der Antike bis zur modernen Schlafforschung, Mitteilungen. Institut für Europäische Kulturgeschichte der Universität Augsburg 8. April 2001, 45-71.

Oberhelman 1981: S. M. Oberhelman: The Onirocritic Literature of the Late Roman and Byzantine Eras of Greece. Diss. University of Minnesota/Minneapolis.

Pelling 1997: C. B. R. Pelling: Tragical Dreamer: Some Dreams in the Roman Historians. Greece & Rome 44, 197-213.

Price 1986: S. R .F. Price: The Future of Dreams. From Freud to Artemidorus. Past & Present 113, 3-37.

Rosen 2001: K. Rosen: Cor regum inscritabile. Eine quellenkritische Untersuchung zur Bekehrung Constantins des Großen. in: P. Barceló – V. Rosenberger (Hgg.): Humanitas. Beiträge zur antiken Kulturgeschichte. Festschrift für Gunther Gottlieb zum 65. Geburtstag. München, 247-281.

Rozokoki 2001: A. Rozokoki: Penelope's Dream in Book 19 of the Odyssey. Classical Quarterly 51, 1-6.

Rüpke 2001: J. Rüpke: Antike Religionen als Kommunikationssysteme. in: K. Brodersen (Hg.): Gebet und Fluch, Zeichen und Traum. Aspekte religiöser Kommunikation in der Antike (Antike Kultur und Geschichte 1). Münster, 13-30.

Russo 1982: J. Russo: Interview and Aftermath. Dream, Fantasy and Intuition in Odyssey 19 and 20. American Journal of Philology 103, 4-18.

Schofield 1986: M. Schofield: Cicero for and against Divination. Journal of Roman Studies 76, 47-65.

van Straten 1976: F. T. van Straten: Diakrates' Dream. A votive relief from Kos, and some other kat'onar dedications. Bulletin antieke Beschaving 51, 1-38.

Walde 1999: C. Walde: Dream Interpretation in a Prosperous Age? Artemidorus, the Greek Interpreter of Dreams. in: D. Shulman – G. G. Stroumsa (Hgg.): Dream Cultures. Explorations in the Comparative History of Dreaming. New York – Oxford, 121-142.

Walde 2001: C. Walde: Antike Traumdeutung und moderne Traumforschung. Düsseldorf – Zürich.

Walde 2001a: C. Walde: Die Traumdarstellungen in der griechisch-römischen Dichtung. München – Leipzig.

Weber 1998: G. Weber: Traum und Alltag in hellenistischer Zeit. Zeitschrift für Religions- und Geistesgeschichte 50, 22-39.

Weber 1999: G. Weber: Artemidor und sein ‚Publikum'. Gymnasium 106, 209-229.

Weber 1999a: G. Weber: Herrscher und Traum in hellenistischer Zeit. Archiv für Kulturgeschichte 81, 1-33.

Weber 2000: G. Weber: Kaiser, Träume und Visionen in Prinzipat und Spätantike (Historia-Einzelschriften 143). Stuttgart.

Weber 2000a: G. Weber: Kaiser, Träume und Visionen in Prinzipat und Spätantike. Historische Zeitschrift 270, 99-117.

Weber 2001: G. Weber: Träume in der römischen Kaiserzeit. Normalität, Exzeptionalität und Signifikanz. in: K. Brodersen (Hg.): Gebet und Fluch, Zeichen und Traum. Aspekte religiöser Kommunikation in der Antike (Antike Kultur und Geschichte 1). Münster, 89-104.

Weber 2002: G. Weber: Die Träume des Augustus. erscheint in: G. Weber – M. Zimmermann (Hgg.): Propaganda – Selbstdarstellung – Repräsentation im römischen Kaiserreich des 1. Jhs. n.Chr. Stuttgart.

Michael Plattig

„... da waren alle wie Träumende"
(Ps 126,1)

Erfahrungen aus Bibel und christlicher Spiritualität

Die Bedeutung des Traumes bzw. der Traumdeutung über einen Zeitraum von mehreren tausend Jahren in einem Artikel darstellen zu wollen ist ein unmögliches Unterfangen. Von daher verstehen sich diese Ausführungen als ein „Florilegium", eine Blütenlese zum Thema, die ohne Anspruch auf Vollständigkeit versucht, verschiedene Aspekte und Facetten quer durch die historische Entwicklung darzustellen.[1] Der Blickwinkel ist ein primär spirituell-theologischer, kleinere Grenzüberschreitungen zur Psychologie eingeschlossen. Aus den Beobachtungen und Befunden sollen abschließend einige Kriterien für den geistlichen Umgang mit Träumen entwickelt werden.

---

[1] Ein gewisses Übergewicht von Autorinnen und Autoren der Tradition des Karmel ergibt sich aus der Zugehörigkeit des Autors zum Karmelitenorden und der damit verbundenen Nähe zu diesem Traditionsstrang christlicher Spiritualität. Ähnliche Texte und vergleichbare Einschätzungen finden sich in fast jeder großen spirituellen Tradition des Christentums.

1. Traum und Traum(be)deutung in der Bibel und der christlichen Spiritualität

1.1. Der Traum – Weisung und Erkenntnis Gottes

Der Traum im Alten Testament wird wie in anderen Völkern und Religionen der Zeit selbstverständlich als Offenbarungsmedium Gottes gesehen (z.B. Gen 20,6f.), manchmal an besonderer (heiliger) Stätte (Gen 28,11-19; 1 Sam 3,1-15; 1 Kön 3,4-15). Doch bleibt in Israel klar, dass Gott der souverän Handelnde ist. Offenbarungsträume sind Geschenke, sie entziehen sich jedem Versuch der Manipulation. Auch für die Traumdeutung gilt die Feststellung Josefs, die in eine rhetorische Frage gekleidet ist: „Ist nicht das Träumedeuten Sache Gottes?" (Gen 40,8), und er betont dem Pharao gegenüber: „Nicht ich, sondern Gott wird zum Wohl des Pharao eine Antwort geben" (Gen 41,16). Jeder Anklang an Wahrsagerei oder Zauberei soll vermieden werden.

Im Neuen Testament spielen Träume nur bei Matthäus und in der Apostelgeschichte eine Rolle. Von einem „wichtigen Offenbarungsmittel"[2] zu sprechen, erscheint vor dem Hintergrund der zeitgenössisch wesentlich größeren Bedeutung des Traumes in hellenistischen und jüdischen Quellen mehr als übertrieben. Das Matthäusevangelium zeichnet sich aus durch große Nüchternheit und Klarheit bezüglich der Träume. Sie bedürfen keiner Deutung, sondern enthalten klare Anweisungen an die Träumenden (Mt

---

[2]   Sand, A., Evangelium nach Matthäus, Regensburger Neues Testament Bd. 1, Regensburg 1986, 552.

1,20; 2,12f.; 2,19; 2,22) bzw. eine klare Warnung (Mt 27,19). M. Frenschkowski unterstreicht in seiner materialreichen Untersuchung zu Traum und Traumdeutung bei Matthäus, dass jegliche magische Komponente, die in der Umwelt eine wichtige Rolle gespielt hat, fehlt: „Magie hat es ja immer mit dem Verfügbarmachen und -halten übernatürlicher Kräfte zu tun; für Matthäus liegt aber alle Initiative bei Gott."[3]

In der Apostelgeschichte erklärt Petrus in seiner „Pfingstpredigt", dass sich jetzt die Verheißung des Propheten Joël erfüllt habe, in der es heißt: „In den letzten Tagen wird es geschehen, so spricht Gott. Ich werde von meinem Geist ausgießen über alles Fleisch. Eure Söhne und eure Töchter werden Propheten sein, eure jungen Männer werden Visionen haben, und eure Alten werden Träume haben" (Apg 2,17 bzw. Joël 3,1). Ansonsten ist nicht ausdrücklich von Träumen die Rede, jedoch von Visionen bei Nacht (Apg 16,9; 18,9), die Paulus hatte, und von einer Vision des Petrus zur Mittagszeit, wo leicht denkbar ist, dass er vielleicht eingedöst war (Apg 10,9-16). Wichtig ist für die Visionen der Apostelgeschichte, dass es sich durchweg um bestätigende, weiterführende, auslösende, ermutigende und entscheidende Inhalte für die Entwicklung des Urchristentums handelt. Sie haben damit den Stellenwert einer göttlichen Weisung und Legitimation für den Weg der Urkirche.

---

[3] Frenschkowski, M., Traum und Traumdeutung im Matthäusevangelium, in: Jahrbuch für Antike und Christentum 41 (1998), 5-47, hier 46.

Ähnlich wie bei Matthäus Gott von allem Anfang an das Leben Jesu begleitet – ausgedrückt durch die Träume –, so begleitet er in der Apostelgeschichte auch das Werden der Kirche in allen Phasen ihrer Entwicklung – ausgedrückt durch Visionen, Auditionen und „Träume". Aber Gott ist mehr als ein Begleiter, er ist auch Initiator des Geschehens. Diese Stellen des Neuen Testamentes unterstreichen das Zeugnis der gesamten Schrift vom „schöpferischen und ständigen Wirken Jahwes in der Welt, in der Geschichte und beim Einzelmenschen".[4]

Bis ins 4. Jahrhundert wurden Träume und Visionen kaum unterschieden, beide gehörten zur Prophetie und verdienten deshalb Beachtung, jedoch nicht ohne kritische Prüfung und Unterscheidung. Einerseits glaubte man allgemein, dass Gott sich der Träume bediene, um zum Menschen zu sprechen, andererseits mussten inspirierte von banalen Träumen unterschieden und geklärt werden, ob sie von Gott oder von bösen Anlagen kommen. Ambrosius von Mailand glaubte, vom Platonismus beeinflusst, dass in der Nacht während des Schlafes die Seele weniger fest an den Körper gebunden sei und deshalb empfänglicher für die göttliche Wirklichkeit. Heinrich Seuse kommt zu einer ähnlichen Einschätzung: „Einige Propheten hatten bildreiche Gesichte wie Jeremia und andere. Solche werden noch oft Gottes vertrauten Freunden zuteil, sei es wachend oder schlafend, in stiller Ruhe und losgelöst von den äußeren Sinnen. Und ein Lehrmeister sagt, Erscheinungen von Engeln zeigten

---

[4] Frankemölle, H., Matthäus-Kommentar Bd. 1, Düsseldorf 1997, 149.

sich manchen Menschen im Schlaf häufiger als im wachen Zustand, darum weil der Mensch im Schlaf von der äußeren, vielfältigen Wirklichkeit weniger beunruhigt ist als während des Wachseins."[5]

Mehrere Autoren unterscheiden drei Arten von Träumen: nutzlose, göttliche und dämonische Träume. Die beiden Letzteren sind nach Tertullian daran zu erkennen, ob sie den Menschen zu Gott führen oder beunruhigen und frustrieren.[6]

In Heiligenviten gibt es viele Berichte von Träumen und Visionen, wobei meist nicht deutlich zwischen ihnen unterschieden wird. Als Beispiel soll Ansgar, Mönch von Corbie und Apostel des Nordens, dienen. Er ist durch die Lebensbeschreibung seines Schülers Rimbert wie kaum ein frühmittelalterlicher Heiliger als Mensch in seiner Individualität erkennbar. Zwar orientiert sich Rimbert auch an überkommenen hagiographischen Modellen, doch ist seine Vita viel mehr zuverlässige Biographie, was dazu berechtigt, dem auffälligsten Merkmal dieser Vita, den immer wieder berichteten Träumen und Visionen des Ansgar, als authentischem Erleben Glauben zu schenken. Für Rimbert steht der Wert dieser „geistlichen Offenbarungen" außer Zweifel.

[5]   Seuse, H., Vita Kap. 51: zitiert nach: Heinrich Seuse, Deutsche mystische Schriften, übertragen und herausgegeben v. G. Hofmann, Zürich/Düsseldorf 1999, 201; vgl. dazu: Plattig M., Bilderverbot und Bilderfülle – zwei Wege mit demselben Ziel ?, in: Edith-Stein-Jahrbuch 3 (1997), 278-292.

[6]   Vgl. Dulaey, M., Art.: Songes – Rêves – 2. Époque patristique, in: DSp 14, Paris 1990, 1060-1066, hier 1060f.

Obwohl Rimbert betont, dass er nicht sämtliche Schauungen Ansgars aufführt, sind es doch elf Träume bzw. Traumvisionen, die er mehr oder weniger ausführlich erzählt. Unter ihnen sind Himmels- und Jenseitsvisionen, wie sie als Typus in der Zeit verbreitet sind, eine Marienvision, eine Erscheinung des hl. Petrus und ein Traumerlebnis, in dem Abt Adalhard von Corbie erscheint. Am wichtigsten unter ihnen ist aber eine Gruppe von fünf Christusvisionen.

Die Visionen bilden gleichsam die innere Seite des farbigen und bewegten Lebens Ansgars. Sie sind die wahren Antriebskräfte im Leben dieses Mönchs und bestimmen seine Entscheidungen.

Seine Berufung entdeckte Ansgar als Dreizehnjähriger. In der Nacht auf Pfingsten 814 erlebte er im Traum seinen eigenen Tod. Im Augenblick des Hinscheidens erschienen ihm die Heiligen Petrus und Johannes der Täufer. Sie führten ihn zunächst an den Ort des Fegfeuers, wie er ohne Erklärung genau wusste; hier ließen sie ihn allein. In der undurchdringlichen Finsternis, in der er sich befand, stieg eine namenlose Angst in ihm auf, sein Denken stockte, und drei Tage kamen ihm wie tausend Jahre vor. Aber dann erschienen die beiden Heiligen erneut und geleiteten ihn ohne Bewegung und ohne körperlichen Weg wandelnd (gressu immobili sine via corporea ambulantes) nach Osten. An diesem Punkt seiner Wiedergabe fügt Rimbert die eigenen Worte Ansgars in seinen Bericht ein. Es ist sehr wahrscheinlich, dass der Biograph hier, wie auch an anderen Stellen, Aufzeichnungen des Bischofs benutzen konnte. Der Heilige berichtet, dass er die in einem Halbkreis sitzenden 24 Ältesten der Apokalypse schaute. Darüber hinaus konnte er nur noch einen „wunderbaren Glanz, ein unzugängliches Licht von äußerster, unermesslicher Klarheit" wahrnehmen. „In der Unermesslichkeit dieses Lichtes ließ sich nicht erkennen, was es barg", doch zweifelte Ansgar keinen Augenblick daran, dass ihm die maiestas omnipotentis Dei gezeigt wurde. Die Vision gipfelte in einem Auftrag zum Handeln, wie dies typisch ist für die visionäre Mystik Ansgars: „Geh hin, und vom Martyrium gekrönt kehre zu mir zurück!" (Vade, et martyrio coronatus ad me reverteris). Seit jener Pfingstnacht des Jahres 814 war Ansgar felsenfest davon überzeugt, dass er den Märtyrertod erleiden werde. Dass Ansgar gerade so nicht gestorben ist, spricht für die Echtheit dieser Vision. Rimbert gibt sich große Mühe nachzuweisen, dass er trotzdem Märtyrer genannt werden kann. So ist es auch unwahrscheinlich, dass der Biograph einen Traum erfunden haben sollte, der ihm solche Schwierigkeiten bereitete.[7]

Die geistlichen Tröstungen, die Ansgar in den entscheidenden Stunden seines Lebens aufrichteten, verhinderten nicht, dass er zu anderen Zeiten vom Gefühl des Verlassenseins und der Mutlosigkeit erfüllt war. Im siebten Traum werden die Sorgen thematisiert, die ihm vor seiner zweiten Schwedenreise zusetzten. Er hatte einen Traum, der ihm prophetisch die „äußerste seelische Not" (angustiam maximam

---

[7] Vgl. Engelbert, P., Ängste und Sehnsüchte in monastischen Traum- und Visionsberichten des neunten Jahrhunderts, in: Haering S. (Hg.), In unum congregati, FS für Kardinal Meyer zum 80. Geb., Metten 1991, 159-176, hier 164-168.

mentis) zeigte, die er auf dieser Fahrt zu ertragen hatte. Es schien ihm, als sei er Zuschauender der Passion Jesu. Als er sah, wie Christus „von den Juden und Soldaten Schimpf und Schande erleiden musste und offenbar am ganzen Körper geschlagen wurde", hielt es ihn nicht länger, sondern er stellte sich vor den Herrn, um mit seinem eigenen Leib die Hiebe aufzufangen, die jenem zugedacht waren. Die kurze Szene mit der Geißelung Jesu ist eines der ältesten Zeugnisse jener Passionsfrömmigkeit, die im Laufe des Mittelalters, vor allem seit Bernhard von Clairvaux, immer ausgeprägtere Züge annehmen sollte. Die Szene enthält eine bemerkenswerte Einzelheit: „Der Herr schien, höher von Wuchs, ihn um Haupteslänge zu überragen, so dass er seinen Kopf nicht zu schützen vermochte." Zweifellos hat Ansgar viel über diesen Traum nachgegrübelt und sich die Botschaft zurechtgelegt, die er für ihn enthalten konnte. Nach Rimbert ist ihm die Bedeutung erst nach seiner Rückkehr aus Schweden klar geworden, dass nämlich die Nöte und Gotteslästerungen, denen er dort ausgesetzt war, sein Anteil an den Leiden Christi waren. Das im Traum ungeschützt gebliebene Haupt Christi deutete er überraschenderweise – gegen die herrschende Lehre von der Leidensunfähigkeit Gottes – als Mitleiden des Vaters (caput Christi Deus) an den „Leiden, die die Heiligen in dieser Welt für Christus ertragen".[8]

Einen tiefen Einblick in das innere Leben des Heiligen gestattet der Bericht über seine letzten Tage. Aufgrund einer ruhrartigen Krankheit war Ansgar am

---

[8] Zitiert nach: Engelbert, P., Ängste und Sehnsüchte, a.a.O., 167.

Schluss des Jahres 864 äußerst geschwächt und fühlte sich dem Tode nahe. Die Einsicht, dass er nicht als Märtyrer sein Leben beenden würde, sondern als alter Mann in einem Bett, versetzte ihn in tiefe Schwermut. Hatte er sich geirrt, ihn die Vision genarrt? Ansgar fand einen Ausweg aus diesem Dilemma: Durch seine Sünden habe er sich die Gnade des Martyriums und damit auch das Heil verscherzt. Als er während einer Messe, der er beiwohnte, „plötzlich in Verzückung geriet" (subito in excessu mentis raptus) und eine Stimme vernahm, die ihn wegen seines Zweifelns an Gottes Verheißung hart tadelte, „als ob irgendeine Bosheit stärker sein könnte als Gottes Liebe!" „Glaube nur ganz fest und zweifle nie daran, dass Gott dir in seiner Gnade beides schenken wird, die Vergebung deiner Sünden, um die du dir jetzt Sorge machst, und die Erfüllung aller seiner Verheißungen." Mit diesem Zuspruch enden die visionären Erlebnisse Ansgars. In der Angst um das Heil tröstet ihn die Botschaft des gläubigen Vertrauens auf den Erlöser und dessen Gnade. Wie umgewandelt gewann er seine Gelassenheit zurück und regelte mit dem letzten Einsatz seiner Kraft besonnen die Angelegenheiten der nordischen Mission. Als die Brüder, die dem Sterbenden beistanden, am 2. Februar 865, dem Tag vor seinem Tod, die üblichen Sterbegebete verrichteten, bat Ansgar gegen den Brauch auch um den Gesang des Tedeums und des sogenannten Athanasianischen Glaubensbekenntnisses. Er hatte die Todesfurcht überstanden.[9]

---

[9] Vgl. Engelbert, P., Ängste und Sehnsüchte, a.a.O., 168.

Die Träume des hl. Ansgar machen Verschiedenes deutlich. Zum einen wird dokumentiert, dass Traumdeutung immer auch dem Irrtum unterliegen kann, selbst bei inspirierten Menschen. Ansgar stirbt nicht als Martyrer, wie er es meinte vorausgesehen bzw. gehört zu haben. Das Bemühen des Rimbert, dies doch noch nachzuweisen, und Ansgars eigene Reaktion angesichts des Todes machen deutlich, wie problematisch diese Diskrepanz empfunden wurde. Wie K. Rahner nachweist und auflistet, ist dies kein Einzelfall. Immer wieder wird in der Geschichte christlicher Spiritualität dokumentiert, dass sich auch anerkannte und integere Selige und Heilige irrten bzw. irrige und z.T. abstruse Visionen hatten.[10] Der Mensch ist nicht unfehlbar in seiner Erkenntnis, auch der/die Heilige nicht, und auch Vision oder Traum unterliegen immer der Möglichkeit des Irrtums.

Ansgar deutet seine Träume mit vertrauten Bildern und Symbolen seiner christlichen Spiritualität. Er identifiziert Heilige und die 24 Ältesten. Biblische Szenen werden lebendig, und er agiert in ihnen. Traumerleben und geistliche Deutung sind also gleichermaßen beeinflusst vom spirituellen Background des Träumenden. Dieser Deutungsrahmen ist einerseits durch Erleben, Lektüre, Studium, Ikonographie etc. vorgegeben, wird andererseits aber auch durch das Traumerleben verändert und erweitert.

---

[10] Vgl. dazu die Anmerkungen von K. Rahner zu Irrigem in „echten Visionen" in: Rahner, K., Visionen und Prophezeiungen. Zur Mystik und Transzendenzerfahrung, hrsg. v. J. Sudbrack, Freiburg 1989, 62-68.

In dem Moment, wo Ansgar selbst im Traumgeschehen agiert, als er sich vor den leidenden Christus stellt, wird er gleichsam selbst in den vorgegebenen Rahmen einbezogen und erhält das Geschehen biografische Qualität. Ansgar litt verständlicherweise unter den Misserfolgen seines Missionswerkes; seine glühende Christusfrömmigkeit ließ ihn ganz von selbst sein Scheitern als Teilnahme an der Erniedrigung des Sohnes erleben. Doch vermied er, zum Unterschied von vielen weniger großen Seelen, eine nahe liegende, aber vorschnelle Identifizierung seines eigenen schmerzlichen Schicksals mit den Leiden Christi, auch wenn seine Sache die des Evangeliums war!

Ein Vergleich der Träume und Schauungen Ansgars in ihrer zeitlichen Abfolge zeigt, dass ihm die Person Christi mit den Jahren immer näher und auch menschlicher wurde. Am Beginn seines geistlichen Weges, in der großartigen Pfingstvision von 814, bleibt Christus verborgen in einem angenehmen, aber unzugänglichen Licht. Die Visionen gegen Ende seines Lebens zeigen dagegen den Jesus der Evangelien, eine geistliche Entwicklung, die für die Karolingerzeit eher ungewöhnlich ist.

Diese Entwicklung unterstreicht, dass die Träume Ansgars eine doppelte Be-Deutung haben, zum einen geben sie Zeugnis von der geistlichen Entwicklung Ansgars, und zum anderen liefern sie Anstöße für diese Entwicklung; d.h., Träume sind nicht nur bezogen auf psychologisch-biografische Prozesse, sondern auch auf spirituell-biografische Entwicklungen, geben davon Zeugnis und verleihen Perspektive für weiteres Wachstum.

Der Tod Ansgars verdeutlicht einen weiteren wichtigen Aspekt von Träumen im geistlichen Prozess, den Aspekt der gläubigen Vergewisserung. Die Stimme verkündet keine neuen Glaubenseinsichten oder Offenbarungen, sie spricht Ansgar zu, was er eigentlich schon glaubt, was aber durch seine Angst überlagert und verschüttet ist. Durch diesen Zuspruch kann er die Angst überwinden und zu seinem Glauben finden, zum Vertrauen auf Gottes Barmherzigkeit, und in Frieden sterben.[11]

Es geht bei Träumen also nicht nur um das Erkennen der eigenen Berufung, des eigenen Weges im Sinne einer Initiation, sondern auch um die Vergewisserung des bereits Erkannten bzw. Geglaubten. Der Traum erhält damit eine befreiende Qualität, weil er hilft, das Geglaubte zu „verinnerlichen", damit es so die Angst besiegen kann, die letztlich dem Unglauben entspringt, wie der vorwurfsvolle Ton zu Beginn der Audition verdeutlicht. Letztlich handelt es sich auch hier um ein Stück dessen, was das alte Mönchtum als Dämonenkampf bezeichnen würde, die Überwindung der Angst des Unglaubens durch die Erfahrung des zugesprochenen Glaubens. Daraus resultieren bei Ansgar die Kraft zum Regeln der letzten unerledigten Dinge, Gelassenheit und Frieden.

---

[11] Teresa von Avila nennt diesen Zuspruch, diese Vergewisserung „innigsten Trost", und dieser ist für sie ein Hauptmerkmal für die Echtheit einer Vision (vgl. Innere Burg 6,3; Teresa von Avila, Die innere Burg, hrsg. u. übers. v. F. Vogelsang, Zürich 1979, 125).

Einer der wohl bekanntesten Träume in der Spiritualitätsgeschichte wird in der Drei-Gefährten-Legende
des Giovanni von Ceprano berichtet. Es ist der Traum
Papst Innozenz' III. im Zusammenhang mit der Anerkennung der Regel des Franz von Assisi: „Es war
ihm [Innozenz III.] gewesen, als sei die Kirche S.
Giovanni di Laterano [bei der er residierte] vom Ein-
sturz bedroht; da kam ein Gottgeweihter, gering und
verächtlich von Aussehen, und stützte die Kirche mit
seiner Schulter. Davon betroffen und aufgeschreckt,
war er erwacht, und als kluger und weiser Mann, der
er war, erwog er, was das Gesicht bedeute. Und wie
nun bald hernach der selige Franz erschien und ihm
sein Vorhaben kundtat, und wie dieser, die Sprache
des heiligen Evangeliums redend, um Bestätigung
seiner Regel bat, die er in einfältigen Worten nieder-
geschrieben – und wie er so sehr nach dessen Erfüllung glühte, aus ganzer Seele -, da erwog der Papst
solchen Eifer im Dienste Gottes, erinnerte sich seines
Traumbilds und verglich es mit jenem Gleichnis,
welches dem Gottesmann eingegeben ward, und so
kam ihm der Gedanke: ‚Das ist gewiss der heilige
Mann, der die Kirche Gottes halten und stützen wird.'
So schloss er ihn denn in seine Arme und bestätigte
die von ihm verfasste Regel. Auch gab er ihm die Erlaubnis, überall Buße zu verkünden, und gab sie auch
seinen Brüdern, in der Weise, dass jeder, der predigen
wollte, vom seligen Franz Erlaubnis haben musste.
Dies wurde dann auch in der Sitzung der Kardinäle
verkündet."[12]

---

[12]   Giovanni von Ceprano, Die „Drei-Gefährten-Legende", in:
       Franz von Assisi, Legenden und Laude. Hrsg. u. übers. v.
       O. Karrer, Zürich [4]1990, 69.

Der Traum hilft zur Entscheidungsfindung und unterstützt das Anliegen des Franziskus. Interessant ist, dass über den Ursprung des Traumes nichts gesagt wird, dass nicht etwa ein Engel auftritt und dass es sich um einen symbolischen Traum handelt, der durch die Realität deutbar wird. Auch die Deutung ist nicht ausdrücklich göttlichen Ursprungs, sondern verdankt sich der Klugheit und Weisheit des träumenden Papstes. Natürlich ist in der Legende die göttliche Leitung des Geschehens impliziert, was wiederum für das Traumverständnis bedeutet, dass er selbstverständlich als Offenbarungsmedium angesehen wird.

Ein Beispiel aus dem 19. Jahrhundert soll dieses Kapitel abschließen. Obwohl Terese von Lisieux an anderer Stelle schreibt, dass sie ihren Träumen keine Bedeutung beimisst,[13] erzählt sie doch einen Traum aus ihrer frühsten Kindheit, sie war vier Jahre alt: „Ich entsinne mich eines Traumes, den ich ungefähr in diesem Alter hatte und der sich tief meiner Vorstellungskraft eingeprägt hat. Eines Nachts träumte mir, ich ginge hinaus, um im Garten allein spazieren zu gehen. Als ich vor den Stufen angelangt war, die man hinaufsteigen musste, um hinüberzugelangen, blieb ich voller Entsetzen stehen. Vor mir, neben der Laube, befand sich ein Kalkfass, und auf diesem Fass tanzten zwei abscheuliche kleine Teufelchen mit erstaunlicher Behändigkeit, trotz der Bügeleisen, die sie an den Füßen hatten; plötzlich warfen sie ihre flammenden Augen auf mich, dann, im selben Augen-

---

[13] Vgl. Therese von Lisieux, Selbstbiographische Schriften, Einsiedeln [8]1978, 174.

blick, sie schienen noch weit erschrockener als ich, stürzten sie sich vom Fass hinunter und liefen, um sich im gegenüberliegenden Waschhaus zu verstecken. Da ich sah, wie wenig tapfer sie waren, wollte ich wissen, was sie vorhatten, und näherte mich dem Fenster. Die armen Teufelchen waren da, liefen über die Tische und wussten nicht, was tun, um sich meinem Blick zu entziehen; manchmal näherten sie sich dem Fenster und spähten beunruhigt, ob ich noch da sei, und wenn sie mich noch erblickten, begannen sie erneut, wie Verzweifelte umherzurennen. – Gewiss hat dieser Traum nichts Außergewöhnliches an sich, aber ich glaube doch, der Liebe Gott hat erlaubt, dass ich mich dessen erinnere, um mir damit zu zeigen, dass eine Seele im Stande der Gnade von den bösen Geistern nichts zu fürchten hat, sie sind so feige, dass sie sogar vor dem Blick eines Kindes die Flucht ergreifen."[14]

Ein Traum der Vergewisserung von Gottes Schutz gegen das Böse. Fast hat Therese Mitleid mit den Teufelchen, weil sie so verzweifelt sind. Das für sie Gnadenhafte ist nicht der Traum an sich, den bewertet sie als „nichts Außergewöhnliches", das gnadenhafte Geschehen ist, dass Gott ihr gewährt, sich daran zu erinnern und dadurch immer wieder getröstet zu werden.

---

[14]   Therese von Lisieux, Selbstbiographische Schriften, a.a.O., 23f.

1.2. Der Traum – Hilfe auf dem spirituellen Weg der Verwandlung

In seiner Klassifizierung der Träume wurden christliche Autoren des Altertums von Traumbüchern beeinflusst, die in der Antike sehr populär waren. Das Traumbuch des Artemidor von Daldis, der im 2. Jh. in Ephesus lebte und von daher auch in manchen Quellen als Artemidor von Ephesus bezeichnet wird, ist das einzige vollständig erhaltene Exemplar dieser Gattung aus der Antike.[15]

Sein dreiteiliges Gesamtwerk (Buch I-III, Buch IV und Buch V) hat vermutlich seit den letzten zehn oder zwanzig Jahren des 2. Jahrhunderts vorgelegen. Dem lexikalischen Teil (Buch I-III), in dem die Traumsymbole möglichst vollständig nach einer zu Beginn festgelegten Anordnung gedeutet werden, geht eine Einführung in die Kategorien der Träume samt weiteren Differenzierungen sowie die bei der Chiffrierung zu berücksichtigenden Aspekte voraus (I 1-12). Nach Artemidor gehören das „Gesicht" und das „Orakel" in die Kategorie des Traumgesichts. Diese unterscheidet er von der Kategorie des bedeutungslosen Traums, zu der er das „Phantasma" rechnet.

Gleich im ersten Kapitel des ersten Buches beschreibt Artemidor den Unterschied zwischen Traum und Traumgesicht, der für ihn u.a. darin besteht, dass „die Wirkung des bedeutungslosen Traums auf die Dauer des Schlafs beschränkt ist und er nach dem Aufhören

---

[15] Vgl. Klauck, H.-J., Die religiöse Umwelt des Urchristentums, Bd. 1, Stuttgart – Berlin – Köln 1995, 166-168.

des Schlummers verschwindet. Das Traumgesicht aber wirkt einerseits als Schlafgebilde (d.h. im Schlaf): Es lenkt die Seele zum Aufmerken auf die Vorhersage des Kommenden. Andererseits wirkt es auch nach dem Schlaf. Es veranlasst wirksame Aktionen. Das Traumgesicht ist also dazu da, die Seele zu erwecken und zu erregen."[16]

Im nächsten Kapitel werden die Traumgesichte weiter unterteilt in die theorematischen und die allegorischen Traumgesichte. Die theorematischen können auch als direkte Traumgesichte bezeichnet werden, weil das im Traum Gesehene der Wirklichkeit entspricht (I 2), d.h., der Trauminhalt ist unverschlüsselt. Die allegorischen kann man auch „symbolische Traumgesichte" nennen. Die Seele bringt in ihnen das Gemeinte in verschlüsselter Form zum Ausdruck (I 2).

Das Traumgesicht beschreibt nun Artemidor näher (I 2): „Das Traumgesicht ist eine Bewegung oder ein vielgestaltiges Bilden der Seele, das die bevorstehenden guten oder bösen Dinge andeutet. Wie sich die Sache verhält, so weissagt die Seele alles, was sich im Laufe der Zeit früher oder später zutragen wird, durch spezielle sympathetische Bilder, die auch Grundelemente genannt werden, weil sie glaubt, wir werden in der Zwischenzeit, durch Kombination belehrt, imstande sein, die Zukunft zu erschließen."[17]

---

[16] Artemidor von Daldis, Traumbuch, Übertragung v. F. S. Krauss, bearbeitet u. ergänzt v. M. Kaiser, Basel – Stuttgart 1965, 23.

[17] Artemidor von Daldis, Traumbuch, a.a.O., 24f.

Traumgesichte, die ganz unerwartet kommen und etwas Gutes oder Böses, das bevorsteht, ankündigen, werden „gottgesandte genannt ... wie wir eben auch in der Umgangssprache alles Unerwartete gottgesandt nennen"[18] (I 6). Zur Abfassung seines Werkes wurde Artemidor nach seiner Schilderung selbst durch den Gott Apollon in Traumvisionen aufgefordert (II 70).[19]

Die beiden letzten Bücher sind an Artemidors gleichnamigen Sohn gerichtet. Noch einmal werden wesentliche Grundzüge der Traumauffassung wiederholt, bevor auf spezielle Fälle eingegangen wird (Buch IV). Schließlich reicht Artemidor seinem Sohn noch eine Traumsammlung (Buch V) nach, „eine Zusammenstellung von zuverlässigem und somit auch brauchbarem Erfahrungsmaterial"[20], das er in Griechenland, Asien und Italien gesammelt hat (V Proömium), damit dieser die für die Traumdeutung nötige Routine gewinnen könne (IV 84).[21]

Eine Beobachtung im Traumbuch des Artemidor oder in einem anderen Exemplar dieser Gattung (der direkte Bezug ist nicht nachzuweisen) hat offensichtlich Evagrios Ponticos in seinen Überlegungen zum Traum beeinflusst. Artemidor legt größten Wert darauf, dass nicht alle Menschen gleich träumen: Die Interpretation muss sehr genau Rücksicht nehmen auf die Lebensumstände, die Herkunft, die persönliche

---

[18]   Artemidor von Daldis, Traumbuch, a.a.O., 36.

[19]   Vgl. Artemidor von Daldis, Traumbuch, a.a.O., 228.

[20]   Artemidor von Daldis, Traumbuch, a.a.O., 330.

[21]   Vgl. Artemidor von Daldis, Traumbuch, a.a.O., 328f.

Geschichte, den Beruf und schließlich den Charakter. Eine rein mechanische Anwendung der Auslegungsregeln genügt nicht; der Deuter braucht einen eigenen Instinkt für die richtige Deutung. Vor allem der sittliche Charakter beeinflusst die Art der Träume und damit ihre sachgemäße Auslegung. „Merk dir ferner, dass Leute, die sich einer guten und moralischen Lebens- und Handlungsweise befleißigen, keine eitlen Träume noch irgendwelche anderen sinnlosen Phantasiegebilde bekommen, sondern lauter Traumgesichte, die größtenteils unter die Kategorie der theorematischen gehören; denn ihre Seele wird weder durch Befürchtungen noch durch Erwartungen getrübt, und dann sind sie auch fürwahr über die körperlichen Gelüste erhaben. Um mich also kurz und bündig auszudrücken: Einem ernsten Menschen erscheint weder ein bloßer Traum noch sonst ein sinnloses Phantasiegebilde"[22] (IV Proömium).

Umgekehrt kann die Beobachtung der eigenen Träume (und ihrer Erfüllung oder Nichterfüllung) Auskunft über den sittlichen Stand des Träumenden geben. Der antiken Diätetik ist es z.B. selbstverständlich, dass man nur nach maßvollem Essen „Wahrträume" empfangen kann (I 7). Das grundlegende Menschenbild hingegen ist berührt, wenn Traum und Charakter direkt gekoppelt werden. Man muss den Charakter eines Träumenden kennen, um seine Träume nicht zu verzeichnen, so wiederum Artemidor: „Es ist für den Träumenden und für den Ausleger nützlich und nicht bloß nützlich, sondern sogar notwendig, dass der Traumdeuter genau weiß, wer der

---

[22] Artemidor von Daldis, Traumbuch, a.a.O., 265.

Träumende ist, dass er dessen Beruf kennt, seine Herkunft, wie es mit seinen Vermögensverhältnissen und seinem körperlichen Wohlbefinden steht und in welchem Alter er sich befindet. Ferner muss er den Trauminhalt selbst genau untersuchen, denn es kommt vor, dass eine kleine Zugabe oder Auslassung den Ausgang wesentlich modifiziert, wie im Folgenden noch gezeigt werden wird. Wenn sich nun einer daran nicht hält, so hat er die Schuld nur sich selbst zuzuschreiben und nicht mir, falls er falsch gedeutet hat" (I 9).[23]

Auch der von den Stoikern erstrebte moralische Fortschritt des Menschen umfasst ganz dezidiert selbst die Träume. Auch Philons fromme Therapeuten träumen sogar nur Gott Wohlgefälliges. Umgekehrt ist bei einem Steuereintreiber nicht einmal in seinen Träumen Güte zu erwarten.[24]

Für Evagrios Ponticos ist das höchste Ziel des Menschen die Apatheia, die innere Harmonie des Menschen, Friede des Gemütes, Freiheit von leidenschaftlichen Regungen, Reinheit des Herzens, Durchdrungensein von der Liebe Gottes. Ein Merkmal für das Vorhandensein der Apatheia beim Menschen ist das Fehlen von Leidenschaften und ungeordneten Gemütsbewegungen während seiner Träume. „Ob wir Apatheia erlangt haben oder nicht, sagen uns unsere Gedanken am Tage und unsere Träume während der Nacht. Apatheia ist der Gesundheitszustand der See-

---

23 Artemidor von Daldis, Traumbuch, a.a.O., 38f.

24 Zu den Belegstellen vgl. Frenschkowski, M., Traum und Traumdeutung im Matthäusevangelium, a.a.O., 44.

le."[25] Mit Apatheia ist „weder Unempfindlichkeit und Leidensunfähigkeit noch eine Ausrottung der Leidenschaften durch Willensakte oder Vernunfterwägungen gemeint, und auch nicht die stoische Apathie der unerschütterlichen Gelassenheit und Standhaftigkeit in den Stürmen des Lebens, sondern horchendschauende und gelassene Offenheit für den zu vernehmenden Logos. Diese Interpretation legt sich nahe, wenn bedacht wird, dass die Haltung der Apatheia bei Evagrios durch die Übung der *hesychia*, durch das Zur-Ruhe-Kommen, erlangt wird. Nur wer ruhig wird und so zur Stille kommt, vermag zu hören, horchend zu existieren."[26]

Evagrios geht davon aus, dass die Leidenschaften und Emotionen, die während des Tages im Wachzustand bestimmend sind, auch Einfluss haben auf die Träume. So zeigt sich der Groll nicht nur im Ärger und in aggressiver Stimmung, sondern verursacht auch schlimme Erfahrungen während der Nacht, die den Körper schwächen. Evagrios schreibt negative Träume dem Dämon des Zorns zu: „Lass die Sonne nicht über deinem Zorn untergehen, sonst kommen während deiner Nachtruhe die Dämonen und ängstigen dich und machen dich so noch feiger für den Kampf des folgenden Tages. Denn die Wahnbilder der Nacht

---

[25] Evagrius Pontikus, Praktikos. Über das Gebet, Übers. u. Einl. v. J. E. Bamberger OCSO, Schriften zur Kontemplation 2, Münsterschwarzach 1986, 56.

[26] Wucherer-Huldenfeld, A. K., Maskierte Depression und „Trägheit" in der klassischen Achtlasterlehre. Zur Aktualität der Frühgeschichte christlicher Spiritualität und Psychotherapie, in: Evangelische Theologie 57 (1997), 338-363, hier 344.

entstehen gewöhnlich durch den erregenden Einfluss des Zorns. Und nichts macht den Menschen so sehr bereit, sein Ringen aufzugeben, als wenn er seine Regungen nicht kontrollieren kann."[27]

„Wirre Träume erblickt der Zornige, und den Ansturm wilder Tiere phantasiert der Wütende. Ein langmütiger Mann erblickt Gesichte, Versammlungen heiliger Engel, und wer ohne Groll ist ... empfängt bei Nacht die Lösung von Geheimnissen."[28]

Die Traumbilder werden nicht nur vom Zorn hervorgerufen, sondern sie wirken auch auf den Menschen, sie verschlechtern die Voraussetzungen, mit denen er den nächsten Tag beginnt. Der Mensch fühlt sich gerädert und schwach.

Evagrios kennt positive und negative Träume. Die Träume spiegeln den seelischen Zustand des Menschen wider. An ihnen kann abgelesen werden, wie weit ein Mensch auf dem Weg zur Herzensreinheit ist. Damit der Friede im Menschen wachsen kann, muss sich der Mensch mit den Leidenschaften der Seele beschäftigen und mit ihnen ringen. Ein Teil dieser Selbstbeobachtung und dieses asketischen Ringens spielt sich in der Nacht und im Traum ab.
„Den Dämonen liegt viel daran, unsere Neigung zur Begehrlichkeit noch zu verstärken. Dazu erzeugen sie, wenn wir schlafen, Hirngespinste, die uns Unterhaltungen mit unseren Freunden vorgaukeln, Tisch-

---

27 Evagrius Pontikus, Praktikos, a.a.O., 43.

28 Evagrios Pontikos, Über die acht Gedanken. Eingel. u. übers. v. G. Bunge, Würzburg 1992, 60.

gelage mit unseren Verwandten, ganze Scharen von Frauen und eine Menge anderer Dinge, die Entzücken in uns hervorrufen sollen. Das alles hat nur den einen Zweck, uns krank zu machen und unsere Leidenschaften zu verstärken. Es kann auch sein, dass die Dämonen den leicht erregbaren Teil unserer Seele reizen. Daher lassen sie uns im Traum Wege einschlagen, die an abschüssigen Stellen vorbeiführen, bewaffneten Männern, giftigen Schlangen oder gefährlichen Tieren begegnen. Solche Begegnungen sollen uns mit Entsetzen erfüllen, wir sollen fliehen und uns verfolgt fühlen. Wir sollten uns deswegen vorsehen und diese unsere Veranlagung wachsam im Auge behalten, indem wir während unserer Nachtwachen Christus um Hilfe bitten."[29]

Evagrios spricht von der Schattenbegegnung. Bewaffnete Männer, giftige Schlangen und gefährliche Tiere sind Bilder für den Schatten. Der Träumende reagiert auf die Verfolgung mit Flucht. Das ist ein Zeichen, dass der Schatten nicht angenommen ist. Evagrios zeigt einen anderen Weg. Der geistliche Mensch soll nicht fliehen, sondern seine Veranlagung wachsam im Auge behalten, den eigenen Schatten anschauen und Christus um Hilfe bitten. Mit der Hilfe Christi kann die Flucht aufgegeben und der Schatten angenommen werden.

Im nächsten Kapitel verfeinert Evagrios seine Analyse noch einmal:
„Natürliche Vorgänge während des Schlafes, die ohne begleitende aufwühlende Bilder ablaufen, deuten

---

[29] Evagrius Pontikus, Praktikos, a.a.O., 55f.

nicht darauf hin, dass die Seele krank ist. Stellen sich aber Bilder ein, so bedeutet das, dass die Seele nicht gesund ist. Hast du im Traum Gesichter verschwommener Natur, kannst du das auf frühere affektive Erfahrungen zurückführen. Lassen sie sich jedoch klar erkennen, dann deutet das auf Wunden hin, die noch immer bluten."[30]

Die unklaren Bilder wollen sagen, dass Erfahrungen der Vergangenheit integriert werden sollen oder gerade integriert werden. Die klaren Bilder stellen vor die Aufgabe, den gegenwärtigen Zustand genau zu betrachten und sich mit seinen Wunden auszusöhnen.

Welche Art von Träumen uns den Zustand der Apatheia, den Gesundheitszustand der Seele, anzeigt, beschreibt er in einem späteren Kapitel:
„Wenn der Geist des Menschen sein eigenes Licht zu sehen beginnt, wenn er sich auch durch Traumgesichte nicht beunruhigen lässt und wenn er selbst angesichts der Ereignisse des Lebens gelassen bleibt, dann hat ein solcher Mensch mit Sicherheit Apatheia erlangt."[31]

Das Sehen des eigenen Lichtes meint, dass der Mensch zu seinem wahren Selbst gefunden hat, dass er ganz eins mit sich geworden ist und mit seiner innersten Mitte, in der Gott selbst wohnt. Apatheia ist verbunden mit Traumbildern, die den Menschen nicht mehr beunruhigen, sondern in ihm Frieden und Harmonie hervorrufen. Die Träume zeigen dann, dass der

---

[30] Evagrius Pontikus, Praktikos, a.a.O., 56.

[31] Evagrius Pontikus, Praktikos, a.a.O., 60.

Mensch nicht mehr ständig gegen seine Leidenschaften kämpfen muss, sondern dass er positiv mit ihnen umgehen kann, dass er erfüllt ist von Frieden und von der Liebe Gottes. Die Träume zeigen an, wie weit der Mensch auf seinem Reifungsweg schon ist.

Im Unterschied zu antiken Vorbildern findet sich bei Evagrios keine regelrechte Traumsammlung als Hilfe zur Traumdeutung. Für die Traumdeutung genügen die Kriterien der Unterscheidung der Geister.

Der Weg der Selbst- und Gotteserkenntnis und damit der Weg zur Erlangung der Apatheia geht für Evagrios nicht nur über das fromme oder asketische Tun, das sich von außen her nach innen richtet. Es genügt nicht, dass der Mensch durch eigene Anstrengung sich diszipliniert und dass er ohne Unterlass betet, „er muss noch", so J. E. Bamberger Evagrios interpretierend, „in den Tiefen seines Geistes umgewandelt werden, wo sich in den letzten Winkeln seines Seins für die Außenwelt unerreichbare unbewusste Bilder verbergen. Er muss sie zu erreichen versuchen auf seit langem in Vergessenheit geratenen Bahnen, die aber immer noch die Haltungen und Wege des Menschen beeinflussen können. Erst wenn diese Bilder gesund und ganz geworden sind im ursprünglichen Licht der Kontemplation, das des ganzen Menschen Geist zu durchdringen vermag, ist das Werk der Erlösung und Vervollkommnung getan."[32]

---

[32] Bamberger, J. E., Einführung in die asketische und mystische Theologie des Evagrius Ponticus, in: Evagrius Pontikus, Praktikos. Über das Gebet, Übers. u. Einl. v. J. E. Bamberger OCSO, Schriften zur Kontemplation 2, Münsterschwarzach 1986, 8-23, hier 22.

Auf dem geistlichen Weg ist deshalb nicht nur die Selbstbeobachtung bedeutsam, sondern auch das Achten auf die Träume, weil in ihnen wichtige Botschaften für den Weg der transformatio, der Umformung bzw. Umgestaltung in Gott hinein, enthalten sind. Dies kann der Mensch nicht immer nur allein mit sich ausmachen, er darf, ja soll sich Hilfe holen von Erfahreneren. Was Evagrios über die Gedanken schreibt, gilt analog auch für Träume: „Richte deine Gedanken, ob sie mit der Furcht Gottes übereinstimmen, und wenn du es nicht weißt, frag den, der es weiß."[33]

Dieses zunächst eher psychologisch klingende und zu verstehende Bemühen darf jedoch nicht getrennt werden von der Gesamtbewegung der Gottsuche. Die Selbsterkenntnis ist nicht reiner Selbstzweck, sondern Teil des Weges zur Schau Gottes.

Interessant ist in diesem Zusammenhang eine spätere Verschiebung des Blickwinkels und der Bewertung der Trauminhalte. Ist es bei Evagrios ein eher geistlich-psychologischer Blick mit der Fragestellung, welche Bedeutung Träume für die geistliche Entwicklung haben können, so sind etwa für Thomas von Aquin ähnliche Beobachtungen wichtig im Rahmen der Fragestellung, ob nächtlicher Samenerguss eine Sünde sei oder nicht, das Interesse liegt also eher in der Bewertung von Trauminhalten hinsichtlich der Sünde und dem daraus folgenden entsprechenden Handeln, d.h. unter Umständen der Buße. Wegen der Beeinflussung der Trauminhalte durch Gedanken,

---

[33] Evagrios Pontikos, Über die acht Gedanken, a.a.O., 32.

Phantasien etc. im Wachzustand – Thomas beruft sich auf Aristoteles und Augustinus –, kommt er zu dem abschließenden Urteil: „So ist also klar, dass der nächtliche Samenerguss ohne jede Sünde ist, bisweilen jedoch Folge der vorangehenden Sünde sein kann."[34] Es steht damit nicht mehr so sehr der Erkenntnisgewinn im Sinne der Selbstwahrnehmung im Vordergrund, sondern die Schuldfrage im Sinne der Bußpraxis.

Meister Eckhart, der Traumgesichte eher kritisch sieht, misst Träumen im Rahmen des geistlichen Weges durchaus Bedeutung bei. Auch er beruft sich zunächst auf einen heidnischen Meister, der „sagt, dass der gute Mensch die halbe Zeit <= die Hälfte seines Lebens> mit dem Sünder ganz eins ist, das heißt im Schlafe: dann nämlich <wenn er schläft,> sündigt der böse Mensch nicht, noch tut er etwas Gutes. So auch verhält sich der gute Mensch <d. h., er tut weder Sünde noch Gutes>, nur hat er <dem bösen Menschen> eines voraus: dass ihm <nur> gute Dinge im Schlafe träumen; dies ist ein sicheres Kennzeichen eines reinen Menschen. Kommt den aber etwas Schlechtes <im Traume> an, so kämpft er im Schlafe dagegen an; das aber ist ein Zeichen dafür, dass er im Wachzustand <diese Anfechtung> überwunden hat. Findet er aber im Schlafe Gefallen daran <d. h. an dem Schlechten, das er träumt>, dann hat er dies im Wachzustande noch nicht überwunden."[35]

---

[34] Thomas von Aquin, Summa Theologica II-II 154,5; zitiert nach: DThA Bd. 22, Graz – Wien – Köln 1993, 83.

[35] Meister Eckhart, Predigt 61; zitiert nach: Meister Eckhart, Werke I, Texte und Übersetzungen von J. Quint, hrsg. u.

Eckhart geht damit noch einen Schritt weiter, was die Erkenntnis über den Zustand der Seele durch Träume angeht, denn er sieht die Ebenen des Wachzustands und des Traumes auch als gegensätzlich an, mit den entsprechenden Schlussfolgerungen. Was also im Wachzustand bekämpft wird, kann im Traum Gefallen finden und umgekehrt.

Diese Beobachtung findet interessanterweise eine gewisse Parallele in der analytischen Praxis. H. Hark schreibt: „Der Autor [M. Boss] weist aufgrund seiner Erfahrungen in der analytischen Praxis auf das religionspsychologisch besonders interessante Phänomen hin, dass der sogenannte moderne Mensch wohl deswegen von religiösen Dingen träume, weil sie in seinen bewussten Lebensbezügen so wenig Raum haben. ‚Diese religiöse Bezugsmöglichkeit spielt heute beim träumenden Menschen eine um so größere Rolle, je mehr sie bei den Wachenden verschüttet ist. Es ist eine überaus häufige Erfahrung unserer analytischen Praxis, in den Träumen von Menschen, die in ihrem bisherigen wachen Leben völlig den irdischen Dingen zugewandt waren, plötzlich einen möglichen Bezug zum Himmel und zu den Himmlischen aufleuchten zu sehen. Solches ereignet sich allein dadurch, dass man diese Menschen einfach sich aussprechen und damit ganz zu sich selbst kommen lässt, ohne dass von Seiten des Analytikers auch nur ein Wort über Religion geäußert wird.' Diese Erfahrun-

kommentiert v. N. Largier, Bibliothek des Mittelalters Bd. 20, Frankfurt/M. 1993, 651. Im Kommentar verweist N. Largier auf Aristoteles, Ethica Nicomachea I c. 18 (vgl. a.a.O., 1093).

gen von Boss können wir aus unserer analytischen Praxis bestätigen."[36]

Therese von Lisieux macht in ihrer Selbstbiographie eine Bemerkung, die den Umkehrschluss der Beobachtung H. Harks nahe legt: „Ich lege meinen Träumen keine Bedeutung bei, symbolische habe ich übrigens nur selten, und ich frage mich sogar, wie es kommt, dass während ich den ganzen Tag an den Lieben Gott denke, ich mich im Schlafe nicht stärker mit ihm beschäftige ... Gewöhnlich träume ich von Wäldern, Blumen, Bächen und dem Meer, und fast immer sehe ich hübsche kleine Kinder, fange Schmetterlinge und Vögel, wie ich nie welche sah. Sie sehen, meine Mutter, meine Träume haben wohl einen poetischen Anstrich, sind aber weit entfernt, mystisch zu sein."[37]
Vielleicht lässt sich das von Therese beobachtete Phänomen, H. Hark folgend, gleichsam so deuten: Wenn gilt, dass religiöse Trauminhalte auftauchen, wenn der Träumer in einer eher säkularen Welt auch ohne persönlichen Bezug zu einer Transzendenz lebt, gilt vielleicht dann umgekehrt: Wenn der Träumer in einer religiösen Umgebung (Kloster) in intensiver Gottesbeziehung lebt, dann tauchen bei ihm seltener religiöse Inhalte auf, weil diese auf der Bewusst-

---

[36] Hark, H., Religiöse Traumsymbolik. Die Bedeutung der religiösen Traumsymbolik für die religiöse Erfahrung, Europäische Hochschulschriften: Reihe 23, Theologie, Bd. 139, Frankfurt/M. 1980, 31f. Zitat von M. Boss aus: Boss, M., Der Traum und seine Auslegung, Bern – Stuttgart 1953, 158.

[37] Therese von Lisieux, Selbstbiographische Schriften, a.a.O., 174.

seinsebene abgedeckt werden? Das lässt sich hier natürlich nur als Frage formulieren und kann nicht weiter verfolgt werden, doch könnte dies ein interessanter Aspekt bezüglich der Bedeutung von Träumen für Menschen auf dem geistlichen Weg sein, gerade für jene, die keine bedeutungsvollen oder religiösen haben.

H. Hark fasst seine Beobachtungen noch einmal zusammen: „Die Bilderwelt des Traumes und die Erlebniswelt stehen sowohl in einer Korrelation als auch in einer kompensatorischen Beziehung. Wenden wir diese Erkenntnis z.B. auf den Glaubensakt eines Menschen an, so lässt sich in der analytischen Praxis feststellen, dass ein bewußtheitlicher Glaube im Unbewussten von Zweifeln kompensiert wird. Ebenso gibt es die Erfahrung, dass eine atheistische Einstellung im Bewusstsein vom Unbewussten in religiösen Symbolen kompensiert wird. Es handelt sich also um eine Kompensation zwischen bewusster und unbewusster Einstellung. Nach unserer Auffassung der Psyche als einer Ganzheit hat der kompensatorische Prozess nicht die Aufhebung von Gegensätzen zum Ziele, sondern die Anerkennung und einen Prozess des Ausgleiches der Gegensätze."[38]

1.3. Der Traum – Begegnung mit Gott als mystische transformatio

In zwei unterschiedlichen Textarten, die während des 14. Jahrhunderts in oberdeutschen Dominikanerin-

---

[38] Hark, H., Religiöse Traumsymbolik, a.a.O., 110.

nenklöstern entstanden sind, werden zahlreiche Träume und Traumvisionen überliefert, in den sog. Nonnenviten, Kompilationen von Kurzviten einzelner Schwestern eines Konvents, und in einzelpersönlichen Viten und Gnadenviten, die das Leben einer besonders begnadeten Schwester darstellen. Die Nonnenviten waren lange Zeit übel beleumundet, sie galten als Zeugnis des Abfalls von der geistigen Höhe der Mystik, des Niedergangs und der zunehmenden Sentimentalisierung des geistlichen Lebens und als Symptom neurotischer Zwangsvorstellungen. Erst allmählich hat man erkannt, dass sie ein fest umrissenes Konzept einer mystischcharismatischen Spiritualität entfalten.[39] Visionen, Träume und Traumvisionen bilden einen integralen Bestandteil dieser Religiosität und sind eine spezifische Form einer sinnlichgeistigen Gotteserfahrung.

Überblickt man die zahlreichen Berichte in den einzelnen Nonnenbüchern, so zeigt sich, dass Visionen und Träume einen beträchtlichen Teil des geistlichen Lebens der Frauen bilden. Sie bestätigen den Gnadenstand der einzelnen Schwestern und dienen der Erbauung der Kommunität. In auffallender Weise lehnen sie sich an den jeweiligen Stoff ihrer Betrachtungen und die Texte des Kirchenjahres an. In der Adventszeit sind daher Jesuskindvisionen häufig, in

---

[39] Vgl. etwa Ringler, S., Gnadenviten aus süddeutschen Frauenklöstern des 14. Jahrhunderts – Vitenschreibung als mystische Lehre, in: Schmidtke, D. (Hg.), „Minnichlichiu gotes erkennusse". Studien zur frühen abendländischen Mystiktradition. Heidelberger Mystiksymposium vom 16. Januar 1989, MyGG 7, Stuttgart – Bad Cannstatt 1990, 89-104.

der Weihnachtszeit Gottesmuttervisionen, in der Os-
terzeit Erscheinungen des leidenden Christus.

Die Verfasserinnen dieser erbaulichen Viten unterscheiden kaum zwischen Visionen und eigentlichen
Träumen. Das gilt nicht nur für sie, sondern fürs gesamte Mittelalter.[40] Bei der visio imaginaria, der mit
Bildern durchsetzten Schau, kommt es auf die Differenz zwischen Wachen und Schlafen so sehr nicht an:
Es handelt sich in jedem Fall um Bildvisionen.

Wie A. M. Haas feststellt, kommt etwas Wesentliches
hinzu, das diese Unentschiedenheit in der Bewertung
der beiden Schauungsarten (im Schlaf und im Wachzustand) erklärlich macht. „Die Visionen haben ihren
Sitz im Leben meist in Situationen und zu Zeiten, da
die Wachheit der Betroffenen kaum mehr eindeutig
gewährleistet ist. Denn die Schauungen treten sehr
häufig ... nach *mette,* also nach der nächtlichen Früh-
mette des Chorgebets[41], da man sich zum Schlaf oder

---

[40] Auch Heinrich Seuse verwendet für die zahlreichen von ihm
berichteten Gesichte Namen, wie z.B. „lichter Schlaf", „Ent-
sinkung", „Ruhe der Sinne" (vgl. Heinrich Seuse, Deutsche
mystische Schriften, a.a.O., 60, Anm. 44).

[41] Ähnliche Beschreibungen finden sich etwa auch bei Heinrich
Seuse: „Einst saß der Diener nach der Mette in seinem Stuhl,
in Gedanken vertieft, so dass er nichts um sich sah und hörte.
Da kam – vor seinem inneren Auge dünkte es ihm so – ein
stattlicher junger Mann von oben herab ..." (Heinrich Seuse,
Vita Kap. 19: zitiert nach: Heinrich Seuse, Deutsche mystische Schriften, a.a.O., 80). „Als es des Morgens dämmerte,
wurde er in einer geistlichen Erscheinung ..." (Heinrich Seuse, Vita Kap. 37: zitiert nach: Heinrich Seuse, Deutsche mystische Schriften, a.a.O., 139). „Und da war ihm am Vortage
des hl. Dominikus zur Nachtzeit, als man die Festmette ge-

zur Betrachtung zurückgezogen hat, ein, sodass leicht ein Traumzustand eintreten kann, in dem die besonderen Gnadenerweise Gottes sich der im Halb- oder Tiefschlaf isolierten Seele darbieten können."[42] O. Langer bestreitet diesen Zusammenhang und verweist darauf, dass die Nicht-Unterscheidung von Traum und Vision im Konzept der Religiosität der Nonnenviten grundgelegt sei, „für die Traum und Vision genuine Erfahrungsmodi darstellen. Die sensitiven und imaginativen Möglichkeiten des Menschen reichen demnach an den Bereich der Wahrheit heran."[43]

Letztlich ist der Streit darüber müßig, da dieses Problem sehr häufig in der spirituellen Literatur auftritt, in der weitgehend nicht streng und systematisch zwischen Traum und Vision unterschieden wird, beide aber als Orte göttlicher Offenbarung bzw. Begegnungsorte mit Gott anerkannt und geschätzt sind.

Der Schlaf und der darin sich ausgestaltende Traum erlauben nämlich auf völlig unproblematische Weise

---

sungen, im Schlafe, als befinde er sich in einem Zimmer ..."
(Heinrich Seuse, Büchlein der ewigen Weisheit 3. Teil; zitiert nach: Heinrich Seuse, Deutsche mystische Schriften, a.a.O., 327f.).

[42] Haas, A. M., Traum und Traumvision in der deutschen Mystik, in: ders., Gottleiden – Gottlieben. Zur volkssprachlichen Mystik im Mittelalter, Frankfurt/M. 1989, 109-126, hier 116.

[43] Langer, O., Vision und Traumvision in der spätmittelalterlichen dominikanischen Frauenmystik, in: Hiestand R. (Hg.), Traum und Träumen. Inhalt – Darstellung – Funktion einer Lebenserfahrung in Mittelalter und Renaissance, Studia humaniora 24, Düsseldorf 1994, 67-84, hier 74.

die Trennung der Seele vom Körper. Diese ist aber eine Art Vorbedingung der Gottesschau im Anschluss an Pauli Entrückung (2 Kor 12,2) geworden und gestattet die Annahme, dass das Ich dabei sein aktuelles Selbstbewusstsein einbüßt, seine natürliche Denkweise in Bildern und Formen verliert und überstaltet wird von der Tätigkeit des Heiligen Geistes. Die mystische Theorie hat dabei immer von der „mors mystica" gesprochen, einem Konzept, das sich im Bild des mystischen Schlafs – abgeschwächt – wiederfindet.

Traum und Vision sind nicht nur Instrumente der göttlichen Unterweisung, sondern bilden auch einen Bereich intensiver Interaktion zwischen Mensch und Gott, die den Menschen bis in seine leibliche Sphäre hinein verändern kann. Dies wird am Beispiel der Stigmatisation der Mechthild von Stans deutlich. Diese Nonne lebt nach einer nächtlichen Vision bereits in einem Zustand der Hochgestimmtheit und Erregung. Ihre Seele und ihr Gemüt sind durchgossen von der göttlichen Süße. Doch diese Erfahrung genügt ihr nicht, und sie begehrt deshalb vom Grund ihres Herzens ein Liebeszeichen („minzaichen"). In einer mitternächtlichen Traumvision am St.-Katharinen-Tag wird sie stigmatisiert. Die in der Vision empfangene, an ihrem Leib sichtbare Seitenwunde schließt sich zwar, wie die Vita berichtet, auf ihren ausdrücklichen Wunsch, doch der scharfe innere Schmerz bleibt ihr. „Zwischen der Intensität des leiblichen Schmerzes und der Intensität ihrer inneren „minnbewegung" besteht eine direkte Proportion. Tiefster Schmerz zeigt tiefste Liebe an, er ist ein Index der Nähe Gottes.

Traum und Traumvision sind also ein Grenzbereich, in dem sich Natur und Übernatur, Göttliches und Menschliches berühren. Im vorliegenden Fall beginnt hier eine Leib und Seele des Menschen umfassende conformatio.

Die im Traum sich konstituierende Umgestaltung setzt sich in der Wirklichkeit fort. Beide Ebenen haben den gleichen Realitätsgrad, auf beiden gilt das Gesetz, das die augustinisch-bernhardinische Theologie als das Gesetz von der transformierenden und egalisierenden Kraft der Liebe formulierte: amans fit amatum. Der Liebende wird das, was er liebt.[44] Die Gültigkeit des Gesetzes zeigt sich allerdings zuerst auf der Ebene des Traumes und der Vision."[45]

Von einer anderen Form der Interaktion zwischen Seele und Gott im Traum, der brautmystischen Variante, berichtet die Vita der Ita von Hohenfels. In ihrem Weltleben ist diese reiche, adlige Dame nur darauf aus, wie sie in der Welt Freude finden könne. Trotz ihres wohlsituierten, mit allen Glücksgütern

---

[44] Vgl. Bernhard von Clairvaux: Die Seele „liebt glühend (ardenter) im Delirium der Liebe (debriatur amore), so dass sie der Majestät (des Geliebten) nicht mehr achtet. Wie nur ? ‚Er blickt die Erde an und macht sie erzittern' (Ps 103,32) – und sie, die Seele, verlangt von ihm geküsst zu werden! Indes: Liebe macht gleich und eins. Sie kennt keinen Unterschied unter Herzen, die sich vollkommen lieben. Sie gleicht hoch und niedrig aus, ja sie macht nicht nur gleich (pares), sondern ein (unum)" (Hld-Predigt 59,2). Zitiert nach: Ruh K., Geschichte der abendländischen Mystik, Bd. I, München 1990, 258f.

[45] Langer, O., Vision und Traumvision, a.a.O., 78f.

versehenen Lebens sucht sie immer noch mehr und endet, da ihr keine Freude genügt, in einer ausweglosen Situation der Desorientiertheit. Ihr Wunsch nach ununterbrochener Annehmlichkeit des Lebens scheitert an der Nichtigkeit irdischen Glücks und verwickelt sie in den fatalen Zirkel, immer mehr haben zu wollen, weil sie alles Glück, das sie besitzt, nicht befriedigt. Ihre latente Verzweiflung, die aus der impliziten Erkenntnis entspringt, keine Möglichkeit zu dauerhaftem Glück zu haben, führt zunächst nicht zur Konversion, sondern zu einem Aneinanderreihen von Freuden, die sie rastlos wechselt. Erst der Tod ihres Mannes und ihr Witwendasein bringen die Wende, und sie nimmt in Ötenbach den Schleier.

Im Kloster setzen sich, entgegen ihrer Erwartung, die Anfälle von Verzweiflung fort. Schon kurz nach ihrem Eintritt überkommt sie eine fünf Jahre dauernde Anfechtung, die sie am Sinn ihrer Existenz zweifeln lässt; danach fällt sie in eine noch tiefere Krise und schließlich in die „Anfechtung der Verzweiflung". Sie empfindet sich für die Hölle bestimmt, wird aber endlich durch göttliches Eingreifen von ihrer Verzweiflung befreit und ihres Heils versichert. Nach den stürmischen Anfangsjahren beruhigt sie sich. „Ein wunderlich und ein gros dink het si an ir vil jaren, wenn si schlief, dass ir denn unser herr erschein in dem schlaf in dem pild, als er ein mensch was auf ertrich und gab sich ir denn als gütlichen in einem götlichen zarten und in einer götlichen heilikeit und senfte."[46] Diese kurze Notiz beschreibt eine geradezu habituelle unio mystica mit den Termini der Braut-

---

[46]   Zitiert nach: Langer, O., Vision und Traumvision, a.a.O., 80.

mystik. Gott „zartet" ihrer Seele in so beseligender Weise, dass sie es nicht in Worte fassen kann.

Schlaf und Traum disponieren also in besonderer Weise zum Empfang von Gnaden. Der Umgang des himmlischen Bräutigams mit seiner Braut, der Seele, vollzieht sich – ohne dass dies eine Wertminderung bedeutet – auf der Ebene des Schlafes und Traumes, bleibt aber nicht bloß innerlich, geträumt, sondern hat Auswirkungen. Ita erscheint nach diesen Träumen immer auch äußerlich verändert, und ihre Mitschwestern nehmen die „große wandlung und heilikeit an ir antlütz" wahr.[47]

Der Traum ist der Ort einer Glückserfahrung, die sich in den Alltag hinein fortsetzt, eine Erfahrung, die geistlich und sinnlich zugleich ist und Leib und Seele umfasst.

In beiden Fällen war der Traum ein Medium, in dem sich ein individuelles Glücksstreben erfüllte bzw. die Suche nach einer leiblich-sinnlichen Gotteserfahrung ihr Ziel fand.

Frauen erwerben durch Visionen und Träume eine religiöse Singularität und Selbstständigkeit, die sie aus der Gemeinschaft der Schwestern herausheben und gegenüber der Obrigkeit als quasi autonome religiöse Subjekte erscheinen lassen. Die Frauen schaffen sich unabhängig von den Institutionen Freiräume individueller Spiritualität und brechen damit – zumindest implizit – das klerikale Monopol der Gottunmittel-

---

[47] Vgl. Langer, O., Vision und Traumvision, a.a.O., 80.

barkeit. Es sind tastende Versuche einer geistlichen Emanzipation.[48]

Festzuhalten bleibt: Träume und Visionen sind integrale Bestandteile einer Spiritualität, die die sensitiven und imaginativen Erkenntnis- und Erfahrensweisen gegenüber den intellektuellen nicht abwertet. Vision und Traum gelten ihr als legitime Offenbarungsmöglichkeiten Gottes und als Medium neuer Erfahrungen.

Diese Überzeugung findet sich jedoch nicht nur in den Zeugnissen mittelalterlicher Frauenmystik, der selige Dominikaner Heinrich Seuse ist in seiner Erfahrungsorientierung der frauenmystischen Spiritualität seiner Zeit recht nahe.[49] Er konstatiert im Prolog seines *Horologium sapientiae:* „Aber ach, in diesen modernen Zeiten, da die Welt schon altert, ist diese Gottesliebe in den Herzen vieler so sehr erkaltet, dass sie nahezu ausgelöscht ist und nur wenige gefunden werden, die nach Andacht streben, die nach neuer Gnade suchen, die sie erwärmt, die sich darüber freuen, im Windsturm häufiger mit einem Tränenstrom übergossen zu werden, welche die Gnade eines göttlichen Besuchs und eines Wortes von oben suchen."[50]

---

[48]   Vgl. Plattig, M., „Die Gewalt der nackten Minne" Beobachtungen und Gedanken zur weiblichen Mystik, in: Edith-Stein-Jahrbuch 2 (1996), 114-138.

[49]   Vgl. Plattig, M., Heinrich Seuse – eine „christliche Erosgestalt", in: Studies in Spirituality 6 (1996), 49-72.

[50]   Zitiert nach Haas, A. M., Seuses Visionen – Begriff der Vision, in: ders., Kunst rechter Gelassenheit. Themen und Schwerpunkte von Heirich Seuses Mystik, Bern 1995, 179-220, hier 197.

Neben der Lamentatio über die modernen Zeiten geht es Heinrich Seuse um die Kultivierung einer neuen, innigen Frömmigkeit, die die Erfahrungsebene einschließt.

Diesem Interesse dienen auch die Schilderungen Seuses von Visionen, die immer schon in der Form ausgelegter und -gedeuteter Beispiele oder Gleichnisse vorgetragen werden.

„Als er [Seuse] einst um die gleiche Morgenzeit so dasaß, war ihm wie im Traume, er sei in ein anderes unbekanntes Land entrückt. Zu seiner rechten Hand glaubte er seinen Engel mit gütigem Antlitz zu erkennen. Er fuhr auf, umfaßte den geliebten Engel, umarmte ihn und drückte ihn, so liebevoll er nur konnte, an sich, so daß sie, wie ihm schien, auch gar nichts mehr trennte. Dann sprach er klagend und weinend: ‚Ach, du mein Engel, den mir der liebreiche Gott zu Trost und Schutz gegeben, um der Liebe willen, die du zu Gott fühlst, verlaß mich nicht!' Da antwortete der Engel und sprach: ‚Wagst du, Gott nicht zu vertrauen? Sieh, Gott hat dich in seiner Ewigkeit so liebevoll umfangen, daß er dich niemals mehr lassen will.' ... Geschwind blickte er in sein Inneres und sah den Leib über seinem Herzen klar wie Kristall; in seinem Herzen erblickte er die ewige Weisheit in liebenswerter ruhevoller Gestalt, und dabei saß des Dieners [Seuses] Seele voll himmlischen Verlangens. Die war hingegeben zur Seite des Herrn geneigt, von seinen Armen umfangen und an sein göttliches Herz gedrückt, entrückt und versunken in des geliebten Gottes Armen liegend."[51]

Die taktile Fassung der Einigung (mit dem Engel, mit Gott) konkretisiert, was an sich ein rein geistiger Vorgang sein müsste. Die Übergängigkeit in einer Vermittlung vom Körperlichen her ins Geistige verstärkt sich noch in der zweiten Vision. Im Durchscheinendwerden seiner Körperlichkeit wird dem Diener der Ewigen Weisheit sein ewiges Einbefasstsein in dieser als entrückende Umarmung durch Gottes Arme signalisiert und bildhaft vor Augen geführt.

A. M. Diethelm hat in einer germanistischen Dissertation die Körperlichkeit in der Vita Heinrich Seuses untersucht.[52] Im Hinblick auf die Visionen und ihre Bedeutung bei Seuse kommt sie zu folgenden Ergebnissen: „Vision ist Erleben in extremster, oft kaum mehr ertragbarer Form, Erleben bis zum Zerspringen. Sie prallt in direktester Weise auf den Menschen in seiner Ganzheit von Körper, Geist und Seele und bewirkt vorübergehend die Veränderung seiner alltäglichen Befindlichkeit."[53] Vision ist also keineswegs nur ein rein geistig, innerliches, sondern ein den ganzen Menschen ergreifendes Erleben. In Seuses Worten:

---

[51] Seuse, H., Deutsche mystische Schriften, aus dem Mittelhochdeutschen übertr. u. hrsg. v. G. Hofmann, Nachdruck der ersten Auflage von 1966, Düsseldorf 1986, 29f.

[52] Diethelm, A. M., Durch sin selbs unerstorben vichlichkeit hin zuo grsser loblichen heiligkeit. Körperlichkeit in der Vita Heinrich Seuses, Deutsche Literatur von den Anfängen bis 1700, hrsg. von Alois M. Haas, Bd. 1, Bern 1988.

[53] Diethelm, A. M., a.a.O, 51.

„Und wie er [Seuse] da so stand, des Trostes bar, und niemand in seiner Nähe war, da ward seine Seele entrückt, ob im Leib, ob außer ihm, das wußte er nicht. Was er da sah und hörte, läßt sich nicht in Worte fassen. Es hatte – weder Form noch bestimmte Art und hatte doch aller Formen und Arten freudenreiche Lust in sich. Des Dieners Herz verlangte danach und fühlte sich doch gestillt, sein Sinn war freudvoll und bewegt ...“[54] Seuse sieht und hört Unaussprechbares, Formloses, Weiseloses, das aber doch so, dass darin die freudenreiche Lust aller Formen und Weisen fühlbar wird. Er muss zu paradoxen Formulierungen greifen: formlose Form, gestilltes Verlangen, um annähernd das auszudrücken, was, wieder paradox, eigentlich nicht ausdrückbar ist.

Bei Teresa von Avila, am Beginn der Neuzeit, findet sich einerseits die bewusste Unterscheidung von Traum und Vision, andererseits aber auch ein Begriff im Rahmen ihrer Gebetslehre, der Motive des Schlafes bzw. der Traumes aufgreift. Eine klare Differenzierung wird dadurch erschwert, dass im Spanischen für „Schlaf“ und „Traum“ dieselbe Vokabel *sueño* verwendet wird.

Im 19. Kapitel ihrer Vida berichtet Teresa von einer Gebetserfahrung und unterscheidet Traum und Vision, Kriterium sind die tatsächlich (und nicht nur im Traum) geweinten Tränen: „Es bleibt in der Seele von diesem Gebet und dieser Gotteinung eine überaus große Zärtlichkeit zurück, so dass sie sich am liebsten auflöste, nicht vor Schmerzen, sondern vor Freuden-

---

[54] Seuse, H., Deutsche mystische Schriften, a.a.O., 20.

tränen. Sie erlebt sich überströmt davon, ohne es zu merken oder auch nur zu wissen, wann oder wie sie sie geweint hat. Es bereitet ihr großes Behagen, diese Gewalt des Feuers durch Wasser gedämpft zu sehen, das das Feuer noch anfacht.

Das kommt einem zwar spanisch[55] vor, aber so läuft es ab. Mir ist es bei dieser Gebetsweise gelegentlich passiert, dass ich so außer mir war, dass ich nicht wusste, ob es ein Traum war oder ob ich die Herrlichkeit, die ich verspürt hatte, wirklich erlebte. Doch als ich mich von Wasser überströmt sah, das mühelos mit solcher Heftigkeit und Geschwindigkeit hervorbrach, so dass es aussah, als würde es diese Wolke des Himmels ausschütten, sah ich ein, dass es kein Traum war."[56]

Teresa erlebt deutlich die Ambivalenz der geschenkten Visionen: „Alles, was ich mit den leiblichen Augen sehe, kommt mir wie ein Traum vor, und als sei es ein Witz. Was ich bereits mit den Augen der Seele gesehen habe, das ist es, wonach sie sich sehnt, und da sie sich weit weg davon erlebt, ist dies für sie der Tod. Es erweist also der Herr einem, dem er solche Visionen schenkt, eine überaus große Gnade, weil es ihm sehr hilft, aber er gibt ihm auch ein schweres Kreuz zu tragen, weil ihn nichts befriedigt, sondern ihm alles zuwider ist. Und wenn der Herr nicht zulie-

---

[55] Teresa schreibt hier *algarabía*, d.h. Arabisch mit der Bedeutung von „unverständlich".

[56] Vida 19,1; Teresa von Avila, Das Buch meines Lebens, Vollständige Neuübertragung, aus d. Span. v. Dobhan, U., Peeters, E., Freiburg 2002, 274.

ße, dass man es ab und zu vergisst, auch wenn man sich nachher wieder daran erinnert, dann weiß ich nicht, wie man leben könnte. Er sei für immer und ewig gepriesen und gelobt!"[57]

Berater oder Beichtväter sind für Teresa oft nicht hilfreich, sondern verdächtigen sie der „Träumereien", die sie für Visionen ausgeben würde: „Was mir sehr zusetzte, war, dass mein Beichtvater mir einmal schrieb, dass ich nun aus dem, was vorgefallen war, ersähe, dass alles nur Träumerei gewesen sei – wie wenn ich etwas gegen seinen Willen unternommen hätte (auch muss der Herr wohl gewollt haben, dass es mir von einer Seite her, wo es mich am meisten schmerzen müsste, nicht an einer Prüfung fehlen würde) -, und das bei dieser Unmenge von Angriffen, wo ich doch geglaubt hatte, dass mir von ihm her Trost zuteil werden müsste und dass ich mich von jetzt an bessern und nicht mehr den Wunsch haben solle, mich mit etwas hervorzutun, und dass ich nicht mehr darüber sprechen solle, denn ich sähe ja, was für ein Skandal daraus geworden sei, und noch manches andere, alles um weh zu tun. Das tat es mir auch mehr als alles andere zusammen, weil ich glaubte, dass dann, wenn ich Anlass gegeben hätte oder Schuld daran wäre, dass Gott beleidigt würde, und wenn diese Visionen eine Illusion wären, dass dann mein ganzes Beten, das ich hielt, eine Täuschung, und ich wirklich getäuscht und verloren wäre.
Das brachte mich in so extreme Bedrängnis, dass ich ganz verwirrt und am Boden zerstört war. Aber der

---

[57] Vida 38,7; Teresa von Avila, Das Buch meines Lebens, a.a.O., 566.

Herr, der mir nie gefehlt hat, der mich in all diesen Nöten, von denen ich erzählt habe, oftmals getröstet und gestärkt hat – es besteht kein Grund, hier davon zu reden –, sagte damals zu mir, ich solle mich nicht abtun, denn ich hätte Gott sehr gedient und ihn nicht beleidigt bei diesem Geschäft; ich solle nur tun, was mir der Beichtvater auftrug, für den Augenblick nämlich zu schweigen, bis die Zeit käme, um darauf zurückzukommen. Daraufhin war ich so getröstet und zufrieden, dass mir die ganzen Angriffe, die über mich hereinbrachen, wie nichts vorkamen."[58]

In den zitierten Stellen ist Traum eindeutig negativ gebraucht im Sinne von unwirklicher Einbildung, von Hirngespinsten. Für Teresa als Frau im Spanien des 16. Jh.[59] ist es entscheidend, deutlich zu machen, dass sie nicht Träumereien oder Tagträumen nachhängt, wie man dies bei Frauen von vornherein vermutete, sondern dass sie einen Weg des inneren Gebetes geht, dass sie in einer engen Gottesbeziehung lebt und von ihm mit Erfahrungen (auch Visionen und Auditionen) beschenkt wird. Letzteres traute man zu dieser Zeit den Frauen an sich nicht zu, und jede, die etwas Derartiges behauptete, galt als hysterisch oder eben als Träumerin.[60] Teresa greift an verschiedenen Stellen

---

[58] Vida 33,3; Teresa von Avila, Das Buch meines Lebens, a.a.O., 486f.

[59] Zur Situation der Frau zur Zeit Teresas vgl. Dobhan, U., Gott – Mensch – Welt in der Sicht Teresas von Avila, Frankfurt/M. – Bern – Las Vegas 1978, 45-55 u. 356-361.

[60] Am deutlichsten formuliert Teresa die Klage über diese Situation der Frau in ihrer Zeit in der ersten Fassung des Weges der Vollkommenheit: „Herr meiner Seele, als ihr auf der Erde weiltet, habt ihr die Frauen nicht zurückgewiesen, vielmehr

diesen klassischen Einwand ihrer Zeit auf, ihre angeblich größere Anfälligkeit für Illusionen. Scheinbar gibt sie den Kritikern Recht, jedoch nur, um deren Einwand gleich zu entkräften, dass nämlich nur die gefährdet sind, denen es an Demut fehlt: „Ich weise noch einmal darauf hin, dass es ganz wichtig ist, ‚den Geist nicht selbst zu erheben, wenn ihn nicht der Herr erhebt'. Was damit gemeint ist, versteht man dann schon. Besonders bei Frauen ist das noch schlimmer, weil da der Böse irgendeine Illusion hervorrufen könnte; allerdings bin ich mir sicher, dass der Herr ihm nicht gewährt, jemandem zu schaden, der bemüht ist, in Demut zu ihm zu kommen, im Gegenteil, er wird gerade von daher, wo der Böse ihn ins Verderben zu führen glaubt, am meisten Nutzen und Gewinn haben."[61]

---

habt Ihr sie mit großer Hingabe bevorzugt und bei ihnen so viel Liebe gefunden und mehr Glaube als bei Männern, denn Eure heiligste Mutter war dabei ... Reicht es noch nicht, Herr, dass uns [Frauen] die Welt einpfercht ..., so dass wir in der Öffentlichkeit nichts tun, was etwas gilt, noch wagen, von einigen Wahrheiten zu sprechen, die wir im Verborgenen beweinen, als dass Ihr eine so gerechte Bitte nicht erhören müsstet? Nein, Herr, das glaube ich nicht, bei Eurer Güte und Gerechtigkeit, denn Ihr seid ein gerechter Richter und nicht wie die Richter dieser Welt, die Söhne Adams und zudem alle Männer sind und die auch nicht eine Tugend einer Frau für nicht verdächtig halten. Ich spreche nicht für mich, denn die Welt kennt meine Schlechtigkeit bereits, und ich freue mich, dass sie bekannt ist, sondern ich sage das, weil ich die Zeiten so sehe, dass es nicht recht ist, nach Tugend strebende und starke Gemüter zu verachten, nur weil es Frauen sind" (Weg 4,1), zitiert nach: Dobhan, U., Gott – Mensch – Welt, a.a.O., 361.

[61] Vida 12,7; Teresa von Avila, Das Buch meines Lebens, a.a.O., 201f.

Dieses Beispiel macht deutlich, dass bei der Bewertung des Traumes im Rahmen der Spiritualitätsgeschichte immer auch die Zeitumstände berücksichtigt werden müssen und dass Traum und Traumdeutung immer kulturell und geistesgeschichtlich eingebettet sind.

Eine gewisse Besonderheit bildet bei Teresa der Ausdruck *sueño de las poteneias*, „Schlaf der Seelenvermögen". Es ist „ein Fachausdruck für eine präekstatische Gebetserfahrung als Intensivform des Gebetes der Gotteinung (dritte Gebetsstufe bei Teresa). Dabei ist die Tätigkeit der Seelenvermögen zwar noch nicht ganz und gar außer Kraft gesetzt, wie das in der Ekstase im eigentlichen Sinn der Fall ist, aber sie sind doch kaum noch selbst aktiv, sondern allenfalls rezeptiv tätig."[62]

„Kommen wir nun auf das dritte Wasser zu sprechen, mit dem dieser Garten bewässert wird, nämlich das fließende Wasser eines Flusses oder einer Quelle, mit dem man mit viel weniger Mühe bewässert, auch wenn es einige Mühe kostet, das Wasser zuzuleiten. Hier will der Herr dem Gärtner schon derart helfen, dass er fast schon selber der Gärtner ist und derjenige, der alles tut.
Es ist dies ein Schlaf der Seelenvermögen, die sich nicht ganz verlieren, aber auch nicht verstehen, wie sie am Werk sind. Das Wohlgefühl und die Zärtlichkeit und die Beseligung sind unvergleichlich viel größer als das Bisherige. Es ist nämlich so, dass das

---

[62] Erklärung wichtiger Begriffe in: Teresa von Avila, Das Buch meines Lebens, a.a.O., 640.

Wasser der Gnade dieser Seele schon bis zum Hals steht, so dass sie nicht mehr vorangehen kann, und auch nicht weiß wie, aber auch nicht zurück kann. Sie möchte sich der höchsten Herrlichkeit erfreuen. ... Nichts anderes scheint es mir zu sein als ein fast gänzliches Sterben für alle weltlichen Dinge und ein Genießen Gottes. Ich weiß keine anderen Begriffe, um das auszudrücken noch es zu erklären, und die Seele weiß in dem Augenblick auch nicht, was sie tun soll, denn sie weiß nicht einmal, ob sie spricht oder schweigt, lacht oder weint. Es ist ein herrlicher Unsinn, eine himmlische Verrücktheit, in der man die wahre Weisheit lernt, und für die Seele eine höchst beseligende Art des Genießens."[63]

Die Beschreibung des Schlafes der Seelenvermögen erinnert an die Beobachtung des Ambrosius, dass der Mensch im Schlaf empfänglicher für den göttlichen Bereich sei, da er selbst, passiv und seiner Möglichkeiten entledigt, offener sei für Gottes Wirken. In ihren Gedanken über die Liebe Gottes schreibt Teresa: „O erhabene Gnade, die nie verdient werden könnte, wenn nicht der Herr die Befähigung dazu geben würde! Zwar fühlt sich die Seele nicht einmal zur Liebe angeregt; aber o seliger Schlaf, o glückliche Trunkenheit, die den Bräutigam das ergänzen lässt, was die Seele nicht vermag! Während alle Vermögen tot sind oder schlafen, trifft er eine so wundervolle Anordnung, dass die Liebe lebendig bleibt. ... Hier gibt es kein Hindernis weder seitens der Sinne noch der Seelenkräfte, das heißt seitens des Verstandes, des

---

[63] Vida 16,1; Teresa von Avila, Das Buch meines Lebens, a.a.O., 244f.

Gedächtnisses und selbstverständlich auch nicht seitens des Willens."[64]

1.4. Der Traum – Bedrohung und Höllenspuk

In der spirituellen Tradition wurde der Schlaf als „des Todes sanftes Bild" begriffen, wie es vor allem im Nachtgebet der Kirche, der Komplet, immer wieder zum Ausdruck kommt. Dunkelheit, Nacht, im Schlaf wehrlos und ausgeliefert zu sein, wurde als bedrohlich und todesähnlich erlebt. Von daher die Bitte um Schutz in der Nacht, um „eine ruhige Nacht und ein gutes Ende". Die oben beschriebene positiv erlebte Ruhe des Schlafes, die für mystische Erfahrung öffnet, hat die Kehrseite, dass diese Öffnung auch verwundbar, angreifbar macht, dass nicht nur der Geist Gottes, sondern auch die „Macht des Bösen" wirken kann.

Diese Bedrohung wurde in Stundenbüchern auch illustriert: Der Träumende wird von diabolischen Tieren und dämonischen Gestalten angefallen, der Schlafende driftet ab in höllische Gefilde.[65]

---

[64] Teresa von Avila, Gedanken über die Liebe Gottes 6,4; zitiert nach: Theresia von Jesus, Sämtliche Schriften, hrsg. v. A. Alkofer, Bd. 5, München 1938, 282f.

[65] Vgl. eine Initiale aus einer Handschrift des 12. Jh. in der Bibliotheca Ambrosiana in Mailand (ms. B. 41 inf.), abgebildet bei: Le Goff, J., Das Mittelalter in Bildern, Stuttgart 2002, 163.

Ein Hymnus zur Wahl im Stundengebet der Komplet vom Mittwoch, gedichtet von Magnus Felix Ennodius († 521)[66], bringt diesen Zusammenhang zum Ausdruck:

„Schon wirft die Erde sich zur Nacht
des dunklen Mantels Falten um.
Der Schlaf, des Todes sanftes Bild,
führt uns dem Grab des Schlummers zu.

Wenn uns die schwarze Nacht umhüllt,
sind wir von Traum und Wahn bedrängt,
bedroht von Zweifel und von Angst,
der Macht des Bösen ausgesetzt.

Christus, du Leben, Wahrheit, Licht,
wachsamer Hüter, sei uns nah,
dass hell der Glaube in uns wacht,
auch in des Schlafes dunkler Zeit.

Den Sohn und Vater bitten wir
und auch den Geist, der beide eint:
Dreiein'ge Macht, die alles lenkt,
behüte uns – in dieser Nacht. Amen."[67]

Der Traum steht hier in Verbindung mit Wahn und wird als bedrängend erlebt. Deshalb wird Christus gebeten, über dem Schlafenden und Träumenden zu wachen und dafür zu sorgen, dass der Glaube wach,

---

[66] Vgl. Wagner, J. / Schmitt, S. (Hg.), Registerband zum Stundenbuch, Freiburg 1990, 687.

[67] Die Feier des Stundengebetes. Stundenbuch, 3. Band: Im Jahreskreis, Einsiedeln – Köln – Freiburg u.a 1978, 710.

d.h. erhalten bleibt in der als dunkel und bedrohlich erlebten Zeit des Schlafes.

Dieses Motiv der Komplet greift 1908 die Französin Marie Noël in ihrem Gedicht zur Komplet auf:

In Deine Hand, Herr
(Liturgie der Komplet)

Dein Engel sammelte meine guten und schlechten Werke,
Oh Vater, Deine Ernte ist eingebracht beizeiten.
Die Wege des Heils gleichen einem dichten Gewirr ...
Beschließe den Tag, sei er wertlos oder ausgefüllt, gut oder schlecht.

Vergebens sucht meine Seele den Faden ihrer Erinnerung
Und stößt sich im Dunkel wund an verwirrten Gedanken,
Seien sie maßlos und abgründig, wie ein dichter Wald,
Oder so klein, dass ich sie in der dunklen Nacht verliere.

Das ist die Stunde, wo langsam die leeren Augenhöhlen
Sich öffnen, wie versiegte Brunnen in der Finsternis
Wo der Wurm der Gräber in unsere Wirbel kriecht.
Befreie uns vom Bösen, Vater unser im Himmel.

An vier Wänden weben die Nadeln der Spinnen
Mit kleinen Stichen die Dunkelheit aus tausend
Netzen.
Ich höre eine nach der andern hinter den
Fensterläden,
Eine nach der anderen die fernen Lampen
erlöschen.

Was bleibt vom Abend? Wie lange währt der neue
Tag?
Werde ich ins ewige Dunkel gehen, ohne es zu
wissen?
Ich sehe nichts, nichts mehr außer am Rand
meiner Augen
Den kreisenden Widerschein meines Bewusstseins.

Ich sinke in Schlaf, blind und wehrlos.
Oh mein Vater, hier ist der Schlüssel meines
Hauses.
Bewache alles, was ich habe, mein Leben, meine
Vernunft
Und Deine Gnade: den Himmel, den Du mir im
voraus hast bereitet.

Guten Abend, Vater! Meine Hände habe ich in
Deine Hand gelegt.
Der Schlaf – oder der Tod – durchquert die kurze
Nacht.
Wehe ein wenig über meiner irrenden
Traumblase,
Damit sie mir meine Rosen von morgen bringe.

Guten Abend, Vater! Deine Hände haben meine
Augen geschlossen,

Der Schlaf – oder der Tod – kommt leichten
Schrittes;
Um Mitternacht werden zwölf Gefahren mich
rufen.
Aber ich singe meine Gebete und schlafe ein ohne
Angst.

Denn ich weiß, oh Vater, Du wachst an meinem
Bett,
Und leitet ein Schwindel meine Seele in die Irre,
Bringst Du sie zu Dir zurück, wie eine Frau
Ihr träumendes Kleines ins Bett zurückträgt.

Ich bin kein Heiliger, mein Gott, ich verdiene
nicht, dass Du
Mich wiegst in Deinen Armen, verjagst meine
Schauder.
Ich bin nur ein Kind, ich habe nur meine Lieder,
Bin nicht mehr wert als ein Vogel zwischen den
Blättern.

Und ich weiß nicht, warum Du mich liebst ...
Alle Pfade
Führen mich zu Dir, ohne Kampf, ohne
Erschütterung;
Der Schlaf – oder der Tod – gleitet in die sanfte
Nacht ...
Guten Abend, Vater, in Deinen Händen empfange
meine Seele. "[68]

---

[68]   Zitiert nach: Knapp F., „Lieben – Sein Herz zum Fenster hi-
       nauswerfen". Die Botschaft der Liebe in Leben und Werk
       Marie Noëls auf dem Hintergrund der französischen Spiritua-
       lität, StSSTH 23, Würzburg 1998, 389-391.

Der Schutz bei Nacht, um den Marie Noël bittet, umfasst auch die Bitte um das Umwehen der „irrenden Traumblase", damit sie die „Rosen von morgen bringe". Im französischen Text heißt es: „Souffle un peu sur la bulle errante de mon rêve."[69] Dem Gemeinten näher käme unter Umständen eine nicht ganz wörtliche Übersetzung mit: „Wehe ein wenig über der umherirrenden Seifenblase meines Traumes." Der als irrend, als umherirrend und unbeständig, flüchtig erlebte Traum soll durch des Geistes Gottes Wehen zum Rosen bringenden, für das Morgen fruchtbaren Traum werden. Gott wird gebeten, über den Träumen zu wachen und vor Irrungen zu bewahren und auch über der Träumenden zu wachen, was mit dem bemerkenswerten Bild einer Frau ausgedrückt wird, die ihr träumendes Kind ins Bett zurückträgt und damit vor Irrwegen bewahrt.

1.5. Der Traum – Traumkritik

Neben der Selbstverständlichkeit, den Traum als Offenbarungsmedium Gottes anzusehen, entwickelte sich im Alten Testament auch ein Strang der Traumkritik bzw. des Infragestellens dieser Qualität des Traumes. In Num 12,6-8 wird unterschieden zwischen den Propheten, zu denen Gott im Traum spricht, und Mose, zu dem Gott „von Mund zu Mund, von Angesicht zu Angesicht, nicht in Rätseln" spricht. Vor allem Jeremia entwickelt diese Unterscheidung weiter und kritisiert die anderen Propheten,

---

[69] Zitiert nach: Knapp F., „Lieben – Sein Herz zum Fenster hinauswerfen", a.a.O., 390.

die mit Träumen das Volk verführen (vgl. Jer 23,25-32): „Der Prophet, der einen Traum hat, erzählt nur einen Traum; wer aber mein Wort hat, der verkündet wahrhaftig mein Wort. Was hat das Stroh mit dem Korn zu tun? – Spruch des Herrn" (Jer 23,28). Jeremia stellt heraus, dass die Traumerzähler von menschlichen Wünschen geleitet sind und nicht vom göttlichen Willen. Sie reden den Leuten nach dem Mund und bringen sie nicht von ihren bösen Wegen ab. Sie sind unkritisch gegen sich selbst und ihre Hörer. In ähnliche Richtung deuten die Anmerkungen bei Ez 13,1-16 oder bei Micha: „Würde sich einer nach dem Wind drehen und dir vorlügen: Ich prophezeie dir Wein und Bier!, das wäre ein Prophet für dieses Volk" (Mi 2,11). „So spricht der Herr gegen die Propheten: Sie verführen mein Volk. Haben sie etwas zu beißen, dann rufen sie: Friede! Wer ihnen aber nichts in den Mund steckt, dem sagen sie den Heiligen Krieg an. Darum kommt die Nacht über euch, in der ihr keine Visionen mehr habt, und die Finsternis, in der ihr nicht wahrsagen könnt" (Mi 3,5f.).

Zwischen den trügerischen Träumen der Falschpropheten und den Visionen der wahren Propheten muss unterschieden werden, die Kriterien liegen in der Art und Weise ihrer Verkündigung, im Verhalten der Propheten und in ihrer Motivation.

Schließlich soll nach dem Gesetz des Mose der Prophet oder Traumseher mit dem Tod bestraft werden, der das Volk vom Glauben an Jahwe als dem einzigen Gott Israels abbringt (Dtn 13,2-6).

Eine gewisse Abwertung des Traumes findet sich an mehreren Stellen. Der normale Traum ist belanglos, ein Sinnbild der Vergänglichkeit (z.B. Ijob 20,8) und der Täuschung (vgl. Koh 5,6; Jes 29,8). Ijob klagt über quälende Träume (Ijob 7,14), und das Buch Jesus Sirach sieht Alpträume als Kennzeichen des Frevlers an (Sir 40,1-11).[70]

Augustinus ist vor dem zeitgenössischen Hintergrund einer sehr populären Traumdeutung deutlich bemüht, die Bedeutung des Traumes zu relativieren, ohne auszuschließen, dass er der Erkenntnis Gottes dienen kann. Er unterscheidet grundsätzlich zwei Arten von Träumen, die „phantasiae", die normalen Träume, und die „ostensiones", die inspirierten Träume, die sich wiederum in klare, eindeutige Träume und symbolische Träume untergliedern. Gott kann sich Letzterer bedienen, um den Menschen an sich zu ziehen, genauso wie dies durch Begebenheiten und Ereignisse des menschlichen Lebens als auch durch den Gebrauch menschlicher Vernunft geschieht. Augustinus ordnet die Träume, gerade auch die inspirierten, stärker in den Lebenszusammenhang des Menschen ein und betont, dass der Glaube und das Beispiel der Schrift die besseren Wege zur Erkenntnis Gottes sind.[71]

Eine deutliche Kritik an der Rolle von Traum und Vision im geistlichen Leben findet sich bei Meister

---

[70] „Träumer" als Schimpfwort ist von den Brüdern Josefs bezeugt (vgl. Gen 37,19f.) und kommt bei Jeremia (Jer 27,9) sowie an einer Stelle im Neuen Testament als Bezeichnung für die Irrlehrer vor (Jud 8).

[71] Vgl. Dulaey, M., Art.: Songes – Rêves , a.a.O., 1063f.

Eckhart. Eckhart argumentiert dabei nicht gegen die in der Frauenmystik sich andeutenden Versuche religiöser Selbstständigkeit, sondern macht die Ambivalenz ihrer imaginativen Formen der Gotteserfahrung kenntlich.

Eckhart verweist auf die Auslegung der Entrückung des Apostels Paulus in den dritten Himmel durch Augustinus: „Diesen Ausspruch deutet Sankt Augustinus und sagt: Dass Sankt Paul in den dritten Himmel verzückt ward, das bedeutet nichts mehr als dreierlei Erkenntnis in der Seele. Die erste ist die Erkenntnis der Kreaturen, die man mit den fünf Sinnen begreifen kann, und aller der Dinge, die dem Menschen gegenwärtig sind. Darin erkennt man Gott nicht völlig, denn sie < = die Kreaturen> sind grob<-sinnlich>. Die zweite Erkenntnis ist geistiger, die kann man haben ohne Gegenwärtigkeit <der Erkenntnisobjekte>, so wie ich <etwa> einen Freund, den ich früher <schon einmal> gesehen habe, über tausend Meilen <hinweg mir> erkennend <vorstellen kann>. Ich muss ihn aber mit Hilfe von Erinnerungsvorstellungen erkennen, etwa an seine Kleider und seine Gestalt sowie an die Orts- und Zeitumstände <zur Zeit, da ich ihn einmal gesehen habe>; <und auch> diese <Erkenntnis> ist grob und an stoffliche Materie gebunden. <Auch> durch solche Erkenntnis vermag man Gott nicht zu erkennen; man kann ihn weder räumlich noch zeitlich noch nach seinem Aussehen erfassen. Der dritte Himmel besteht in einem geistigen Erkennen, bei dem die Seele allen <materiell> gegenwärtigen und körperhaften Dingen entzogen wird. Dabei hört man lautlos und erkennt man unmateriell. Da gibt es weder Weiß noch Schwarz noch Rot. In dieser reinen Erkenntnis erkennt die Seele Gott völlig, wie er eins ist in der Natur und dreifaltig in den Personen."[72]

Die reine Erkenntnis ist vorstellungsfrei und weiselos. „Ein Kardinal fragte Sankt Bernhard: ‚Warum soll ich Gott lieben und auf welche Weise?' Da sagte Sankt Bernhard: ‚Das will ich Euch sagen: Gott <selbst> ist der Grund, warum man ihn lieben soll. Die Weise <dieser Liebe> ist ohne Weise', denn Gott ist nichts; nicht so <jedoch>, dass er ohne Sein wäre: er ist <vielmehr> weder dies noch das, was man auszusagen vermag; er ist ein Sein oberhalb allen Seins. Er ist ein seinsloses Sein. Darum muss die Weise, mit der man ihn lieben soll, weiselos sein. Er ist über alles hinaus, was man auszusprechen vermag."[73]

Grundsätzlich folgert Eckhart, was auch für die Weise des Traumes gilt: „Denn wer Gott in einer <bestimmten> Weise sucht, der nimmt die Weise und verfehlt Gott, der in der Weise verborgen ist. Wer aber Gott ohne Weise sucht, der erfasst ihn, wie er in sich selber ist; und ein solcher Mensch lebt mit dem Sohne, und er ist das Leben selbst."[74]

---

[72] Meister Eckhart, Predigt 61; zitiert nach: Meister Eckhart, Werke I, Texte und Übersetzungen von J. Quint, hrsg. u. kommentiert v. N. Largier, Bibliothek des Mittelalters Bd. 20, Frankfurt/M. 1993, 645 u. 647.

[73] Meister Eckhart, Predigt 82; zitiert nach: Meister Eckhart, Werke II, Texte und Übersetzungen von E. Benz, K. Christ, J. Quint u.a., hrsg. u. kommentiert v. N. Largier, Bibliothek des Mittelalters Bd. 21, Frankfurt/M. 1993, 187.

[74] Meister Eckhart, Predigt 5B; zitiert nach: Meister Eckhart, Werke I, a.a.O., 71.

„Die Seele, die Gott lieben und der er sich mitteilen soll, die muss so völlig entblößt sein von Zeitlichkeit und von allem Geschmack der Kreaturen, dass Gott in ihr nach seinem eigenen Geschmack schmecke. Die Schrift sagt: ‚Zur Zeit der Mitternacht, als alle Dinge im Schweigen waren, da kam, Herr, dein Wort herab von den königlichen Stühlen' <Weish. 18,14/15>. Das heißt: In der Nacht, wenn keine Kreatur <mehr> in die Seele leuchtet noch lugt, und im Stillschweigen, wo nichts mehr in die Seele spricht, da wird das Wort <ein->gesprochen in die Vernunft."[75]

In dieser Nacht erfährt der Mensch Gott in der Weise der Nichterfahrung. Nur wenn der Mensch auf jede Art von Erfahrung verzichtet und die Nichterfahrung akzeptiert, ist der Durchbruch in die Gottheit oder der Durchbruch der Gottheit im Seelengrund möglich. Dieser Vorgang, den zu verspüren nicht in der Macht des Menschen liegt, ist für Eckhart wesentlicher als jede Art von Erlebnis, Erfahrung und Traum.

Gegen eine auf Sondererfahrungen gerichtete Spiritualität stellt Eckhart seine These, dass selbst ein von Gott geschickter Traum, ja sogar eine Verzückung von der Intensität der Verzückung Pauli abgebrochen werden muss, um einer Tat der Nächstenliebe willen: „Gesetzt nun, dass es voll und ganz Liebe sei, so ist es doch das Allerbeste nicht. Das wird aus Folgendem deutlich: Man soll nämlich von solchem Jubilus bisweilen ablassen um eines Besseren aus Liebe wil-

---

[75] Meister Eckhart, Predigt 73; zitiert nach: Meister Eckhart, Werke II, a.a.O., 95.

len und um zuweilen ein Liebeswerk zu wirken, wo es dessen nottut, sei's geistlich oder leiblich. Wie ich auch sonst schon gesagt habe: Wäre der Mensch so in Verzückung, wie's Sankt Paulus war, und wüsste einen kranken Menschen, der eines Süppleins von ihm bedürfte, ich erachtete es für weit besser, du ließest aus Liebe von der Verzückung ab und dientest dem Bedürftigen in größerer Liebe."[76]

Gott wird nicht in imaginativen und affektiven Erfahrungen, nicht im Gefühl, sondern im selbstlosen Wirken für den Nächsten gefunden. Die Einheit mit Gott im Wirken steht über der Erlebniseinheit.

A. M. Haas fasst zusammen: „Die Haltung der deutschen Mystiker zur Traumvision ist damit eine theologisch-kritische. Ihr Offenbarungswert ist als visio imaginaria ein höchst eingeschränkter und muss von Fall zu Fall geprüft werden."[77]

1.6. Exkurs: Der Traum – Imagination als „bewusstes Träumen"

In seinen Exerzitien leitet Ignatius von Loyola die Exerzitanten an, in einer bestimmten Weise mit einem biblischen Text umzugehen bzw. ihn zu betrachten. In der fünften Betrachtung seiner Geistlichen

---

[76] Meister Eckehart, Deutsche Predigten und Traktate, hrsg. und übers. v. J. Quint, Zürich 1979, 67f.

[77] Haas, A. M., Traum und Traumvision in der deutschen Mystik, in: ders., Gottleiden – Gottlieben. Zur volkssprachlichen Mystik im Mittelalter, Frankfurt/M. 1989, 109-126, hier 115.

Übungen (GÜ 121-126)[78] erläutert Ignatius diese Übung der Imagination sehr anschaulich. Die erste und zweite Betrachtung, auf die sich der Text bezieht, sind die Betrachtung der Menschwerduung (GÜ 101-109) und die von der Geburt (GÜ 110-117).

„Die fünfte Betrachtung soll die Anwendung der fünf Sinne auf die erste und die zweite Betrachtung sein. Gebet: Nach dem Vorbereitungsgebet und den drei Vorübungen ist es nützlich, die fünf Sinne der Einbildungskraft (imaginación) auf die erste und zweite Betrachtung (contemplación) anzuwenden, in der folgenden Weise:
Der erste Punkt: die Personen schauen mit dem Blick der Einbildungskraft (vista imaginativa), ihre Umwelt (circumstancias) im einzelnen überlegen und betrachten (meditando y contemplando) und aus der Schau einigen Nutzen ziehen.
Der zweite: hören mit dem (inneren) Gehör, was sie reden oder reden können, und dann sich auf sich selbst zurückbesinnen, und daraus einigen Nutzen zu ziehen.
Der dritte: riechen und schmecken mit dem (inneren) Geruchs- und Geschmackssinn den unendlich milden Duft und die unendliche Süßigkeit der Gottheit, der Seele und ihrer Tugenden und des Ganzen, so wie es der Person entspricht, die man gerade betrachtet; dann sich auf sich selbst besinnen, um Nutzen daraus zu ziehen.
Der vierte: berühren mit dem (inneren) Tastsinn, wie etwa umfangen und küssen die Orte, welche jene Per-

---

[78] Im weiteren Verlauf werden die Geistlichen Übungen mit GÜ und der Randnummer abgekürzt.

sonen betreten und wo sie sich niederlassen, immer darauf bedacht, Nutzen daraus zu ziehen.
Zwiesprache: schließen mit einem Zwiegespräch wie in der ersten und zweiten Betrachtung, und mit einem Vaterunser."[79]

Ignatius nimmt die Tradition der „inneren geistlichen Sinne" die in der Spiritualitätsgeschichte die Bedeutung des sinnlichen Erlebens unterstreichen.[80]

E. Frick und M. Fühles beginnen ihre profunde Untersuchung der Imagination in den Exerzitien mit einer Definition: „Vorläufig können wir sagen, dass Imagination verleiblichte Phantasie ist. Wir gehen von der Hypothese aus, dass diese ‚aszetische', d.h. übende, leibnahe Dimension des ignatianischen Erfahrungsweges dem Exerzitanten ‚mystische unmittelbare Berührung durch Gott' ermöglicht, ohne diese

---

[79] Geistliche Übungen 121-126; zitiert nach: Ignatius von Loyola, Geistliche Übungen, Übertragung und Erklärung von A. Haas, Freiburg [10]1991, 51. Die Ausgabe von A. Haas habe ich gewählt, weil durch die eingestreuten spanischen Originalbegriffe der Text klarer wird.

[80] Vgl. Balthasar, H. U. v., Die geistlichen Sinne, in: ders., Herrlichkeit. Eine theologische Ästhetik, 1. Bd., Schau der Gestalt, Einsiedeln 1961, 352-410; Marxer F., Die inneren geistlichen Sinne, Freiburg 1963; Rahner H., Die ‚Anwendung der Sinne' in der Betrachtungsmethode des hl. Ignatius von Loyola, in: ders., Ignatius von Loyola als Mensch und Theologe, Freiburg 1964, 344-369; Rahner K., Die geistlichen Sinne nach Origenes, in: ders., Schriften zur Theologie Bd. 12, Köln 1975, 111-136; Rahner K., Die Lehre von den „geistlichen Sinnen" im Mittelalter, in: ders., Schriften zur Theologie Bd. 12, a.a.O., 137-172.

zu erzwingen oder zu garantieren."[81] und stellen die Arbeitshypothese auf, „dass die Exerzitien durch katathyme Bilder zur affektiven Betroffenheit und Einfachheit führen wollen."[82] Ignatius verwendet dafür das Wort ‚afectarse', „mich gefühlsmäßig berühren, affizieren, ‚anmachen' lassen."[83] Ignatius hat dabei die Einsicht des Exerzitanten (GÜ 3: „die Akte des Verstandes im Nachdenken") und dessen Willen (GÜ 3: „die Akte des Willens im Verlangen [= affectando]") im Blick, Letzteren bezieht er auf den Affekt. Dabei lässt sich nachweisen, dass die Exerzitien deutlich katathyme Dimensionen haben. Konflikthaftes und ambivalentes Erleben werden in den Exerzitien deutlicher und bewusstseinsfähiger gemacht, wenn auch nicht ausdrücklich bearbeitet. Das imaginative Lusterleben (Trost/Misstrost etc.) wird nicht unkritisch genossen, sondern unterschieden. Die Exerzitien entfalten die Kreativität des Betrachters durch die sehr spärlichen Angaben zu biblischen Inhalten, die Raum lassen für die Phantasie, und schließlich geht es bei aller Zielgerichtetheit der Exerzitien auch und zunächst um ein Zulassen der Affekte (vgl. GÜ 3).[84]

A. Bolley macht bei einem Versuch zum religiösen Erleben bei Bild- und Textbetrachtungen ähnliche

[81] Frick, E. / Fühles, M., Imagination in den Exerzitien. Beobachtungen aus der psychotherapeutischen Praxis im Blick auf Ignatius von Loyola (1491-1556), in: Imhof P. (Hg.), Gottes Nähe. Religiöse Erfahrung in Mystik und Offenbarung, Würzburg 1990, 129-153, hier 130f.

[82] A.a.O., 134.

[83] A.a.O., 135.

[84] Vgl. a.a.O., 136f.

Beobachtungen.[85] Er sieht im Gefühl die auslösende Macht für die Bildgestaltung der Phantasie und kommt zu der Feststellung, dass die Gefühle in der Person zutiefst eingebettet sind und in Verbindung mit den Bewusstseinsinhalten diesen eine Bindung an die Person geben. Diese durch das Gefühl erst mögliche produktive Phantasiearbeit führt zur ‚Innerung' des angebotenen Materials (= Bilder und Texte), zu seiner Einschmelzung in die Innerlichkeit des Menschen.[86] „Die Bedeutung der Bilder liegt darin, dass die Betrachter mit ihrer Hilfe eine Wirklichkeit tiefer erfassen; es geschieht in einer Zuständlichkeit der Person, indem die Betrachter in einen lebendigen Kontakt mit dem Bildgegenstand kamen, innerlich angerührt wurden und aus dem personalen Selbst heraus ihn gestalteten. ... die weltschaffende Funktion der Phantasie ... gilt auch für den religiösen Bereich: Sie lässt Wirklichkeit entdecken und ermöglicht dem Menschen sein Verhalten zur Welt. Gerade im religiösen Erleben meldet sich, wo ein Sinn erlebt wird, leicht ein erlebtes Sollen."[87] Theologischer formuliert J. B. Lotz: „Die Betrachtung kann also dem Tatwillen am besten die Wege bereiten, am meisten Kraft zuführen, wenn sie ihm durch möglichst umfassendes und vertieftes affektives Erleben der übernatürlichen Werte den Wurzelgrund schafft, aus dem er hervorwächst und immer von neuem genährt wird. ... Der

---

[85] Vgl. Bolley, A., Das Problem der Vorstellungstätigkeit bei Ignatius von Loyola im Lichte empirischer Befunde, in: Archiv für Religionspsychologie 9 (1967), 65-77.

[86] Vgl. a.a.O., 71.

[87] A.a.O., 72f.

Affekt fesselt die Erkenntnis. ... Er verleiht dem Erkennen Fruchtbarkeit für das Wollen."[88]

Geht es um Phantasie, um Bilder, so ist der Weg zu Träumen nicht weit. Der Unterschied von Phantasiebild in aktiver Imagination und Traumbild ist natürlich festzuhalten, jedoch gilt es auch die Ähnlichkeiten und Überschneidungen wahrzunehmen.[89]

---

[88] Lotz, J. B., Die ignatianische Betrachtungsmethode im Lichte einer gesunden Wertlehre, in: Zeitschrift für Aszese und Mystik 10 (1935), 1-16, hier 10 und Anm. 15.

[89] Aufschlussreich ist hier die Beschreibung von Phantasie, die K. Rahner gibt und die ihre Verwandtschaft zum Traum sehr deutlich unterstreicht: „Das Wort ,Phantasie' ist ja leider heute schon fast hoffnungslos phänomenalisiert und relativiert. Einbildung ist heute eben 'eine bloße Einbildung'. Wie aber, wenn die eingebildete Wirklichkeit da ist? Da ist, weil sie existiert, weil sie über Zeit und Ort erhaben ist (und darum mit den Kontrollapparaten des Unwirklichen, dem, was wir Physik und Chemie nennen, nicht festgestellt werden kann). Und wenn man nun diese daseiende Wirklichkeit sich einbildet, damit sie auch für uns da ist, da bis ins Herz und in die letzte Schwingung unserer Nerven, sich einbildet, weil diese Wirklichkeit ja schon längst, bevor wir uns ein Bild von ihr machen, uns ergriffen hat, uns zu ihrem Bild und Ausdruck realissime gemacht hat – ist das dann eine ,leere Einbildung', oder ist dieser Vorgang vielmehr eine Vergegenwärtigung des wirklich Gegenwärtigen, ein Einlassen des Wirklichen in die Sphäre des Bewusstseins, in dem sich eben die sanft aus der Tiefe andrängende Gegenwart des Allerwirklichsten gewöhnlich nur dann zu zeigen gewillt ist, wenn wir ihm schlicht und in bereiter Demut eine Erscheinung leihen? Leihen, nicht weil es sie nötig hätte, sondern weil es sonst verschmäht, uns, den Freien, die lieben sollen, sich aufzudrängen" (Rahner, K., Geistliches Abendgespräch über den Schlaf, das Gebet und andere Dinge, in: ders., Schriften zur Theologie, Bd. III., Köln 1959³, 363-281, hier 278f.).

P. Schellenbaum betont für die Ikonostase der Ostkirche: „Wenn die Heiligenbilder für den Gläubigen zu sprechen beginnen, werden sie ebenso individuell und lebendig wie die Traumbilder."[90] Ich meine, dies lässt sich ebenso von den inneren Bildern sagen, die in der Betrachtung des Lebens Jesu während der Exerzitien entstehen. Was die Traumarbeit betrifft, schreibt H. Hark: „Durch die Identifikation mit den einzelnen Traumgestalten kommt der Träumer in einen gefühlsbesetzten Kontakt mit denselben. Damit eröffnet sich eine Fülle von neuen Aspekten des Erlebens und der religiösen Erfahrung. Das Wesentliche hierbei ist nicht kognitive Erkenntnis der religiösen Symbole, sondern die Erweiterung der Empathiefähigkeit. ... Die religiösen Symbole eröffnen nicht nur eine Beziehung des Individuums zu sich selber, sondern haben auch einen Bezug zum Nächsten. In jedem Symbol eröffnet sich die Perspektive zum Du."[91] Ich meine, die Ähnlichkeiten bis Übereinstimmungen mit der Betrachtungsmethode des Ignatius liegen auf der Hand: Genaue Beobachtung der Personen eines Geschehens und Einfühlen in die Situation mit den fünf inneren Sinnen (z.B. GÜ 121-125), sich selber in ein Bild, ein Geschehen versetzen[92], um in „gefühlsbe-

---

[90] Schellenbaum, P., Gottesbilder. Religion, Psychoanalyse, Tiefenpsychologie, München 1989, 71.

[91] Hark, H., Religiöse Traumsymbolik, a.a.O., 41.

[92] GÜ 114: „... sehen Unsere Herrin und Josef und die Magd und das Jesuskind, nachdem es geboren ist; dabei mache ich mich zu einem armseligen und unwürdigen Knechtlein, das sie anschaut, sie betrachtet und ihnen in ihren Nöten dient, ganz so, als wäre ich gegenwärtig, mit der größtmöglichen Ergebenheit und Ehrfurcht."

setzten Kontakt" mit den Personen zu kommen, das ist genau die Absicht des Ignatius, die in seiner Wortwahl (sentir, gustar etc.) zum Ausdruck kommt. Im Nachdenken (reflectir) über das Erlebte geht es darum, aus all dem irgendeinen Nutzen zu ziehen (vgl. z.B. GÜ 108/115), um die Erkenntnis, aber auch und vor allem um das Verspüren von Trost oder Trostlosigkeit (z.B. GÜ 118) zur Unterscheidung der Geister.

Was nun die biblischen Inhalte anbetrifft, die für Ignatius Objekte seiner Betrachtung sind, so geht die religiöse Traumsymbolik gleichsam den umgekehrten Weg: „Zu dieser Orientierung gehört nach der Anwendung unserer hermeneutischen Methode, dass wir bei den Assoziationen und Amplifikationen zu den bearbeiteten Träumen auch biblische Geschichten und Motive heranziehen, um das Sprachbild eines heutigen Menschen zu deuten und tiefer zu verstehen. Bei dieser Methode wird gleichsam der Niederschlag früherer Gotteserfahrungen als ‚Symbollexikon' verwendet, um eine gegenwärtige Erfahrung in einen entsprechenden Kontext einzufügen. Das ‚Wort', das ein Mensch vernimmt, kann damit an dem überlieferten ‚Wort Gottes' kritisch geprüft werden. So ist der Mensch nicht kritiklos und schwärmerisch seinen manchmal dunklen Träumen ausgeliefert. Andererseits werden ‚alte Worte' neu durch Träume abgebildet und für den einzelnen lebendig. Damit vollzieht die Psyche des einzelnen Menschen nach, was längst ‚geschrieben steht'. Doch jetzt wird es dem Einzelnen zu einer persönlichen Erfahrung."[93] Diese Methode

---

[93] Hark, H., Religiöse Traumsymbolik, a.a.O., 110.

geht vom Erleben des Traumes aus und versucht diesen an den überlieferten Erfahrungen festzumachen, um diese wiederum zu einer heutigen persönlichen Erfahrung zu machen. Ignatius geht von den überlieferten Worten aus und versucht über die Betrachtung, mit Hilfe der Phantasie und Assoziationsfähigkeit des Menschen, diese Worte verspüren, kosten zu lassen, um sie zu einer heutigen persönlichen Erfahrung werden zu lassen.

Vor diesem Hintergrund ließe sich der ignatianische Weg der Kontemplation als „bewusstes Träumen" beschreiben. Durch das Nacherleben von Symbolbildern und Symbolgeschichten soll im Menschen ein Begegnungsprozess in Gang kommen, der ihn in Kontakt bringt mit dem Du und damit ein Lösen der Ichverkrampfung und einen Prozess der Selbsterkenntnis und Individuation auslöst, zu dem wesentlich die Sensibilisierung für das (weitgehend unbewusste) Fühlen und die Integration der Gefühle in die Persönlichkeit gehören.

1.7. Exkurs: Der Traum – politische Vision oder Illusion

E. Zenger weist in einem Aufsatz darauf hin, dass mit dem Berg Zion in der biblischen Tradition „gefährliche Träume" verbunden sind. Sie sind gefährlich, „weil sie richtig sind, weil sie den bestehenden Machtverhältnissen und kanonisierten Bedürfnissen zuwider sind; weil sie unbequem sind, auch für die, die sie träumen, weil sie zu Brüchen im bisherigen Leben führen können oder, biblisch gesprochen: zu

Umkehr der Lebenspraxis und zu Umkehr des Herzens.“[94] Der Traum von der Auferweckung des Zion, seine Wiederherstellung, wird nicht verstanden als Rückkehr zu den alten Zuständen, sondern es geschieht die Umkehrung der üblichen Ordnungen und Werturteile. Es ist ein Traum mit der Kraft einer Vision, die die Herrschaft der Notwendigkeit und der sog. Sachzwänge bricht, die hilft, Wirklichkeit kreativ zu verändern.

Dieser Traum ist zu unterscheiden von der Illusion, die über die Wirklichkeit hinwegtröstet, ohne sie verändern zu können oder zu wollen.[95]

Martin Luther King sprach am 27. August 1963 in Washington vor 200.000 Menschen, die gegen die Rassendiskriminierung in den USA protestierten, von einer solchen Vision und begann seine berühmte Rede über das Ende der Rassendiskriminierung mit den Worten: „Ich habe einen Traum ...“[96]

Die Metapher des Traumes im Sinne einer befreienden politischen Vision spielt auch im Rahmen der Befreiungstheologie eine wichtige Rolle. Auch hier wird bewusst an die biblische Tradition angeknüpft

---

[94] Zenger, E., Ein biblischer Traum: Auferweckung des Zion, Psalm 126, in: FS des theologischen Studienjahres der Dormition Abbey Jerusalem für Abt Laurentius Klein OSB, St. Ottilien 1986, 55-63, hier 55.

[95] Vgl. Janda, J., Der Traum vom Paradies, in: Theol. Prakt. Quartalschrift 135 (1987), 103-112, v.a. 108f.

[96] Vgl. Das Jahrhundertbuch, 2. überarbeitete Auflage, München 2000, 798.

und diese auf die eigene Situation der Unterdrückung angewandt.[97]

Ein Bereich, in dem die Metaphorik des Traumes in ihrer politischen bzw. gesellschaftlichen Relevanz ebenfalls aufgegriffen wurde, ist das sog. „Neue Geistliche Lied". Etwa das Lied „Wir haben einen Traum, der macht nicht blind, wir sehen. Befrei uns, Herr, befreie uns!" (Text A. Albrecht / Musik P. Janssens). P. Hahnen weist anhand der Entstehungsgeschichte des Liedes seine eindeutig „soziokulturelle Einbettung in die liturgische Gestaltung nach und unterstreicht, dass „die Lieder nicht um ihrer Modernität willen, sondern um einer bewussten und gemeindetauglichen Liturgie willen kreiert wurden"[98]. Das Lied greift lebensrelevante Themen auf und stellt sie in den Horizont existenzieller, christlicher Hoffnung: „WIR HABEN EINEN TRAUM reflektiert über Absichten der Lebensgestaltung (‚Wir haben einen Traum'), über Einsicht in gesellschaftliche Zwänge und Deviation (‚hellsichtig sind wir, ... nicht mehr verborgen sind Mängel und Zwänge'). Sehnsucht und Täuschung (‚falsche Propheten', ‚Marktschreier') werden thematisiert und kontrastierend in den Zusammenhang einer besseren Welt gestellt (‚sucht die ... Botschaft Gottes', ‚sucht die ... Verheißung Gottes', ‚sucht die ... Liebe Gottes'). Diese verwirklicht

---

[97] Exemplarisch sei hier genannt: Mesters, C., Vom Leben zur Bibel, von der Bibel zum Leben, 2 Bde., Mainz – München 1983.

[98] Hahnen, P., Das ‚Neue Geistliche Lied' als zeitgenössische Komponente christlicher Spiritualität, TuP 3, Münster 1998, 255.

sich in Aufmerksamkeit und Mut zu neuer Praxis, nämlich in Hinsehen, Hinhören und Einmischen (,der rufe!').“[99]

P. Hahnen würdigt den Versuch, in einem zeitnahen Text „Positionen christlicher Lebensgestaltung“ zu formulieren und „spirituell relevantes Involvement“ zu ermöglichen.[100]

Bezug nehmend auf den Traum, spielt die Vergewisserung der Verheißung eine Rolle, auch die Übereignung der entscheidenden Handlungsinitiative an Gott („befrei uns, Herr, befreie uns!“) und die Überzeugung, dass der Traum nicht blind, sondern sehend macht im Blick auf die Wirklichkeit, vor allem auch in ihre Unterdrückungs- und Blendungsmechanismen. Das Lied erhält die Spannung aufrecht zwischen „träumerischer“ Verheißung der Befreiung durch Gott einerseits und dem Mut zur eigenen neuen Praxis der Veränderung andererseits.

2. Der Traum im geistlichen Prozess – Kriterien

Wie bei allen Fragen der Beurteilung, Entscheidung, Wahl und Unterscheidung im geistlichen Prozess kommen auch beim Traum in der Frage nach seiner Bedeutung für den geistlichen Prozess die Kriterien der Unterscheidung der Geister zur Anwendung. Es kann hier nicht die Tradition der Unterscheidung der Geister dargestellt werden, deshalb sollen vor allem die Kriterien genannt werden, die auf die spezifische

---

[99] Hahnen, P., Das ‚Neue Geistliche Lied‘, a.a.O., 268.

[100] Vgl. Hahnen, P., Das ‚Neue Geistliche Lied‘, a.a.O., 345.

Fragestellung nach dem Traum anwendbar sind. Dies gilt für den Traum als Hilfe auf dem geistlichen Weg und noch einmal zugespitzt für den Traum als Medium der Gotteserfahrung. Bei der Durchsicht durch die Tradition wurde an verschiedenen Stellen deutlich, dass eine scharfe Grenzziehung zwischen Traum, Traumgesicht und Vision z.T. nicht möglich ist oder sich schwierig gestaltet. Von daher liegt es nahe, die Kriterien mit heranzuziehen, die in der Tradition benannt werden, wenn es um die Beurteilung von Visionen oder Auditionen ging. Dies legt sich selbst dann nahe, wenn man Traum und Vision eindeutig unterscheiden kann, da die Erfahrungsqualität vergleichbar, die Disposition des/der Empfangenden ähnlich und die notwendigen Unterscheidungslinien identisch sind.

2.1. Übereinstimmung mit Schrift und Tradition

Ein erstes Kriterium ruht auf der Überzeugung, dass die Offenbarung mit Jesus Christus bzw. den Aposteln als unmittelbaren Zeugen abgeschlossen ist, und „es ist keine neue öffentliche Offenbarung mehr zu erwarten vor der glorreichen Erscheinung unseres Herrn Jesus Christus".[101] Dies hat zur Konsequenz, dass sich jede „Privatoffenbarung" an der Schrift bzw. der abgeschlossenen Offenbarung zu orientieren hat und nur in Übereinstimmung mit ihr Anerkennung beanspruchen kann.

---

[101] II. Vatikanisches Konzil, Dogmatische Konstitution über die göttliche Offenbarung „Dei Verbum", 4.

Teresa von Avila macht diesen Grundsatz zum wesentlichen Unterscheidungskriterium: „Nach allem, was ich sehe und aus Erfahrung weiß, ist nämlich nur glaubwürdig, dass es [das Erleben einer Offenbarung] von Gott stammt, wenn es mit der Heiligen Schrift übereinstimmt, doch sobald es auch nur ein bisschen davon abweicht, dann hätte ich, glaube ich, eine unvergleichlich größere Gewissheit, dass es vom Bösen stammt, als ich sie jetzt habe, dass es von Gott stammt, wie groß ich diese auch haben mag. Da braucht man nämlich nicht mehr nach Anzeichen zu suchen ..."[102]

Johannes vom Kreuz, Zeitgenosse und Vertrauter Teresas, spitzt die Fragestellung noch weiter auf Jesus Christus zu und wendet sich fast polemisch gegen das Bedürfnis nach Visionen und Offenbarungen: „Das, was Gott früher auf vielerlei Art und Weise zu unseren Vätern gesprochen hat durch die Propheten, das hat er in letzter Zeit, nämlich in diesen Tagen, alles auf ,einmal in seinem Sohn ausgesagt' (Hebr 1,1f). Damit gibt der Apostel zu verstehen, dass Gott gleichsam stumm geworden ist und nichts weiter zu sagen hat, denn das, was er früher stückweise zu den Propheten sprach, das hat er in ihm ganz ausgesagt, indem er uns ,den Alles' gab, der sein Sohn ist. Wer deshalb jetzt noch Gott befragen oder eine Vision oder Offenbarung von ihm wünschen wollte, beginge nicht nur eine Dummheit, sondern er würde Gott eine Beleidigung zufügen, weil er seine Augen nicht ganz

---

[102] Teresa von Avila, Vida 25,13; zitiert nach: Teresa von Avila, Das Buch meines Lebens, a.a.O., 367.

und gar auf Christus richtet, ohne noch etwas anderes oder Neues zu wollen.

Gott könnte ihm nämlich folgendermaßen antworten und sagen: Wenn ich dir doch schon alles in meinem WORT, das mein Sohn ist, gesagt habe und kein anderes mehr habe, was könnte ich dir dann jetzt noch antworten oder offenbaren, was mehr wäre als dieses? Richte deine Augen allein auf ihn, denn in ihm habe ich dir alles gesagt und geoffenbart, und du wirst in ihm noch viel mehr finden, als du erbittest und ersehnst. Du bittest nämlich um innere Ansprachen und Offenbarungen über Teilbereiche, doch wenn du deine Augen auf ihn richtest, wirst du es im Ganzen finden, denn er ist meine ganze Rede und Antwort, er ist meine ganze Vision und Offenbarung. Das habe ich euch schon gesagt, geantwortet, kundgetan und geoffenbart, als ich ihn euch zum Bruder, zum Gefährten und Lehrmeister, als Lösegeld und Lohn gab. ... Hört auf ihn, denn ich habe nicht noch mehr Glauben zu offenbaren, noch mehr Dinge kundzutun."[103]

Etwas später wendet er sich vehement gegen eine zu leichtfertige Identifizierung von eigenen Erfahrungen mit einer von Gott geschenkten Offenbarung: „Ich wundere mich sehr über das, was in diesen Zeiten geschieht, nämlich dass jeder beliebige Mensch, der für vier Groschen Betrachtung besitzt, so manche inneren

---

[103] Aufstieg II,22,4f.; zitiert nach: Johannes vom Kreuz, Aufstieg auf den Berg Karmel, Vollständige Neuübersetzung, Sämtliche Werke Band 4, hrsg., übers. u. eingel. v. U. Dobhan, E. Hense u. E. Peeters, Freiburg 1999, 262f.

Ansprachen, die er verspürt, wenn er ein bisschen gesammelt ist, das alles gleich als von Gott kommend
tauft, und in der Annahme, dass das so ist, heißt es
dann: ‚Gott sagte mir', ‚Gott antwortete mir'; doch es
ist nicht so, sondern, wie wir gesagt haben, sprechen
sie meistens zu sich selbst. Und über das hinaus bewirkt die Lust, die sie daran haben, und die Neigung,
die sie im Geist dazu haben, dass sie sich selbst antworten und denken, Gott antwortete und spräche zu
ihnen. Von daher bringen sie großen Unsinn zustande, wenn sie sich hier nicht sehr im Zaum halten und
derjenige, der diese Menschen begleitet, ihnen nicht
die Zurücknahme dieser Gedankengänge auferlegt,
denn sie pflegen daraus mehr dummes Zeug heraus-
zuholen und Unlauterkeit der Seele als Demut und
innerliches Absterben des Geistes, da sie denken,
dass es etwas Großartiges sei und Gott gesprochen
habe, wo es doch kaum mehr war als nichts, oder gar
nichts, ja weniger als nichts. Denn das, was nicht
Demut, Liebe, innerliches Absterben und heilige Einfachheit und Schweigen usw. hervorbringt, was kann
denn das schon sein?"[104]

Johannes führt hier bereits das weitere Kriterium der
Demut ein, das weiter unten noch ausführlicher zur
Sprache kommen soll.

K. Rahner unterstreicht in seinen neu aufgelegten und
immer noch sehr klärenden Erwägungen zu Privatoffenbarungen und ihrer Bedeutung: „Es muss das
Prinzip in Geltung bleiben: Übernatürliche Einwir-

---

[104] Aufstieg II,29,4f.; zitiert nach: Johannes vom Kreuz, Aufstieg
auf den Berg Karmel, a.a.O., 308f.

kung ist nicht vorauszusetzen, sondern zu beweisen. Die Geschichte der Mystik gibt dem Urteil Poulains Recht, dass selbst bei frommen und ‚normalen' Menschen drei Viertel der Visionen gutgemeinte, harmlose, aber wirkliche Täuschungen sind. Man ist somit diesen Vorkommnissen gegenüber mehr in Gefahr, durch Leichtgläubigkeit als durch Skepsis zu fehlen, besonders in aufgewühlten Zeiten."[105]

Rahner lenkt den Blick auf einen weiteren „Offenbarungsort Gottes", den Armen und Notleidenenden, und liegt damit ganz auf der Linie von Meister Eckharts Visionskritik: „Wenn Gott auf mannigfaltige Weise auch zu uns redet, dann ist a priori gar nicht ausgemacht, dass die wichtigsten Weisungen gerade durch Visionen ergehen. Sie stehen vielmehr im Evangelium und ertönen von den Lippen der Kirche in ihrer ‚ganz gewöhnlichen' Verkündigung. Und es regt sich – manchmal wenigstens – der Geist Gottes auch in den Theologen und ‚Bewegungen' der Kirche, auch wenn sie sich nicht auf Visionen berufen können. Auch die Liebhaber der Offenbarungen und Erscheinungen sollten nicht vergessen (was doch auch geschieht): Im Armen und Notleidenden ‚erscheint' uns Christus am gewissesten. Im Sakrament und in der Gnade des Heiligen Geistes, die sich jedem Christen anbietet, hat Gott seine lauterste Gegenwart."[106]

---

[105] Rahner, K., Visionen und Prophezeiungen. Zur Mystik und Transzendenzerfahrung, hrsg. v. J. Sudbrack, Freiburg 1989, 75f.; K. Rahner bezieht sich auf Poulain A., Grâces d'oraison, Paris [11]1931, 336f.

[106] Rahner, K., Visionen und Prophezeiungen, a.a.O., 79.

Damit ist eine Richtung eingeschlagen, die zum nächsten Kriterium überleitet.

2.2. „An ihren Früchten werdet ihr sie erkennen" (Mt 7,16)[107]

Eines der ältesten Kriterien der Unterscheidung der Geister ist die Frage nach der Wirkung bzw. in unserem Fall der Auswirkung eines als Glaubens- bzw. Gotteserfahrung bewerteten Traumes im Leben eines Menschen, besonders in seinem Umgang mit dem Nächsten. Paulus nennt in Gal 5,16-24 eine ganze Serie von Kriterien, die den Umgang mit sich selbst, den anderen und die Lebensgestaltung überhaupt betreffen. Hier werden die „Werke des Fleisches" der „Frucht des Geistes" gegenübergestellt: auf der einen Seite „Unzucht, Unsittlichkeit, ausschweifendes Leben, Götzendienst, Zauberei, Feindschaften, Streit, Eifersucht, Jähzorn, Eigennutz, Zwistigkeiten, Spaltungen, Neid und Missgunst, Saufen, Fressen und Ähnliches mehr", auf der anderen Seite „Liebe, Freude, Friede, Langmut, Freundlichkeit, Güte, Treue, Sanftmut, Selbstbeherrschung".

Als „Frucht" wurden sehr bald auch die Gemütsbewegungen der Seele verstanden, so unterscheidet Origenes: „Wenn wir sehen, dass eine Seele von

---

[107] Vgl. dazu auch: Plattig, M., Die „Früchte" geistlichen Lebens, in: Arbeitsgemeinschaft Theologie der Spiritualität (AGTS) (Hg.), „Lasst euch vom Geist erfüllen!" – Beiträge zur Theologie der Spiritualität, Theologie der Spiritualität Beiträge 4, Münster 2001, 242-288.

Sünden, von Fehlern, von Trauer, von Zorn, von Begierden, von Habsucht verwirrt wird, dann wissen wir, dass sie es ist, die der Teufel ,nach Babylon hinwegführt'. Wenn hingegen im Grunde des Herzens Stille, Heiterkeit, Friede ihre Frucht treiben, so wissen wir, dass ,Jerusalem' in ihr wohnt, d.h. die ,Schau des Friedens' innen in ihr ist."[108]

In den Regeln zur Unterscheidung der inneren Bewegungen schreibt Ignatius von Loyola (GÜ 315): Dem „guten Geist ist es eigen, Mut und Kraft, Tröstungen, Tränen, Einsprechungen und Ruhe zu schenken, indem er alle Hindernisse leicht macht und weghebt, damit man im Gutestun immer weiter fortschreite".[109]

Teresa spricht von einer „großen Ruhe, welche die Seele überkommt, eine andächtige und friedvolle Sammlung und die Bereitschaft zum Lobe Gottes".[110]

Es gilt zu unterscheiden zwischen einem Traum ohne Wirkung und dem Einwirken Gottes, das Gewissheit, Friede und Freude hinterlässt: „Entstammen jene Stimmen aber der Einbildung, so ist keines dieser Zeichen zu gewahren, weder Gewissheit noch Friede oder innere Freude. Allerdings kann es vorkommen – und ich weiß sogar von einigen Personen, denen es widerfahren ist –, dass manche, während sie tief im Gebet der Ruhe und im geistlichen Schlaf versunken sind, körperlich und in ihrem Verstand so geschwächt

---

[108] Origenes, In Ezech Hom. 12,2 (PG 13,754BC).

[109] Ignatius von Loyola, Geistliche Übungen, a.a.O., 104.

[110] Innere Burg 6,3; zitiert nach: Teresa von Avila, Die innere Burg, a.a.O., 125.

sind, dass sie aus diesem oder einem anderen, mir unbekannten Grund sich bei dieser großen Sammlung dermaßen außer sich befinden, dass sie sich nicht mehr in der Erdenwelt fühlen. Alle Sinne sind da so eingelullt, dass es diesen Menschen wie einem Schlafenden – und vielleicht sind sie auch tatsächlich eingedämmert – traumhaft vorkommt, als spräche man zu ihnen; und obwohl sie etwas sehen und meinen, es komme von Gott, so bleiben doch am Ende die Wirkungen aus, wie bei einem Traum. Und ebenso kann es sein, dass sie, wenn sie Gott herzlich um etwas bitten, das zu hören meinen, was sie sich wünschen – auch das kommt zuweilen vor. Doch wer es oft erfahren hat, wie Gott zu der Seele redet, der kann meines Erachtens dabei nicht durch die Einbildung getäuscht werden."[111]

Therese von Lisieux hat noch einmal ein anderes Bild. Nach der Stelle, wo Therese über die Entdeckung ihrer Berufung schreibt und in diesem Zusammenhang von überschäumender Freude spricht, korrigiert sie sich gleich wieder und beschreibt dieses Gefühl anders: „Warum von überschäumender Freude sprechen? Nein, dieser Ausdruck ist nicht richtig; es ist vielmehr der ruhige und heitere Friede des Schiffers beim Anblick des Leuchtturms, der ihn zum Hafen führen soll ..."[112] Der Friede auf dem Grund

---

[111] Innere Burg 6,3; zitiert nach: Teresa von Avila, Die innere Burg, a.a.O., 127.

[112] Therese von Lisieux, Selbstbiographische Schriften, a.a.O., 201.

der Seele[113] verlässt die Heilige auch nicht in ihren letzten, von Leid und Zweifeln geprägten Tagen: „Am 28. August: Schauen Sie! Sehen Sie dort unten das schwarze Loch (unter den Kastanienbäumen neben dem Friedhof), wo man nichts mehr unterscheiden kann; in einem solchen Loch bin ich mit Seele und Leib. O ja! Was für Finsternisse! Aber ich bin darin im Frieden!"[114]

Die Wirkung, die der Geist Gottes hinterlässt, ist nach Meinung der Tradition immer eine grundsätzlich positive und wird mit Frieden, Ruhe, Trost usw. umschrieben. Die Formulierung, dass der Friede auf dem Grund der Seele liegt, unterstreicht, dass diese Wirkungen des Geistes Gottes nicht bedeuten, dass damit Kampf und Leiden, Zweifel und Anfechtung ein für allemal ausgeschlossen wären. Es kann in den „oberen Seelenschichten" durchaus stürmisch zugehen und dunkel sein, und gleichzeitig ist die Seele auf ihrem Grund, im Innersten im Frieden und in Ruhe. Eine Sicherheit, die sich auf den Glauben gründet, so Edith Stein: „Ich weiß mich gehalten und habe darin Ruhe und Sicherheit – nicht die selbstgewisse Sicher-

---

[113] Am 14. Juli: „Mein Herz ist ganz ausgefüllt vom Willen Gottes, so sehr, dass alles, was man darauf gießt, nicht in sein Inneres eindringt, es ist ein Nichts, das leicht abfließt, so wie Öl sich nicht mit Wasser vermischen lässt. Im Grunde meiner Seele bleibe ich immer in einem tiefen Frieden, den nichts trüben kann" (Martin, Therese, Ich gehe ins Leben ein. Letzte Gespräche der Heiligen von Lisieux. Deutsche authentische Ausgabe, hrsg. vom Theresienwerk e.V. Augsburg, Leutesdorf am Rhein 1979, 104f.).

[114] Martin, Therese, Ich gehe ins Leben ein. Letzte Gespräche, a.a.O., 191f.

heit des Mannes, der in eigener Kraft auf festem Boden steht, sondern die süße und selige Sicherheit des Kindes, das von einem starken Arm getragen wird – eine, sachlich betrachtet, nicht weniger vernünftige Sicherheit. Oder wäre das Kind vernünftig, das beständig in der Angst lebte, die Mutter könnte es fallen lassen?"[115]

Die Kriteriologie der „Früchte" wurde im Lauf der Geschichte verfeinert und ausdifferenziert. Franz von Sales macht in seinen Weisungen für die Beichtväter deutlich, dass beim Verhältnis zum Nächsten nicht sofort an die Tat der Nächstenliebe zu denken ist, sondern auch die Frage nach der Einstellung zum Nächsten eine Rolle spielt: „4. Es ist auch ein Kennzeichen des Geistes Gottes, gütig und voll Mitleid mit seinem Nächsten zu sein, selbst wenn er näher daran ist, der Strenge seiner Gerechtigkeit zu verfallen, aus Furcht ihn unter seinen Ruinen zu begraben. Es ist auch ein Zeichen eines Geistes, der in seinen frommen Übungen oder in seinem Verhalten vom Teufel getäuscht wird, wenn er unter dem Namen eines bestimmten Eifers über alles streng urteilt und alles bestrafen will, ohne Erbarmen und die geringste Milde walten zu lassen. ... 8. Seht auch, ob der Bericht, den man diesen Menschen über die Schwachheit des Nächsten gibt, in ihnen mehr eine Regung der Entrüstung und des Entsetzens weckt als des Mitleids und Erbarmens mit seinem Elend. Es ist nämlich ein falscher Eifer, gegen die Untugend seines Bruders zu

---

wettern, ohne Notwendigkeit und gegen die Liebe dessen Fehler aufzudecken. Solche Menschen glauben zu erreichen, dass man ihre Tugend bewundert, wenn sie die Fehler des Nächsten bekannt machen."[116]

Franz von Sales betont immer wieder, dass ein Echtheitskriterium der barmherzige und milde Umgang mit dem Nächsten, gerade auch mit dem Sünder, ist. Der Ruf nach Strenge, die fromme Entrüstung, die moralische Empörung, das vernichtende Urteil, das flammende Schwert liegen nicht auf der Linie christlicher Frömmigkeit, denn Gott, so betont er mit einer gewissen antijüdischen Tendenz, hat sich den Aposteln freundlich genähert und erwiesen, dass es im Neuen Testament nicht mehr Blitz und Donner braucht.[117]

In 1 Kor 14,12 kommt im Blick auf die Charismen noch ein weiteres Kriterium hinzu: „Da ihr nach Geistesgaben strebt, gebt euch Mühe, dass ihr damit vor allem zum Aufbau der Gemeinde beitragt."[118] H. J. Klauck nimmt folgende Bewertung der Kriterien bei Paulus vor: „Das entscheidende Kriterium für die Beurteilung des Charismas besteht in dem Beitrag, den es für den Gemeindeaufbau leistet. Charismen als Selbstzweck, als Privatvergnügen, lässt Paulus nicht

---

[116] Franz von Sales, Weisungen für die Beichtväter, in: Deutsche Ausgabe der Werke des hl. Franz von Sales Bd. 12, Eichstätt 1993, 74-91, hier 8f. u. 90.

[117] Vgl. auch Franz von Sales, Weisungen für die Beichtväter, a.a.O., 89.

[118] Vgl. auch Röm 14,19.

gelten. Jedes Charisma verpflichtet zu aktivem Einsatz und zu unermüdlichem Eifer im Dienst der Gemeinde. Nur von dort her gewinnt es seine Autorität. Das Moment des Außerordentlichen, das die ekstatischen Charismen auszeichnet, möchte Paulus offensichtlich etwas zurückdrängen und dafür die nüchternen organisatorischen und karitativen Dienste betont wissen."[119]

J. Schlageter formuliert noch grundsätzlicher und geht vom Geschenkcharakter der Erfahrung aus, der es per se verbiete, das Geschenk gegen andere und zum eigenen Vorteil zu benutzen: „Die Frage nach der spezifischen Grundstruktur des göttlichen Offenbarungsgeschehen ... wird in Bezug auf eine bestimmte Form und Funktion dort ihr Ziel erreichen, ... – wo nicht Menschen alles, was erfahren und erlebt wird, für sich beanspruchen, subtil oder grob in ihre Hand nehmen oder für ihre Interessen greifbar machen, sondern wo es dankbar und demütig um unverdientes Geschenk geht – gerade beim Wertvollsten und Wichtigsten, und zwar um ein Geschenk, dessen man sich nie gewiss sein und das man nie als Auszeichnung gegen die weniger Beschenkten ausspielen kann, eben weil sich in diesem Geschenk der ‚Deus semper maior' mitteilt ..."[120]

---

[119] Klauck, H. J., Gemeinde – Amt – Sakrament. Würzburg 1988, 227.

[120] Schlageter, J., Unterscheidung der Geister? Die Frage nach den Kriterien geistlichen Lebens, in: Rotzeter A. (Hg.), Geist und Geistesgaben. Seminar Spiritualität 2, Köln 1980, 13-27, hier 26.

2.3. Demut und ihr Ausdruck im Umgang mit Visionen bzw. Traumgesichten

Johannes vom Kreuz unterstreicht in einem Gutachten, das er über eine Nonne bezüglich der Echtheit ihrer Erfahrungen schreibt:

„Das vierte und wichtigste [Kriterium] ist, dass bei dieser Art, die sie aufweist, keine Auswirkungen der Demut aufscheinen, die doch dem Menschen, wenn die Gnadengaben, wie sie glaubt, echt sind, normalerweise nur mitgeteilt werden, wenn dieser zuvor aufgelöst und zunichte wird in innerer Zerknirschung der Demut. Wenn sie bei ihr diese Wirkung hervorriefen, würde sie, wenn sie spricht, viel davon freilegen, denn das erste, was einem Menschen zu sagen und lobend zu erwähnen in den Sinn kommt, sind die Auswirkungen der Demut; sie sind von solcher Wirkkraft, dass er sie nicht verheimlichen kann ...

Das fünfte ist, dass ihr Stil und ihre Sprache nicht von dem Geist zu sein scheinen, den sie bezeichnet, denn der Geist selbst lehrt einen schlichteren Stil und dazu ohne Geziertheiten und Übertreibungen, wie sie diesem zu eigen sind; und all ihr Gerede, wie ‚Das hat sie zu Gott, und das hat Gott zu ihr gesagt', scheint Unsinn zu sein."[121]

---

[121] Johannes vom Kreuz, Gutachten und Beurteilung, in: ders., Worte von Licht und Liebe. Briefe und kleinere Schriften, Vollständige Neuübertragung. Sämtliche Werke Band 2, hrsg., übers. u. eingel. v. U. Dobhan, E. Hense u. E. Peeters, Freiburg 1996, 177-179, hier 178.

Franz von Sales ergänzt in seinen Weisungen für die Beichtväter noch den Aspekt der Sensationslust, d.h., das zu suchen, was nach außen auffällt:

„9. Wenn man von Gott spricht, dann prüft außerdem, ob diese Menschen sich in affektierten Ausdrücken verlieren, weil sie zeigen wollen, dass ihr Feuer nicht unter der Asche verborgen bleiben kann und dass man durch diesen Funken die Gluten entdecken könne, die in ihrem Innern sind. ...

11. Um diese ganze Darstellung abzuschließen, seht schließlich, ob diese Menschen in ihren Worten und Taten einfach und aufrichtig sind; ob sie ihre Gnaden nicht herausstellen wollen, ohne dass es notwendig ist; ob sie suchen, was nach außen auffällt."[122]

K. Rahner sieht dieses Kriterium als Ausschlusskriterium selbst dann gegeben, wenn die Echtheit einer Erfahrung als „Privatoffenbarung"[123] anerkannt ist: „Wo solche (auch in sich echte!) Privatoffenbarungen missbraucht werden zur Befriedigung eines geistlichen Sensationsbedürfnisses, da haben wir sie auf je-

---

[122] Franz von Sales, Weisungen für die Beichtväter, a.a.O., 90.

[123] K. Rahner macht in seinen Bemerkungen zu Visionen und Prophezeiungen deutlich, dass die Anerkennung einer Offenbarung als Privatoffenbarung durch die Kirche lediglich und nur bedeutet, dass ihr eine gewisse menschliche Glaubwürdigkeit zukommt und sie nicht gegen Schrift und Tradition verstößt. Dies hat zur Konsequenz, dass dieses Urteil in sich nicht unfehlbar ist und dass die Kritik oder Ablehnung einer solchen Privatoffenbarung, wird sie mit angemessenem Respekt und Achtung vorgebracht, nicht nur nicht gegen Glaubensgrundsätze verstößt, sondern zuweilen geradezu geboten sein kann (vgl. Rahner K., Visionen und Prophezeiungen, a.a.O., 77f.).

den Fall nicht recht verstanden. Wenn wir gieren nach Prophezeiungen, die so ‚klar' und ‚eindeutig' sind, dass sie uns die Last einer verantwortlichen Entscheidung und das bedingungslos sich ergebende Vertrauen auf Gottes unberechenbare Vorsehung abnehmen, da verlangen wir nach Wahrsagerei und sind nicht mehr imstande, auch echte Prophetie richtig zu lesen, falls eine solche von einer echten ‚Erscheinung' ausgehen sollte."[124]

Rahner kritisiert die Sensationslust, weil sie die Mühen scheut, den oft auch anstrengenden Weg des Glaubens abkürzen will, es sich zu einfach macht, als sei der Glaube ein einfacher Trick, das Leben zu gestalten.

An der Abgründigkeit und Dunkelheit des Glaubens und letztlich Gottes[125] ist festzuhalten, wenn christliche Spiritualität nicht zur Fast-Food- oder Instant-Religion verkommen soll. Die schnelle Erfahrung,

---

[124] Rahner, K., Visionen und Prophezeiungen, a.a.O., 78.

[125] Bezüglich der Vermittlung dieses Verständnisses forderte K. Rahner schon in den 60er Jahren in einem bekannten Aufsatz: „Die Mystagogie muss von der angenommenen Erfahrung der Verwiesenheit des Menschen auf Gott hin das richtige ‚Gottesbild' vermitteln, die Erfahrung, dass des Menschen Grund der Abgrund ist: dass Gott wesentlich der Unbegreifliche ist; dass seine Unbegreiflichkeit wächst und nicht abnimmt, je richtiger Gott verstanden wird, je näher uns seine ihn selbst mitteilende Liebe kommt; ... Solche Mystagogie muss uns konkret lehren, es auszuhalten, *diesem* Gott nahe zu sein, zu ihm ‚Du' zu sagen, sich hineinzuwagen in seine schweigende Finsternis" (Rahner K., Frömmigkeit früher und heute, in: Schriften zur Theologie Bd. VII, Einsiedeln 1966, 11-31, hier 23).

die lösende Vision, der erhellende Traum ist im Christentum nicht einfach zu haben oder gar zu machen. Diese gnadenhaften Geschenke sind zu verstehen als Ruf auf den Weg des Glaubens, der oft mit Umkehr beginnt und nicht als Ersatz für das eigene Gehen dieses Weges, der zuweilen steil, zuweilen dunkel und zuweilen steinig sein kann.[126]

Johannes vom Kreuz sieht solche Erfahrungen wegen der Gefahr des Missverständnisses ganz skeptisch: „Deshalb sage ich, dass dies [innere Ansprachen etc.] sehr stören kann, um zur gottgewirkten Einung zu gehen, denn wenn der Mensch etwas darauf hält, entfernt es ihn sehr vom Abgrund des Glaubens, in dem das Erkenntnisvermögen dunkel bleiben muss, und dunkel muss es durch Liebe zum Glauben gehen und nicht durch viel Vernunftdenken mitteilt."[127]

J. Schlageter bringt die Fragestellung theologisch auf den Punkt und ergänzt den Aspekt der kritischen und deshalb oft auch unbequemen Qualität solcher Erfahrungen:
„Die Frage nach der spezifischen Grundstruktur des göttlichen Offenbarungsgeschehens ... wird in Bezug auf eine bestimmte Form und Funktion dort ihr Ziel erreichen, ...
– wo erlebtes Glück (Seligkeit – Friede – Freude – Ruhe), das Gottfinden in der geglückten Suche nicht mit Gewalt festgehalten, behauptet oder zwanghaft

---

[126] Vgl. Plattig, M., Die ‚dunkle Nacht' als Gotteserfahrung, in: Studies in Spirituality 4 (1994), 165-205.

[127] Aufstieg II,9,3-6; zitiert nach: Johannes vom Kreuz, Aufstieg auf den Berg Karmel, a.a.O., 309f.

reproduziert werden soll, sondern wo es als unge-
schuldete, unverdiente Gabe, als Trost auf einem
Weg voller Entbehrung und Schmerzen dankbar und
frei angenommen und weitergegeben wird,
– wo man nicht in aller Eile besondere Erlebnisse erreichen will, wo also Zeit und Mühe nicht gescheut
werden, wo ein ganzes Leben für Gott da ist, weil Er
allein genügt und weil Sein Weg – auch wenn er lange dauert – nicht ohne Verheißung ist,
– wo die Frage nach dem göttlichen Offenbarungsgeschehen ihre kritische Kraft zeigt zunächst gegenüber
dem eigenen Leben, der liebgewordenen Gruppe, der
heiligen Kirche, der vertrauten Welt, und wo diese
Kritik sich in der Solidarität und Dienstbereitschaft
gegenüber den geringsten und gottunähnlichsten
Menschen in ihrer – oft auch kirchlich-geistlichen –
Not äußert, wo aber alles Leiden an der konkreten
Kirche und Welt nicht Verurteilung, sondern zum
Ruf nach Umkehr und Erneuerung wird."[128]

2.4. Sicherheit und Prüfung

Eine weitere Wirkung, an der die Echtheit eines
Traumgesichts erkannt werden kann, ist nach Heinrich Seuse, dass der Träumende mit dem Gesicht
auch die Unterscheidungsgabe bekommt, dieses von
einem normalen Traum, der gewöhnlich trügt, zu unterscheiden: „Wenn aber eine Erscheinung, die dem
Menschen im Schlaf zuteil wird, eine die Wahrheit

---

[128] Schlageter, J., Unterscheidung der Geister? Die Frage nach
den Kriterien geistlichen Lebens, in: Rotzeter A. (Hg.), Geist
und Geistesgaben. Seminar Spiritualität 2, Köln 1980, 26f.

verkündigende genannt werden darf oder soll – wie im Alten Bund dem Pharao von sieben feisten Rindern träumte und von sieben mageren und dergleichen Träume viel, von denen die Heilige Schrift berichtet –, wie kann man hier die Wahrheit (vom Trug) unterscheiden? Träume trügen gewöhnlich und sagen doch ohne Zweifel zuweilen die Wahrheit aus. Da sollst du wissen, dass St. Augustinus von seiner heiligen Mutter berichtete, sie habe ihm mitgeteilt, ihr sei die Gabe von Gott zuteil geworden, dass, wenn ihr im ganzen oder halben Schlaf etwas von Gott gezeigt wurde, sie von innen die Unterscheidung mitbekommen habe, wohl zu erkennen, ob es sich um einen gewöhnlichen Traum handle, der keine Aufmerksamkeit verdiene, oder um eine bildhafte Erscheinung, an die man sich zu kehren habe. Und wem Gott diese Gabe schenkt, der kann sich hierin umso besser helfen. Es kann es niemand dem anderen mit Worten sagen; (nur) der versteht es, der es empfunden hat."[129]

In ähnliche Richtung weisen das Kriterien Teresas von Avila, die sie als die „sichersten Kennzeichen, die man erhalten kann", bezeichnet: Das „verlässlichste Merkmal ist die Macht, mit der sie [Anreden an die Seele] auftreten, eine Macht, welche zugleich redet und wirkt. Ich will mich deutlicher ausdrücken. Eine Seele befindet sich in all der Drangsal und inneren Ruhelosigkeit, von der ich gesprochen habe, inmitten der Dunkelheit des Verstandes und in der Dürre; da genügt ein Wort, das nichts weiter besagt als: ‚Sei unbekümmert', und sie ist gestillt und ledig aller

---

[129] Seuse, H., Vita Kap. 51; zitiert nach: Heinrich Seuse, Deutsche mystische Schriften, a.a.O., 200f.

Pein; ein großes Licht erfüllt sie, und hinweg ist all jene Qual, von der sie meinte, dass die ganze Welt und alle Weisen, wenn sie zusammenkämen, um die Seele mit Vernunftgründen auszurüsten, nichts dagegen ausrichten könnten, sosehr die Gelehrten sich auch darum bemühen würden, sie dieser Trübsal zu entreißen. ... Und so geschieht es in vielen anderen Fällen." Ein weiteres Kennzeichen ist, „dass diese Worte sehr lange nicht aus dem Gedächtnis schwinden und manche überhaupt nie, im Gegensatz zu dem, was wir hier vernehmen, ich meine: was wir von den Menschen hören. Mag es auch bedeutend und gelehrt sein, so bleibt es doch unserem Gedächtnis nicht so eingemeißelt; und bezieht es sich auf künftige Dinge, so glauben wir auch nicht so fest daran wie an diese Worte; denn sie hinterlassen eine überaus starke Gewissheit. Obwohl einen manchmal, wenn es sich um Dinge handelt, die nach unserer Meinung ziemlich unmöglich sind, Zweifel anwandeln, ob das sein kann oder nicht, und der Verstand etwas ins Wanken gerät, herrscht doch in der Seele selber eine Sicherheit, die nicht umzuwerfen ist, auch wenn es ihr selber vorkommt, als widerspreche alles den Worten, die sie vernommen hat. ... wer es oft erfahren hat, wie Gott zu der Seele redet, der kann meines Erachtens dabei nicht durch die Einbildung getäuscht werden."[130]

Diese Beobachtungen der Tradition stehen auf den ersten Blick in gewissem Widerspruch zu der Forderung der Prüfung solcher Erfahrungen im Gespräch

---

[130] Innere Burg 6,3; zitiert nach: Teresa von Avila, Die innere Burg, a.a.O., 124-127.

mit dem Seelenführer bzw. mit der Kirche. Für Franz von Sales ist klar: „10. Wenn ihr zuverlässig beurteilen wollt, ob diese Seelen die rechte Auffassung von Gott haben und ob die Gnaden echt sind, die sie von seiner Güte zu empfangen behaupten, dann seht, ob sie nicht an ihrem eigenen Urteil und an ihrem eigenen Willen hängen sowie an diesen Gnaden selbst. Oder ob sie ihnen im Gegenteil misstrauen und sie unentschieden lassen, bis sie durch das Urteil ihres Seelenführers und mehrerer frommer, gelehrter und erfahrener Personen in ihrem Glauben darüber bestärkt werden, was sie von all dem halten müssen.“[131]

J. Schlageter betont eine wichtige Grundlage dieses Kriteriums, dass nämlich durch Vernunft und Verstand lediglich die Täuschung entlarvt, aber nicht das Wirken Gottes in Frage gestellt wird: „Die Frage nach der spezifischen Grundstruktur des göttlichen Offenbarungsgeschehen ... wird in Bezug auf eine bestimmte Form und Funktion dort ihr Ziel erreichen, ... – wo die Nüchternheit des Verstandes und der Vernunft nicht wie ein unerwünschtes Licht in angeblich ‚geheimnisvoller' Dämmerung gefürchtet und abgewehrt wird, sondern wo man gewiss ist, dass nur menschliche Schwäche oder Täuschung, nicht aber das wahrhaft und unendlich geheimnisvolle Wirken und Sich-Offenbaren Gottes entlarvt und entzaubert werden können, ...“[132]

Die Kriterien einer inneren Gewissheit und der notwendigen Prüfung im Dialog der Geistlichen Beglei-

---

[131] Franz von Sales, Weisungen für die Beichtväter, a.a.O., 90.

[132] Schlageter, J., Unterscheidung der Geister?, a.a.O., 26.

tung bzw. im Dialog mit der Kirche stehen in Spannung, bilden jedoch keine Gegensätze, sowohl Seuse als auch Teresa lehnen eine solche Prüfung nicht ab, im Gegenteil, denn die Grundlage bildet die Überzeugung, dass sich Gottes Geist, wenn er denn wirkt, auch durch die Prüfung höchstens behindern, nicht aber verhindern lässt.

3. Zusammenfassung

Zusammenfassend möchte ich thesenhaft formulieren:

- Der Traum im Zusammenhang spiritueller Prozesse, Entwicklungen und Wege ist in seiner Bedeutung zu würdigen und gleichzeitig zu relativieren.

- Der Traum kann wichtige Erkenntnisse über die eigene „Seele" erschließen und auch Ort der Gottesbegegnung werden.

- Als Ort der Gottesbegegnung ist der Traum aber weder exklusiv noch besonders, noch notwendig. Er tritt neben die anderen Orte und Weisen der Gottesbegegnung und ordnet sich der Schrift und der Tradition unter.

- Es gibt keine Notwendigkeit spiritueller Träume auf dem geistlichen Weg, im Gegenteil, manches spricht sogar dafür, dass ein spirituell intensiv gelebtes Leben gerade keine religiösen Träume hervorbringt.

- Jedes geistliche Erleben und damit auch der „inspirierte" Traum, ob als klare Weisung oder symbolisch verschlüsselt, muss vor dem Hintergrund der Biografie und der Erfahrung des/der Träumenden ausgelegt und gedeutet werden, damit er selbst zur Erfahrung werden kann.

- Bei der Traumdeutung und -beurteilung sind die Regeln der Unterscheidung der Geister zu beachten und ist jede Form der Verallgemeinerung zu vermeiden.

- Der kritische Umgang mit „spirituellen" Träumen im Sinne der Unterscheidung der Geister richtet sich nicht gegen das geheimnisvolle Wirken oder Sich-Offenbaren Gottes im Traum oder bestreitet dessen Möglichkeit, sondern dient der Entlarvung von Täuschung und damit der positiven, befreienden Reifung des/der Träumenden und seinem/ihrem Wachstum in Glaube, Hoffnung und Liebe.

Michael Huber

Vom Nutzen des Träumens

Neurobiologische und psychoanalytische Überlegungen zu Traum und Gedächtnis

„Denke ich aufmerksamer ... nach, so sehe ich ganz klar, daß niemals Wachen und Traum nach sicheren Kennzeichen unterschieden werden können."
(René Descartes, später widerrufen)

Beide hier angesprochenen Wissenschaften, die Neurobiologie und die Psychoanalyse, befassen sich mit dem Phänomen des Träumens, ihre Methodik könnte jedoch kaum verschiedener sein. Die Frage stellt sich, ob man vielleicht eine Verständnisbrücke bauen kann, eine Übersetzung leisten zwischen den Ergebnissen aus beiden Bereichen? Oder haben wir es mit gänzlich unvereinbaren Auffassungen zu tun?

Die moderne Neurobiologie bedient sich vor allem des sogenannten *„functional imaging"*, der funktionellen Bildgebung also, das heißt, sie verwendet Verfahren, die es ermöglichen, die Funktionsweise des Gehirns, genauer gesagt die Aktivität bestimmter Hirnregionen, im jeweils zu untersuchenden Funktionszustand bildlich darzustellen. Hierbei handelt es sich vor allem um die sogenannte *funktionelle Kernspintomographie* oder *funktionelle Magnetresonanztomographie*, abgekürzt *fMRT* und das *PET*, die *Positronen-Emissions-Tomographie*. Erstere stützt sich auf lokale Magnetfeldveränderungen in den Regionen des Gehirns, die besonders aktiv, d.h. besonders gut durchblutet sind. Sie vermag solche Durchblutungsänderungen mit einiger Genauigkeit, hoher räumlicher Auflösung und auch über längere Zeitspannen darzustellen. Allerdings müssen die Probanden in einer relativ unbequemen Röhre liegen und haben während der Untersuchung nur begrenzten Kontakt zur Außenwelt, sodass die Möglichkeiten, kompliziertere Aufgaben zu stellen (z.B. bestimmte Bilder anzuschauen und zu memorieren o.Ä.), um die Funktionsweise des Gehirns dabei eingehend studieren zu können, limitiert sind. Schlafforschung lässt sich jedoch mit dem fMRT gut durchführen. Das PET bedient sich radioaktiv markierter sogenannter *Tracer (Marker)*. Meistens handelt es sich um markiertes Wasser, das für Durchblutungsmessungen verwendet wird. Diese Methode stellt den *Goldstandard* der funktionellen Bildgebung dar wegen ihrer hohen Genauigkeit und guten Auflösung, die technische Durchführung ist allerdings aufwendig und die notwendige, wenn auch geringe Strahlenbelastung limitiert eine häufigere Anwendung. Beide Verfahren führen in ihren modernsten Varianten zu dreidimensionalen kartografischen Darstellungen regionaler Hirnaktivitätsverteilungen, also zu dreidimensionalen Bildern des Gehirns, auf denen aktive von weniger aktiven Regionen mehr oder weniger deutlich abgegrenzt werden können. Die meisten der im Folgenden vorgestellten Studienergebnisse wurden mit einem der beiden genannten Verfahren gewonnen.

Wir wissen seit langem, dass Menschen, die man aus einer sogenannten *REM-Phase* ihres Schlafes weckt, also aus einer Phase, die von außen beobachtbar ist durch rasche Augenbulbusbewegungen unter den geschlossenen Lidern, in ca. 80 % der Fälle berichten, lebhaft geträumt zu haben. Weckt man hingegen in einer *Non-REM-Phase (NREM)*, so werden keine typischen Träume berichtet. Vielmehr werden Inhalte wiedergegeben, die an alltägliche Wahrnehmungen erinnern, realitätsnah und unspektakulär wirken. Im NREM-Schlaf treten allerdings andere Zeichen psychischer Aktivität auf, wie z.B. Sprechen, Schlafwandeln und der Pavor nocturnus mancher Kinder. In der zweiten Nachthälfte sind die Träume aus REM-Phasen bizarrer, realitätsferner als in der ersten. REM-Stadien dauern etwa 20 min, sie treten alle 1 bis 2 Stunden auf. Ihre Länge nimmt im Verlauf der Nacht zu. Außer dem Menschen zeigen auch alle anderen Säugetiere REM-Stadien und NREM-Stadien im Schlaf. Ganz aktuelle tierexperimentelle Untersuchungen an Ratten[1] haben durch Ableitung an sogenannten „ortssensitiven Neuronen" des Cortex in faszinierender Weise gezeigt, dass die Tiere im REM-Schlaf genau dieselben Wege noch einmal durchlaufen, die sie im Wachzustand in einem Futterlabyrinth gelaufen waren. So gibt es also mittlerweile sogar einen tierexperimentellen Beweis für den sogenannten „Tagesrest" im Traum.

Wenn wir über Träume sprechen, meinen wir, wir hätten es mit etwas Typischem zu tun. Was ein Traum ist, weiß wohl jeder. Aber was kennzeichnet eigentlich einen typischen Traum, woran erkennt man

---

[1] K. Louie, M. A. Wilson: Temporally structured replay of awake hippocampal ensemble activity during rapid eye movement sleep. *Neuron* 29, 145-156 (2001).

ihn? Als typisch für einen Traum im Gegensatz zu einer Wahrnehmung im Wachzustand empfinden wir wohl das bizarre, nicht realistische, eben etwas verrückt anmutende, assoziativ sehr aufgelockerte, oft geradezu phantastische Bildmaterial, das so arrangiert ist, wie es uns im Wachzustand wohl niemals einfallen würde. Analytiker neigen dazu, etwas dann als traumtypisch zu empfinden, wenn sie nach einigem Nachdenken irgendwie das Gefühl haben, es hätte eine besondere, geheimnisvolle und versteckte, verklausuliert dargestellte Bedeutung. Aber kann man allein aus einem berichteten Narrativ wirklich entscheiden, ob es sich um Traummaterial handelt? Zwei Beispiele sollen dies verdeutlichen:

Eine 32-jährige Frau träumt zu Beginn ihrer Analyse: „Sie ist in einem Warenhaus, ein netter Verkäufer im Schlussverkauf hilft ihr, einen Skianzug zu finden. Er soll aus einem ganzen Teil bestehen, nicht aus mehreren Einzelteilen. Sie läuft ziellos herum, obwohl sie weiß, dass es höchste Zeit ist, damit sie noch etwas findet. Er bietet einen Skianzug an mit so merkwürdigen Stickereien, ein komisches Teil. Andere sind aber nicht mehr da. Sie muss lachen, fühlt sich aber auch irgendwie am Abgrund. Der Traum bricht ab. Der Traum setzt neu an, der Verkäufer ist jetzt ihr Liebhaber, sie hat ein wenig ein schlechtes Gewissen, weil zu Hause ja noch ihr Freund ist."

Möglicherweise wurde der Analytiker hier als Verkäufer abgebildet, die Träumerin, unter hohem Leidensdruck (Schlussverkauf!) stehend, sucht nach einer Existenz „im Ganzen" und nicht in Teilen, weiß zu Beginn ihrer Analyse nicht, was auf sie zukommt und was ihr bevorsteht. Gibt es das, was sie sucht? Hier? Und sicher ist wohl auch etwas erotische Spannung enthalten, dazu hat die Träumerin im Traum erst einen „zweiten Anlauf" genommen, ein übrigens theoretisch hochinteressantes Phänomen. Der Traum leuchtet irgendwie ein, er scheint ein reales Lebensproblem so zu bebildern, dass er mit einigem Nachdenken aus dem Kontext heraus entschlüsselt werden kann.

Der Analytiker im Wachzustand versucht, sich in die Traumgeschichte hineinzudenken und zu fühlen, man könnte vielleicht annehmen, dies werde ihm um so leichter gelingen, je eher er in der Lage sei, sein Gehirn in einen Zustand zu versetzen, der dem des Träumens ähnlich sei. Wilfred Bion, ein englischer Analytiker, hat diesen Zustand mit dem französischen Wort „Rêverie" bezeichnet, was man etwa mit „träumerischem Ahnungsvermögen" übertragen kann.

Ein zweites Beispiel:

Eine 40-jährige Mutter träumt zu Beginn ihrer Analyse: „Die Tochter ist eines morgens aus dem Haus gegangen, man hat nicht mehr viel miteinander gesprochen, plötzlich hat sie das Gefühl gehabt, es sei etwas passiert. Sie ist die Treppe hinuntergelaufen, da hat die Tochter auf der Straße gelegen, vom Auto angefahren und tödlich verletzt. Die umherstehenden Leute sagten: Da ist nichts mehr zu machen."

Ein ganz andersartiger Traum, nicht verdreht, verdichtet, ganz realistisch, es könnte sich auch um eine Wahrnehmung im Wachzustand in einer Alltagssituation handeln. Dennoch: ein geträumter Traum, allerdings von einer Patienten, die wir als „alexithym" bezeichnen würden, einem Fachwort, mit dem wir Patienten bezeichnen, die scheinbar außerstande sind, lebhafte Emotionen auszudrücken und zu beschreiben, auch solche an anderen nicht wahrnehmen können. Diese Menschen träumen auch so, dass wir ihre Traumberichte von realistischen Tagwahrnehmungen nicht unterscheiden können.

Offenbar gibt es also ganz unterschiedliche Arten zu träumen. Würden wir uns etwas weiter in der Psychopathologie umschauen, dann würden wir sehen, dass diese Vielfalt mit den Charakteristika der Pathologie der Patienten im Wachzustand zu tun hat. Schizophrene träumen so, dass man den Eindruck gewinnt, der eigentliche Träumer, die den Traum als Narrativ „komponierende" „Person" oder „Instanz", fehle. Sie träumen außerdem noch „substantivischer" als Normalpersonen (aus einem *Verschlingen* z.B. wird ein großer Mund usw.), viele Schizophrene scheuen Verben, haben auch in ihren Träumen scheinbar Angst vor Handlungen und handelnden „Ichs". Zwischen Psychose und Traum besteht – nebenbei – noch ein interessanter Zusammenhang. Eine Reihe von Traumentzugsversuchen, also Experimenten, bei denen Versuchspersonen kurz vor dem Beginn einer Traumphase (erkennbar an bestimmten EEG-Veränderungen) geweckt und wach gehalten wurden, zeigten deutlich, dass bei einigen Menschen bald Trugwahrnehmungen, Halluzinationen und wahnartige Denkstörungen auftraten,[2] oft jedenfalls deutliche kognitive Einbußen. Träumen scheint also in gewisser Weise notwendig zu sein, damit wir im Wachzustand in einer adaptiven Weise „funktionieren" können. Welche neurobiologische Bedeutung mag das Träumen haben?

In den Neurowissenschaften hat es sich bewährt, von Beobachtungen bei Patienten mit bestimmten pathologischen Veränderungen einzelner Hirnareale ausgehend, auf die „normalen" Funktionen dieser Hirnareale zu schließen. Was wissen wir eigentlich über das Träumen von Menschen, die solche umschriebenen Schädigungen ihres Gehirns erlitten haben? Befunde hierüber könnten als Einstieg in die neurobiologischen Aspekte der Thematik dienen. Menschen, die auf Grund einer Läsion des Parietallappens (Scheitellappen des Gehirns) die Fähigkeit verloren haben, Gesichter wiederzuerkennen, träumen auch „gesichtslose" Figuren. Menschen, die auf Grund einer einseitigen parietalen Funktionsstörung des Gehirns an einem sogenannten „Neglect" leiden, also z.B. nur eine Hälfte des Gesichtsfeldes wahrnehmen können und das eigenartige Phänomen zeigen, scheinbar zu „leugnen", dass es die andere Seite gibt, träumen auch nur halbe Welten; Gesichter, Häuser, Bäume usw. sind nur halb vorhanden.

[2]   R. J. Berger: Effects of sleep deprivation on behavior, subsequent sleep and dreaming. Clinical Neuorophysiology 14 (1962): 294-297.

Blank[3] fand z.B. bereits 1958, dass Erblindete weniger symbolhaft träumen, sie träumen realistischer, konkreter. Bereits seit den Untersuchungen von Heerman 1838 und Jastrow 1888[4] ist bekannt, dass Blindgeborene oder solche Menschen, die vor dem fünften Lebensjahr erblinden, kein sogenanntes „visual imagery" haben, also keinerlei Vorstellungen von visuellen Gegebenheiten. Kinder, die vor dem fünften Lebensjahr ihr Augenlicht verlieren, vergessen rasch wieder alle Spuren visuellen Gedächtnisses. Solche Menschen, die zwischen dem fünften und dem siebten Lebensjahr erblinden, können ein „visual imagery" haben oder auch nicht, solche, die erst später erblinden, können in aller Regel visuell imaginieren. In Träumen blinder Menschen finden sich weniger physische, aber deutlich mehr verbale oder imaginative Aggressionsäquivalente. Hall[4] hat die These formuliert: Träumen entspricht in vielerlei Hinsicht der Wachwahrnehmung und dem Denken im wachen Zustand: Blinde können sich auch im Wachzustand physische Aggression nicht „leisten" wegen der realen Auslieferung an den Aggressor und der damit verbundenen Gefährdung. Auch findet sich weniger Emotionalität in den Träumen Blinder. Von Kerr[5]

---

[3] H. R. Blank: Reflections on the special senses in relation to the development of affect with special emphasis on blindness. Journal of the American Psychoanalytic Association 23 (1): 32-50, 1975.

[4] D. D. Kirtley, K. T. Sabo: Symbolism in the dreams of the blind. International Journal of Rehabilitation Research 2 (2): 225-232, 1979.

[5] N. H. Kerr, D. Foulkes, M. Schmidt: The structure of laboratory dream reports in blind and sighted subjects. Journal of Nervous & Mental Disease 170 (5): 286-294, 1982.

stammen weitere interessante Befunde: Er geht davon aus, dass Träume sensorische Informationen im selben Ausmaß enthalten, in dem diese im Wachzustand zur Verfügung stehen. Menschen, die später im Leben erblindet sind und Szenen träumen, deren Orte und Personen sie erst in blindem Zustand kennen gelernt haben, träumen diese trotzdem visuell imaginativ. Wenn man erst einmal visuell-imaginative Fähigkeiten erworben hat, werden diese im Wachzustand und im Traumzustand in einem versatilen und kreativen Akt eingesetzt.

Diese und eine Fülle analoger Befunde verweisen uns auf eine neurobiologische Grundtatsache hinsichtlich der Fähigkeit des Gehirns zu träumen. Im Traum bedient sich das Gehirn exakt derselben Funktionen wie im Wachzustand. Sind diese Funktionen beeinträchtigt, so ist das Träumen ebenfalls in analoger Weise verändert. Auch elektrophysiologische Untersuchungen[6] weisen in diese Richtung: Sogenannte „Gamma-Aktivität", das sind 30-70 Hz schnelle Entladungen, wie sie für den Wachzustand des Cortex charakteristisch sind, findet sich ebenfalls im REM-Schlaf, nicht hingegen im NREM-Schlaf. Eine charakteristische 40-Hz-Aktivität, die im Wachzustand all diejenigen kortikalen Regionen miteinander in synchrone Verbindung bringt, welche an der Lösung ein und derselben kognitiven Aufgabe beteiligt sind (sie zusammenbindet, wie man sagt), dominiert auch im REM-Schlaf.

---

[6]   J. A. Hobson, R. Stickgold, E. F. Pace-Schott: The neuropsychology of REM sleep dreaming. Neuroreport 1998; 9: R1-14.

Welche Hirnareale sind denn wohl am Träumen beteiligt? PET-Studien[6] haben gezeigt, dass im REM-Schlaf der Hirnstamm, limbischer Subcortex und Cortex sowie weitere Strukturen hochaktiv sind, aktiver sogar noch als im Wachzustand. Hingegen sind frontale Hirnareale, vor allem der sogenannte dorsolaterale präfrontale Cortex, im Vergleich zum Wachzustand im REM-Schlaf inaktiviert. Im NREM-Schlaf hingegen ist das Gehirn insgesamt sehr wenig aktiv. Während REM-Phasen, man kann also vermuten, während des Träumens, sind auch der Thalamus und der sogenannte vordere cinguläre Cortex hochaktiv, zwei Strukturen, die eine zentrale Bedeutung für die Aufmerksamkeitsregulierung haben. Alle genannten Strukturen sind der Neurobiologie aus einer Fülle experimenteller Studien bestens bekannt.

Zusammen genommen könnten diese PET-Studien[7] uns helfen, zu verstehen, *wie* man träumt. Die Akti-

---

[7] P. Maquet, J. Peters, J. Aerts, G. Delfiore, C. Degueldre, A. Luxen, G. Franck: Functional neuroanatomy of human rapid-eye-movement sleep and dreaming. Nature 1996; 383: 163-166.

P. Maquet, C. Degueldre, G. Delfiore, J. Aerts, J. M. Peters, A. Luxen, G. Franck: Functional neuroanatomy of human slow wave sleep. Journal of Neuroscience 1997; 17: 2807-2812.

P. Maquet: Positron emission tomography studies of sleep and sleep disorders. Journal of Neurology 1997; 244: S23-S28.

P. Maquet, C. Phillips: Functional brain imaging of human sleep. Journal of Sleep Research 1998; 7 Suppl 1: 42-47.

vierungen subcorticaler und corticaler limbischer Strukturen können die oft enorme emotionale Intensität des Traumerlebens verständlich machen, Aktivierungen visueller Strukturen stehen in Übereinstimmung mit der Erfahrung, dass Träume sehr bunt und visuell vielfältig sind, die Aktivierung auch motorisch bedeutsamer Hirnregionen (Striatum, Kleinhirn) korrespondiert mit den lebhaften Bewegungsmustern, die der Träumende erlebt. Die ausgedehnten Desaktivierungen des Präfrontalcortex schließlich verweisen auf die allgemeine Erfahrung aller Träumenden, dass man orientierungslos, ohne wirksame Kontrolle über die eigene Handlung und vor allem ohne klares (Wach-)Bewusstsein seiner selbst ist, wenn man träumt. Denn von eben diesen Funktionen wissen wir, dass sie mit dem Frontalcortex assoziiert sind, derjenigen corticalen Struktur, welche das menschliche Gehirn am deutlichsten von dem seiner nächsten Artverwandten unterscheidet, sowohl quantitativ als auch qualitativ.

Untersuchungen der während des Träumens und des Wachzustandes aktiven Neurotransmitter – diesmal aus nahe liegenden Gründen auf der Basis von tierexperimentellen Studien gewonnen – zeigen aber interessanterweise auch Unterschiede auf zwischen dem Wachzustand und dem Traum. Es wurde nachgewiesen, dass serotonin- und noradrenalinabhängige

P. Maquet: Brain mechanisms of sleep: contribution of neuro-imaging techniques. Journal of Psychopharmacology 1999; 13: S25-S28.

P. Maquet: Sleep on it! Nature neuroscience 2000; 3 (12): 1235-1236.

Kerngebiete, welche im Wachzustand sehr aktiv sind, während einer Traumphase gehemmt werden, während im REM-Schlaf cholinerge Aktivität überwiegt.

Sieht man diese neurochemischen Ergebnisse im Zusammenhang mit den vorhin zitierten Arbeiten, welche zeigten, dass während des Träumens vor allem subcorticale Regionen um das limbische System herum aktiv sind, so entsteht ein deutlicheres Bild: Während der Wachzustand ein Aktivitätsmuster zeigt, das vor allem frontal betont ist, also das widerspiegelt, was man im angelsächischen Raum „cognitive alertness" nennt, so ist im REM-Schlaf das „emotionale Gehirn" aktiv unter weitgehender Hemmung eben dieser frontalen Strukturen. Das heißt funktionell neuroanatomisch: Der Übergang vom Wachzustand in den Traumschlaf ist gekennzeichnet von einer Aktivitätsverschiebung von „oben nach unten" (cortical nach subcortical) und von „vorn nach hinten", die Aufmerksamkeit wird von der Wahrnehmung der Außenwelt abgezogen und nach innen gerichtet.

Aber warum träumen wir denn eigentlich, neurobiologisch gesprochen? Warum wird die Aufmerksamkeit nach innen gerichtet und werden emotional bedeutsame Bilder und Handlungen imaginiert, assoziiert, miteinander verbunden und wieder gelöst?

Eine wichtige neuere Hypothese soll an dieser Stelle vorgestellt werden, aber auch sie ist sicher noch nicht der Weisheit letzter Schluss. Diese Hypothese[8] (z.B.

---

[8]   P. Maquet: Sleep on it! Nature neuroscience 2000; 3 (12): 1235-1236.

Maquet, 2000) besagt, dass das Träumen von essenzieller Bedeutung ist für die sogenannte Konsolidierung des Gedächtnisses.

Um die hier vorliegenden Untersuchungen zu verstehen, bedarf es eines kleinen Exkurses über die Funktionsweise des menschlichen Gedächtnisses.

Sogenanntes *deklaratives* oder *explizites* Gedächtnis, welches wir in *Faktenwissen* und in Wissen über unsere eigene Person und unsere erlebten Handlungen (Letzteres wird als *episodisches* Gedächtnis bezeichnet) unterteilen (zusammengenommen als „knowing that"), ist von Bewusstsein begleitet. Wir wissen heute, dass die Inhalte des Gedächtnisses allgemein nicht, wie früher angenommen, im sogenannten Hippocampus gespeichert sind, sondern in den assoziierten Cortexanteilen, welche mit den Wahrnehmungsqualitäten zu tun haben, die durch die Erinnerung wachgerufen wurden: das visuelle Gedächtnis also im visuellen (Okzipital-)Cortex, das Gedächtnis von Handlungsabläufen im Frontal- und Parietalcortex usw. Der Hippocampus kontrolliert wohl nur die „Freigabe" der Inhalte.

Unter *prozeduralem* oder *implizitem* Gedächtnis („knowing how") verstehen wir hingegen die Fertigkeiten, die man beherrscht, ohne genau zu wissen, „wie es geht" (Fahrradfahren, Klavierspielen). Die Inhalte dieses Gedächtnisses werden nicht durch den Hippocampus gesteuert, sie sind wahrscheinlich in der Pons, im Striatum und Kleinhirn angesiedelt. Relativ umschriebene Hirnschäden erhalten meist das prozedurale, vermindern jedoch das explizite Gedächtnis, bei diffusen Hirnschäden ist es umgekehrt.

Die klassischen Theorien des Gedächtnisses unter der Leitvorstellung „storage and retrieval" (Computer-Festplatten-Modell: Speicherung und Abruf) werfen nach den neueren Untersuchungen zum Gedächtnis so viele theoretische Probleme auf, dass sie heute weitgehend als unplausibel gelten. Demgegenüber setzen sich nun Theorieansätze durch, die weniger von Gedanken an Speicher, Abruf und Informationsmengen geleitet als von der Vorstellung geprägt sind, dass auch hier *konstruktive Mechanismen* greifen. Wahrnehmung und Gedächtnis zeigen sich dabei als wechselseitig abhängig. Wahrnehmungsfiguren, also z.B. komplexe Wahrnehmungs*in*varianten, die im Prozess visueller Wahrnehmung entstanden sind, führen im Hirn zu einer erhöhten Bereitschaft, sie im neuerlichen Prozess des Umweltabgleichs erneut wahrzunehmen, Gewohntes wird leichter erkannt. Je geordneter und kohärenter frühere Wahrnehmungserfahrungen waren, desto eher werden *sie* reaktiviert, Gedächtnis besteht aus diesem Vorgang der Reaktivierung bekannter Konstrukte.

Während die materielle Konnektivität der neuronalen Netze genomisch festgelegt ist (zwischen welchen Zellkategorien können grundsätzlich welche Verbindungen hergestellt werden?), ist jedoch ihre funktionelle Konnektivität im individuellen Entwicklungsprozess beeinflussbar. Werden Erregungsverläufe und Erregungsausbreitungen „gebahnt" (Ansteigen der Größe aufeinander folgender postsynaptischer Antworten innerhalb einer Serie von präsynaptischen Impulsen), so entstehen neuronale Netzwerke, die auf gleichartige Reize hin empfindlicher reagieren, also „erinnern", sie sind gewissermaßen für eine neuerliche Wahrnehmung desselben Inhaltes „vorgespannt", sie stabilisieren Funktionen. Es kommt so zu einer Etablierung verhaltenssynthetisch relevanter dauerhafter Kognitionsschemata. Diese haben mit „Vergangenheit" in einem historischen Sinne nur insoweit zutun, als sie vor ihrem aktuellen Funktionieren entstanden sind. Sie speichern aber keine objektiven (übertragbaren) Datenmengen, sie entsprechen vielmehr erlernten, reproduzierten Kognitionsschablonen. Für das episodische Gedächtnis, diese für den Menschen so konstitutive Gedächtnisform, die verbunden ist mit dem Gefühl „*Ich* war es, der das erlebt hat" bedeutet dies auch, dass das Erinnern eher ein „Wiedererleben" als ein „inneres Nachschauen" in einer Art Speicher ist.

Gedächtnis, insbesondere episodisches Gedächtnis, wird also heute nicht oder nicht in erster Linie mehr mit Repräsentationsvorstellungen in Verbindung gebracht, sondern als Konstruktionsarbeit konzeptualisiert. Nicht „storage and retrieval", sondern „retention and recall" (zurückhalten und wieder freigeben bzw. erneut entwerfen und entwickeln) ist das aktuelle Paradigma, eine Entwicklung, die den Psychoanalytiker mit einer gewissen Befriedigung erfüllt.

Auf den kanadischen Gedächtnisforscher Tulving und seinen Schüler Schacter geht das Theorem von der „spezifischen Encodierung" zurück. Es besagt, dass das Abrufsignal für eine Erinnerung, durch das es dann zu einem als *Ekphorisierung* bezeichneten Vorgang des „Wieder-Hervorholens und Erneut-Erlebens" kommt, möglichst genau die Bedingungen der ursprünglichen Encodierung des Erinnerten wiederherstellen muss, um das Engramm „zu wecken". Ausschlag gebend ist dabei, ob ein Abrufreiz die damalige subjektive Wahrnehmung des Ereignisses wiederherstellt. Dazu gehören auch Gedanken, Phantasien, Sinneseindrücke, Umgebungsbedingungen (Farben, Formen usw.), die uns zum Zeitpunkt der Encodierung durch den Kopf gingen. Wir sprechen auch von einem *zustandsabhängigen Abruf*. Bekannt ist dieses Phänomen, auch als „Petites-madeleines-Phänomen" bezeichnet, durch die literarische Vorlage von Marcel Proust. Proust beschreibt in seiner „Suche nach der verlorenen Zeit"[9] sehr eingehend, wie er beim Eintauchen einer „petite madeleine" in Tee das plötzliche Wiederaufleben eines außerordentlichen Glücksgefühls („Un plaisir délicieux") erlebt, das momentan mit allen Sinnesqualitäten die Erinnerung an seine Tante Leonie in Combray wachrief, dem Ort seiner Kindheit, bei welcher er immer dieses Gebäck zum Tee erhielt.

Der Hinweisreiz verbindet sich mit dem Engramm zu einem neu entstehenden Ganzen, dem Erinnerungs*erlebnis*, das sich von seinen beiden Bestandteilen unterscheidet. Eine Erinnerung ist mithin nach heutiger Auffassung eine emergente Eigenschaft des Abrufreizes *und* des Engramms! Je mehr Zeit vergangen ist und je verschwommener das Engramm ist, desto stärker engt sich das Spektrum der Hinweisreize ein, die die Erinnerung wachrufen können. Unter *Konsolidierung* schließlich verstehen wir mit der neueren Ge-

---

[9]   M. Proust: À la recherche du temps perdu. Vol. 1. Eds. Jean-Yves Tadié et autres. Paris, Gallimard, 1987: 5 (« Du côté de chez Swann »).

dächtnisforschung die Tatsache, dass einige Engramme durch stete Wiederholung des Erinnerns in immer neuen konstruktiven Erinnerungsprozessen immer vergessensresistenter werden.

Und hier nun besteht die Brücke zu unserem Thema, dem REM-Schlaf und dem Traum. Squire[10] nimmt auf Grund einer Reihe von Studien an, dass die Konsolidierung der Gedächtnisinhalte mittels des Hippocampus erfolgt. Erinnerungen sollen sich danach im Schlaf konsolidieren. Erlebnisse, denen wir im Wachzustand viel Aufmerksamkeit entgegenbringen, werden nachts vom Hippocampus den anderen Hirnarealen in einer Art „Playback" vorgespielt, encodiert und konsolidiert, solche, die weniger Aufmerksamkeit auf sich zogen, weniger.

Aus tierexperimentellen Untersuchungen wissen wir: Wenn Versuchstiere eine neue Aufgabe gelernt haben (z.B. Orientierung in einem Futter-Labyrinth), nimmt der REM-Anteil ihres Schlafes kurz danach zu. Schlafentzug nach den einzelnen „Lektionen" führt bei diesen Tieren zum raschen Vergessen des neu Gelernten. Menschen, die z.B. als Testaufgabe den Morse-Code lernen mussten, zeigten ebenfalls eine Zunahme ihrer REM-Schlafphasen in den darauf folgenden Nächten, Schlafentzug hatte denselben negativen Effekt auf das Behalten wie bei den Versuchstieren.

---

[10] D. Schacter: Wir sind Erinnerung. Gedächtnis und Persönlichkeit. Rowohlt, 2001.

Interessanterweise zeigen jedoch eingehende Analysen, dass auch die Deprivation der Tiefschlafphasen, also des NREM-Schlafes, zu schlechten Ergebnissen hinsichtlich der neu gelernten Inhalte führt. Zwei aktuelle Studien des letzten Jahres[8] weisen nach, dass für die Konsolidierung impliziter Gedächtnisformationen der NREM-Schlaf essenziell, für die Konsolidierung episodischer Inhalte ein *sich daran anschließender* REM-Schlaf notwendig ist. Beide Schlafphasen haben also offenbar eine wesentliche Bedeutung für die Ausbildung stabiler Gedächtnisfunktionen und -inhalte.

Aber es geschieht noch viel mehr im Traum. Stickgold[11] untersuchte, welche Assoziationen von Wortpaaren kurz nach dem Gewecktwerden aus REM- oder NREM-Phasen von Versuchspersonen bevorzugt wurden. Als sogenanntes „schwaches Priming" werden Assoziationen von z.B. den beiden Worten „Dieb" und „schlecht" bezeichnet, während es sich bei der Assoziation „heiß – kalt" um ein „starkes Priming" handelt. Die Worthöfe sind hier enger und die Beziehung der beiden Worte nahe liegender. Wir haben es also mit einer Art Maß für die verbale Assoziation zu tun: eher eng und logisch oder aufgelockert und freier. Es zeigte sich, dass offenbar die REM-Phasen klar mit schwachem Priming, die NREM-Phasen mit starkem Priming verbunden waren. In REM-Phasen denkt unser Hirn also aufgelockerter, es assoziiert freier. Dies erlebt man ja auch, wenn man

[11]   R. Stickgold, L. Scott, C. Rittenhouse, J. A. Hobson: Sleep induced changes in associative memory. J. Cogn Neuroscience 1999; 11 (2): 182-193.

träumt, schnell kommt man assoziativ zu scheinbar von weit hergeholten Zusammenhängen.

An diesem Punkt unserer Betrachtung angelangt, fällt nun dem neurobiologisch Erfahrenen etwas auf: Eben dieses „schwache Priming" oder lockere Assoziieren ist ein Charakteristikum des Denkstils der rechten Hemisphäre, ganz im Gegensatz zu dem der linken, welche logisch, inferentiell und in eng beieinander liegenden Zusammenhängen denkt. Es würde hier zu weit führen, sich noch eingehender mit der Neurobiologie der Hemisphärendominanz und der Unterschiedlichkeit der Denkabläufe in den beiden Hemisphären zu befassen, einem allerdings faszinierenden und empirisch gut untersuchten Thema! Nur soviel: In der Tat funktionieren beide Hemisphären fundamental unterschiedlich, beide gehen mit der Welt, in der wir leben, und mit unserer inneren Welt sehr verschieden um. Es ist nicht abwegig, die neueren Ergebnisse der Forschung bezüglich der Hemisphärenfunktionen in Verbindung zu setzen mit dem, was Psychoanalytiker als „Primärprozess" (ganzheitlich assoziativ bis chaotisch) und „Sekundärprozess" (linear assoziativ) bezeichnen.

Von der linken Hemisphäre wissen wir: Sie operiert mit fixen Regeln (Sprache), ist verantwortlich für die Sprachproduktion, phonematische Diskriminierung, das Verständnis gesprochener oder geschriebener Sprache, für das Schreiben, für Finger-, Gliedmaßenoder Mundbewegungen und die Wahrnehmung von zeitlichen Folgen von Stimuli. Die linke Hemisphäre zeigt eine analytische, zeitabhängige, sequenzielle

Wahrnehmung, sie perzipiert Worte als Bestandteile von Sätzen.

Die rechte Hemisphäre bietet hingegen eine überwältigende Auswahl an semantischen Assoziationen, ist zuständig für die Wahrnehmung zwei- oder dreidimensionaler Formen, die Wahrnehmung von Gesichtern und Farben, sie nimmt Melodien wahr, erkennt emotionale Stimuli (!), diskriminiert verschiedene Prosodien, sie zeigt eine eher synthetische, räumliche Wahrnehmung, Worte sind für sie auch alleinige Bedeutungsträger. Die rechte Hemisphäre, so können wir auch sagen, hat einen nonverbalen Repräsentationsmodus, eine nichtlineare Assoziationsweise, sie erzeugt das Konzept eines Ganzen aus einem einzigen Teil, Problemlösungen aus zahlreichen unterschiedlichen Annäherungen, nicht aus einer linearen Kausalkette. So sind für sie auch Worte nicht Bestandteile von Sätzen, sondern Symbole, ihre Bedeutung nicht lexikalisch, sondern kontextuell bestimmt.

Hier endet die bisherige Empirie, hier beginnt die Spekulation. Wenn REM-Schlaf und damit das Träumen, jedenfalls diese etwas „verrückte" Art zu träumen, etwas mit einem passageren Überwiegen rechtshemisphärischer Funktionen zu tun haben, in NREM-Phasen hingegen scheinbar linkshemisphärisch dominante Denkstile (realistisch, logisch) überwiegen, dann kommt es vielleicht im Schlaf mit seiner Abfolge von REM- und NREM-Phasen zu einer Art „Dialog" oder einer Abfolge der Verarbeitung von Stimuli in zwei ganz unterschiedlichen Modalitäten. Und wozu dies? Offenbar benötigt unser Gehirn als ein konstruktives, sein Bild von der Welt ständig neu entwickelndes und entwerfendes Organ den spielerischen Umgang mit den Sinnesdaten im Traumgeschehen, um mit seiner ständig neuen Erfahrung von der Welt, mit Erlebtem, mit Konflikten (d.h., widerstreitenden, nicht kongruenten inneren und äußeren Wahrnehmungen) und dem Entwurf von Verhaltensvarianten zurechtzukommen.

An dieser Stelle lohnt es sich, sich mit den Arbeiten zweier neurobiologischer Autoren zu befassen, die vor einigen Jahren aus einer relativen wissenschaftlichen Außenseiterposition heraus ziemlich ungewöhnliche Gedanken geäußert haben.

Rodolfo Llinás und Urs Ribary[12] fanden, dass im REM-Schlaf die Reizschwelle, die zum Erwachen führt, höher ist als in NREM-Phasen. Während des REM-Schlafs und während wacher Phasen ist die corticale Reaktivität als Antwort auf einen akustischen Reiz (gemessen z.B. mit einem akustisch evozierten Potential, AEP) jedoch gleich, unterscheidet sich jedoch grundsätzlich von der in NREM-Phasen. Die Reizintensität, die ausreicht, um eine corticale Wahrnehmungsresonanz zu erzeugen, ist im REM-Schlaf exakt genauso niedrig wie im wachen Zustand. Dadurch entsteht ein Phänomen, das die Autoren als das „zentrale Paradoxon des REM-Schlafes" bezeichnen: Stimuli, die im wachen Zustand wahrgenommen

---

[12] R. Llinás, U. Ribary: Perception as an oneiric-like state modulated by the senses. In: Christof Koch, Joel L. Davis (Eds.): Large Scale Neuronal Theories of the Brain (Computational Neuroscience). 1994, MIT Press.

werden, wecken in der REM-Phase nicht, obwohl die AEP einschließlich der frühen corticalen Antwortpotentiale genauso oder sogar stärker ausgebildet sind als im wachen Zustand, also die Information im Cortex elektrisch ebenso „ankommt" wie im Wachzustand.

Die thalamocorticalen Verschaltungen, das thalamocorticale Netzwerk, ist also im REM-Schlaf genauso oder stärker aktiviert wie während des wachen Zustandes, jedoch wird sein Input zum Cortex vom Cortex ignoriert. Die späten Komponenten der AEP (sogenannte P100-, P200-, P300-Wellen), welche im Wachzustand mit bewusster corticaler Aktivität korrelieren, sind im REM-Schlaf unterdrückt bzw. nicht vorhanden. Offenbar also unterdrückt die im Traum vorhandene corticale Aktivität den thalamocorticalen Input in die intrinsische corticale Welt. Ein anderer Aufmerksamkeitszustand ist wohl die Ursache für die unterschiedliche Reizschwelle.

Ausgehend von dieser experimentellen funktionell neuroanatomischen Betrachtung des thalamocorticalen Systems, finden Llinás und Ribary also ebenfalls eine prinzipielle Übereinstimmung zwischen dem Wach- und dem Schlafzustand, bei beiden handele es sich, wie sie sagen, um „closed intrinsic functional states", die sich lediglich durch das Ausmaß ihrer Modulation durch sensorischen Input unterscheiden. REM-Schlaf ist also möglicherweise ein Zustand, der dem Wachzustand völlig gleicht, bis auf die Tatsache, dass die Aufmerksamkeit vom sensorischen Input weggerichtet ist. Ist umgekehrt Wachheit damit ein „dreamy state", ein Oneiroid, ein Traumzustand, in dem jedoch sensorischer Input wahrgenommen wird?

Die angesprochenen thalamocorticalen geschlossenen Schleifen sind ein hochinteressantes Phänomen, das in der modernen Neurowissenschaft breit diskutiert wird: Der Thalamus ist das funktionelle Tor zum Cortex, durch das sensorischer Input zum Cortex gelangt (mit Ausnahme des olfaktorischen Inputs: In Träumen riecht man nicht!). Thalamocorticale Verschaltungen repräsentieren jedoch anatomisch nur einen kleinen Teil der gesamten corticalen Verschaltungen, ganz überwiegend ist das Gehirn so „verdrahtet", dass cortico-corticale Verschaltung zustande kommen, eine Tatsache, die der Nobelpreisträger George Edelman als „reentrant activity" bezeichnet hat. Man könnte sagen: Der Cortex beschäftigt sich überwiegend mit sich selbst. Darüber hinaus wissen wir, dass die Verschaltung zwischen Thalamus und Cortex bidirektional ist. Neurophysiologische Daten zeigen nun, dass intrinsische Membranpotentiale Neuronen erlauben, bei verschiedenen Frequenzen zu oszillieren und in Resonanz zu geraten. Diese rhythmische oszillatorische Aktivität spielt eine fundamentale Rolle in der Hirnaktivität. Dynamische Oszillatoren können die Wahrnehmungskapazität und Modulationsfähigkeit des Hirns für sensorischen Input verändern. Thalamocorticale Neurone sind untereinander mit einem 40-Hz-Rhythmus verschaltet. Ein z.B. auditiver Außenreiz führt dann zu einem plötzlichen „Reset" des 40-Hz-Signals, das Hirn hält sozusagen einen kurzen Moment (Millisekunden) inne, dann folgt es wieder seiner intrinsischen cortico-corticalen Aktivität. Thalamocorticale Resonanz ist, so wissen wir heute, die neuronale Basis des Bewusstseins als Vigilanz. Der thalamocorticale Dialog mit 40 Hz generiert die Voraussetzungen für Subjektivität und

Selbstgefühl. Er ist im selben Ausmaß im REM-Schlaf vorhanden. REM-Schlaf ist lediglich, wie wir gesehen haben, charakterisiert durch die erhöhte Aufmerksamkeit für intrinsische Aktivität. Während sich REM-Schlaf und Wachheit nicht unterscheiden in Hinsicht auf das Vorhandensein und die Ausprägung der 40-Hz-Oszillationen, besteht der Unterschied darin, daß im REM-Schlaf die Oszillationen nicht durch eintreffende sensorische Reize zurückgesetzt werden, obwohl die AEP zeigen, dass Reizinput in den Cortex erfolgt. Der Traumzustand ist also gegenüber dem Wachzustand von einer erhöhten Aufmerksamkeit bezüglich intrinsischer Aktivität begleitet.

Was bedeuten diese neurobiologischen Forschungsergebnisse für unser Verständnis von der Funktionsweise des Gehirns im Wachzustand und im Traum? Nicht mehr und nicht weniger als dies: Unser Hirn ist ein funktionell relativ geschlossenes System, das mittels kontinuierlicher oszillatorischer Nervenzellaktivität die Funktionalität sensorischer Inputinformation selbst steuert. Es ist nicht, wie wir alle noch in der Schule und im Studium gelernt haben, ein Apparat, der Sinneseindrücke von außen aufnimmt und quasi „objektiv" drinnen abbildet, sodass wir die Welt sehen würden, wie sie wirklich ist (Leonardo da Vinci hatte ja bekanntlich die Vorstellung, die Außenwelt würde durch die Augen und die Sehbahn auf die Wände der Hirnventrikel projiziert, wo ein kleines dort ansässiges Wesen die so entstandenen Bilder betrachtet). Unser Gehirn scheint eher die meiste Zeit zu träumen, mal etwas mehr unter Einbeziehung sensorischer Information von außen (wir nennen das den

Wachzustand), mal unter Verweigerung der Zur-Kenntnis-Nahme der Außenwelt, das nennen wir dann Traum.

Wachzustand und Traum unterscheiden sich also zum einen dadurch, dass ersterer durch ein höheres Maß an Beschäftigung mit von außen kommenden Sinnes-reizen gekennzeichnet ist. Außerdem überwiegt mög-licherweise im REM-Schlaf die Funktion der rechten Hemisphäre die der linken, was zu dem aufgelocker-teren, streckenweise vielleicht etwas bizarren Denk-stil des Träumenden beitragen könnte. In beiden Zu-ständen allerdings ist der Cortex ganz überwiegend mit sich selbst und nicht etwa mit der Außenwelt be-schäftigt. Nur „von Zeit zu Zeit" (das ist immerhin al-le paar Millisekunden) wird Information von außen aufgenommen und abgeglichen mit den bereit liegen-den Konstrukten des Gedächtnisses. Falls die neu aufgenommenen Informationen keinen bedrohlichen Charakter haben, verfällt unser Gehirn wieder in ei-nen tagtraumartigen Zustand cortico-corticaler intrin-sischer Aktivität: „closed intrinsic functional state". Nur bei bedrohlichen oder auf sonst eine Art erregen-den sensorischen Informationen ist es bereit, seine Aufmerksamkeit ganz nach außen zu richten, dann sind wir „richtig wach, alarmiert".

Im Laufe des evolutiven Schöpfungsprozesses hat unser Gehirn eine Stufe der Funktionalität erreicht, die es ihm ermöglicht, außerordentlich kreativ mit seiner Umwelt umzugehen, spielerisch in gewisser Weise, sicher nicht wie ein Computer mechanisch, nur programmgebunden, sondern mit „träumerischem

Ahnungsvermögen" hinsichtlich der Gestaltungsmöglichkeiten, die bestehen.

Was hat dies alles nun mit Psychoanalyse zu tun? Der Analytiker, der diese neurobiologischen Forschungsergebnisse und Theorien rezipiert, wird sich möglicherweise an das erinnert fühlen, was er über sogenannte „psychische Rückzugsräume" weiß und mit seinen Patienten erlebt hat. Viele von uns als eher schwerer gestört angesehene Patienten zeigen in Analysen ein Phänomen, für das man Worte wie „Unerreichbarkeit" oder „Rückzug" gefunden hat. Gemeint ist, dass diese Patienten wie in einem ständig anhaltenden Traumzustand leben, sich nicht wirklich in eine intensive emotionale Beziehung hineinziehen und binden lassen, sondern eine innere Position bewahren, von der aus sie in gewissem Sinne unbeteiligt bleiben können. Der britische Analytiker John Steiner hat das als „psychic retreats", eben als „psychische Rückzugsräume", bezeichnet und darüber publiziert.[13] Sehr oft handelt es sich um Menschen, die schwere seelische und/oder körperliche Traumata erlitten haben. Sie wirken klinisch wie Monaden, die bindungslos aus einer Position der narzisstischen Unberührbarkeit heraus agieren, sehr rasch kränkbar und verletzbar sind. Es bedarf oft mehrerer hundert Stunden intensiver Beziehungsarbeit in Psychoanalysen, um diesen Menschen zu ermöglichen, sich wieder auf eine dyadische Beziehung einzulassen, womit sie ja

---

[13] J. Steiner: Psychic Retreats: Pathological Organisations in Psychotic, Neurotic, and Borderline Patients (New Library of Psychoanalysis; 19), Routledge, London, 1993.

erneut jedenfalls theoretisch die Möglichkeit zulassen, wieder verletzt oder beschädigt zu werden. Bei der Behandlung dieser Patienten kann die neurobiologisch begründete Vorstellung helfen, dass die intrinsische Welt der thalamocorticalen funktionalen Schleifen so stabil sein kann, dass nur wenig und nur sehr gefiltert etwas aus der Außenwelt eines Beziehungsangebotes hineingelangen kann.

Auch sogenannte „flash-back-Erinnerungen" schwer traumatisierter Menschen lassen sich mit Hilfe dieser theoretischen Konzepte besser verstehen. Die Abgeschlossenheit der inneren Welt dieser Menschen hat etwas von einem anhaltenden Traumzustand, von einer Art schlafwandlerischer Existenz.

Aufgabe der Analyse ist es dann wohl, diesen Menschen dazu zu verhelfen, sich aus dem anhaltenden Traum/Albtraum ihrer traumatisierten Existenz zu befreien und sich aktiv und kreativ wieder der Außenwelt, und das heißt vor allem anderen Menschen, zuzuwenden.

Literatur

Berger, R. J., Oswald: Effects of sleep deprivation on behavior, subsequent sleep and dreaming. Clinical Neurophysiology 14 (1962) 294-297.

Blank, H. R.: Reflections on the special senses in relation to the development of affect with special emphasis on blindness. Journal of the American Psychoanalytic Association 23 (1): 32-50, 1975.

Hobson, J. A., Pace-Schott, E. F., Stickgold, R., Kahn, D.: To dream or not to dream? Curr. Opin. in Neurobiology 1998; 8: 239-244.

Hobson, J. A, Stickgold, R., Pace-Schott, E. F: The neuropsychology of REM sleep dreaming. Neuroreport 1998; 9: R1-14.

Kerr, N. H., Foulkes, D., and Schmidt, M.: The structure of laboratory dream reports in blind and sighted subjects. Journal of Nervous & Mental Disease 170 (5): 286-294, 1982.

Kirtley, D. D., and Sabo, K. T.: Symbolism in the dreams of the blind. International Journal of Rehabilitation Research 2 (2): 225-232, 1979.

Llinás, R., Ribary, U.: Perception as an oneiric-like state modulated by the senses. In: Christof Koch, Joel L. Davis (Eds.): Large Scale Neuronal Theories of the Brain (Computational Neuroscience). 1994, MIT Press.

Louie, K., Wilson, K. A.: Temporally structured replay of awake hippocampal ensemble activity during rapid eye movement sleep. Neuron 29, 145-156 (2001).

Maquet, P., Peters, J., Aerts, J., Delfiore, G., Degueldre, C., Luxen A., Franck, G.: Functional neuroanatomy of human rapid-eye-movement sleep and dreaming. Nature 1996; 383:163-166.

Maquet, P., Degueldre, C., Delfiore, G., Aerts, J., Peters, J. M., Luxen, A., Franck, G.: Functional neuroanatomy of human slow wave sleep. Journal of Neuroscience 1997; 17: 2807-2812.

Maquet, P.: Positron emission tomography studies of sleep and sleep disorders. Journal of Neurology 1997; 244: S23-S28.

Maquet, P., Phillips, C.: Functional brain imaging of human sleep. Journal of Sleep Research 1998; 7 Suppl 1: 42-47.

Maquet, P.: Brain mechanisms of sleep: contribution of neuroimaging techniques. Journal of Psychopharmacology 1999; 13: S25-S28.

Maquet, P.: Sleep on it! Nature neuroscience 2000; 3 (12): 1235-1236.

Proust, Marcel: À la recherche du temps perdu. Vol. 1. Eds. Jean-Yves Tadié et autres. Paris, Gallimard, 1987: 5. (« Du côté de chez Swann »)

Rilke, R. M.: Der Panther. Im Jardin des Plantes, Paris. Neue Gedichte (1907).

Schacter, D.: Wir sind Erinnerung. Gedächtnis und Persönlichkeit. Rowohlt, 2001.

Steiner, John: Psychic Retreats: Pathological Organisations in Psychotic, Neurotic, and Borderline Patients (New Library of Psychoanalysis; 19), Routledge, London, 1993.

Stickgold, R., Scott, L., Rittenhouse, C., Hobson, J. A.: Sleep induced changes in associative memory. J Cogn Neuroscience 1999; 11 (2): 182-193.

Thomas Auchter

Der Traum als Königsweg zum Unbewussten

100 Jahre psychoanalytischer Traumdeutung

1. Einleitung – der ,homo somnians'

Zwischen den Gemeinplätzen: ,Träume sind Schäume' oder ,Das ist doch nur ein Traum' und der These von Sigmund Freud[1], dem Begründer der Psychoanalyse: „Die Traumdeutung ist in Wirklichkeit die *Via Regia*[2] zur Kenntnis des Unbewußten, die sicherste Grundlage der Psychoanalyse"[3], liegen offensichtlich Welten.

Andererseits macht jedoch auf paradoxe Weise die häufig – und in vielen Sprachen – vorkommende Formulierung: ,Das wäre mir im Traum nicht eingefallen' – als Ausdruck tiefster Verneinung – das unbewusste Wissen der Menschen um die hohe Bedeutung des Träumens sichtbar.[4] Denn Freud hat uns darüber belehrt: „Die Verneinung ist eine Art, das

---

[1]   Die Arbeiten von Sigmund Freud werden zitiert nach: I. Meyrer-Palmedo u. G. Fichtner: Freud-Bibliographie und Werkkonkordanz. Frankfurt 1989.

[2]   Königsweg

[3]   S. Freud: Die Traumdeutung. 1900a, 613, kursiv T. A.; Über Psychoanalyse. 1910a, 32.

[4]   S. Freud: 1900a, 72f.

Verdrängte zur Kenntnis zu nehmen."[5] Und er macht genau das an der Deutung von Träumen klar: Der Patient sagt: „‚Sie fragen, wer die Person im Traum sein kann. Die Mutter ist es nicht.' Wir berichtigen: Also ist es die Mutter."[6]

Wenn wir davon ausgehen, dass alle Menschen regelmäßig[7] weit über 70 % ihrer Schlafenszeit träumen[8] und ungefähr 25 % bis 30 % ihrer Lebenszeit schlafen, dann bedeutet das, dass wir etwa 20 % unseres Lebens mit Träumen verbringen,[9] abgesehen von unseren Tagträumereien. Man geht also nicht fehl, wenn man den Menschen als einen ‚Träumer' charakterisiert, als *homo somnians*.[10]

---

5   S. Freud: Die Verneinung. 1925h, 12.

6   S. Freud 1925h, 11; kursiv T. A.

7   W. Mertens: Traum und Traumdeutung. München 1999, 110.

8   W. Leuschner: Experimentelle psychoanalytische Traumforschung. In: H. Deserno: Das Jahrhundert der Traumdeutung. Stuttgart 1999, 360; Traum. In: W. Mertens u. B. Waldvogel: Handbuch psychoanalytischer Grundbegriffe. Stuttgart/Berlin/Köln 2000, 725.

9   Die Zeitangaben über das Träumen variieren. „Wir träumen viel mehr, als man am Anfang des [vergangenen] Jahrhunderts annehmen konnte: jede Nacht ca. drei Stunden, im Laufe unseres Lebens durchschnittlich sieben Jahre" (H. Deserno 1999, 351).

10 Auch die Tiere mit Ausnahme von Reptilien und Kaltblütlern träumen wohl. Jedenfalls lassen sich bei ihnen vergleichbare Gehirnstromaktivitäten (Tiefschlaf und REM-Schlaf) nachweisen wie beim Menschen (vgl. F.-J. Varela: Traum, Schlaf und Tod. München/Zürich 2001, 50f.).

Die Wirklichkeit des Traumes hat die Menschen seit frühester Zeit fasziniert und beschäftigt. Sie suchten in den Träumen Antworten auf ihre Fragen nach sich selbst, nach ihrer Vergangenheit, ihrer Gegenwart und ihrer Zukunft. Und sie bemühten sich, mit Hilfe der Träume ihre immanente Wirklichkeit zu übersteigen und in Bereiche des Transzendenten vorzudringen. Manche Träume, wie die des ägyptischen Pharao von den sieben fetten und sieben mageren Kühen beziehungsweise Ähren[11] oder die Träume des alttestamentlichen Joseph,[12] sind zum bekannten Kulturgut der Menschheit geworden. Von dem frühhistorischen chinesischen Dichter-Philosophen Chuang-Tsu wird der Gedanke überliefert: „Vor einiger Zeit habe ich geträumt, ich sei ein Schmetterling. Jetzt weiß ich nicht, ob ich ein Mensch bin, der glaubt, geträumt zu haben, ein Schmetterling zu sein, oder ob ich ein Schmetterling bin, der jetzt träumt, ein Mensch zu sein."[13] In ähnlicher Weise sind bestimmte Stämme auf den australischen Südsee-Inseln der Auffassung, „daß jene Welt, in der sie nächtlich in ihren Träumen weilen, die ‚eigentliche', die wirkliche Welt sei, aus der sie nur zur Tageszeit in das diesseitige Dasein zu gehen haben, um erst nach dem Tode endgültig in ihrer wirklichen Welt verbleiben zu können",[14] der Traumzeit.

---

[11] Gen 41,1-7.

[12] Gen 37,5-10.

[13] Zit. n. M. S. Bergmann: The intrapsychic and communicative aspects of the dream. In: Int. J. Psychoanal. 47, 1966, 359; W. Mertens 1999, 9; W. W. Kemper: Der Traum und seine Be-Deutung. Reinbek 1955, 7.

[14] W. W. Kemper 1955, 7.

2. Zur Geschichte der Traumdeutung – oder: „Der Traum ist auch nicht mehr das, was er einst war!"[15]

Im Laufe der Historie hat eine weitgehende Säkularisierung des Traumes stattgefunden. Wurde der Traum in Frühzeiten als Substanzialisierung des Transzendenten (Überirdischen, Übernatürlichen, Übersinnlichen), des Göttlichen[16] aufgefasst, so vollzog sich immer mehr eine Entwicklung hin zum Verständnis des Traumes als eines Ausdrucks des zutiefst inneren Menschlichen, als einem Königsweg zum persönlichen Unbewussten.[17] Insofern haben wir es mit einem gewissen Paradox zu tun. Die moderne wissenschaftliche Traumforschung entmythologisiert und entidealisiert einerseits das Traumleben zu einer Form des Denkens[18] oder Problemlösens,[19] andererseits erhöht sie damit aber die Bedeutung des Träumens zum Bei-

---

[15] J.-B. Pontalis: Zwischen Traum und Schmerz. Frankfurt 1998, 26.

[16] Vgl. Gregor Weber in diesem Buch; A. Kiecle: Von der Antike bis Freud. In: H. C. Meiser: Träume. Deutung und Bedeutung. Frankfurt 1996, 19-32; L. Hermes: Traum und Traumdeutung in der Antike. Zürich 1996.

[17] Der Begriff des Unbewussten bezieht sich auf zwei verschiedene Aspekte. Mit dem Attribut unbewusst werden erstens bestimmte seelische Inhalte (zum Beispiel: Szenen, Bilder, Gefühle, Wünsche, Erinnerungen, Phantasien), zweitens aber auch seelische Mechanismen, Funktionen und Prozesse (zum Beispiel: Ich-Funktionen, Abwehrmechanismen, Instanzen wie Ich, Es und Über-Ich) versehen.

[18] S. Freud 1900a, 345, 510f.

[19] Vgl. schon S. Freud: Vorlesungen zur Einführung in die Psychoanalyse. 1916-17a, 228.

spiel für die psychosomatische Gesundheit: „Wer träumt, schläft besser."[20]

Die Säkularisierung des Traumes beginnt mit dem griechischen Philosophen Aristoteles (384-322 v. Chr.), für den die Träume keinen göttlichen Ursprung mehr haben, sondern (nur) eine Fortsetzung der geistigen Tätigkeit des Wachlebens während des Schlafens darstellen[21] und damit „bereits ein Objekt der Psychologie"[22] sind.[23] Besonders die Denker der Aufklärung verneinen eine überirdische Deutung des Traumes, bis hin zu Immanuel Kants zugespitzter Bemerkung, dass Träume „einfach durch einen verdorbenen Magen verursacht werden".[24]

Allerdings gibt es bis heute Autoren,[25] welche der *religiösen* Dimension des Traumes einen hohen Stellenwert zuweisen, wie der Arzt und Theologe Klaus

---

[20] C. Becker-Carus: Wer träumt, schläft besser. Stuttgart 1977.

[21] K. Thomas: Religiöse Träume und andere Bilderlebnisse. Stuttgart/Hamburg 1994, 13; Hermes 1996, 14f.

[22] S. Freud 1900a, 3.

[23] Dieses Zitat macht deutlich, dass S. Freud mit seiner Traumdeutung nicht wie ein deus ex machina auftritt, sondern sich mit seinem ausführlichen historischen Rückblick im ersten Teil seines Buches ausdrücklich in eine geschichtliche Ahnenreihe stellt.

[24] Zit. n. E. Fromm: Märchen, Mythen, Träume. Reinbek 1981, 93.

[25] Wenn hier und im folgenden aus sprachökonomischen Gründen die männliche Form benutzt wird, sind immer die Frauen mitbedacht.

Thomas in einer jüngeren Monographie.[26] Er gibt in seinem Buch den bemerkenswerten Hinweis, dass im Anschluss an Thomas von Aquin die klerikale Kirche selbst einer Entmythologisierung des Traumes das Wort redete, und zwar mit dem Ziel, ihr eigenes Monopol auf den Zugang zu Gott zu bewahren.[27] Walde bezeichnet entsprechend den Traum als die „letzte Bastion menschlicher Individualität".[28]

Der französische Psychoanalytiker Pontalis[29] macht sich zum Fürsprecher für ein Bewahren des Zauberhaften und des Geheimnisvollen im Traum, des Traumhaften des Träumens. In der wissenschaftlichen Untersuchung eines Traumes, seiner Deutung, meint er, werde ebensoviel gewonnen wie verloren geht.[30] Adorno hat dieses grundsätzliche Phänomen geistiger Auseinandersetzung als die „Dialektik der Aufklärung"[31] bezeichnet.

Freuds epochales Werk *Traumdeutung*[32] ist aus dreifachem Grund bedeutsam. Denn es stellt erstens eine[33] umfassende wissenschaftliche Auseinanderset-

---

[26] K. Thomas 1994.

[27] K. Thomas 1994, 13.

[28] C. Walde: Von Artemidor und anderen Traumdeutern. In. Z Psychoanal. Theorie u. Praxis 16, 2001, 225.

[29] J.-B. Pontalis 1998, 19.

[30] J.-B. Pontalis 1998, 23.

[31] T. Adorno: Die Dialektik der Aufklärung. Frankfurt 1947.

[32] S. Freud 1900a.

[33] Nach dem seinerzeitigen Stand der Forschung, welche keine apparategestützten experimentellen Traumuntersuchungen umfassen konnte, da zum Beispiel das EEG und andere In-

zung mit dem Traum dar, und zwar aus einer psychologischen Perspektive.[34] Zweitens begründete er „mit diesem Werk eine neue Humanwissenschaft",[35] die *Psychoanalyse*. Und drittens ist sie eine öffentliche Selbstanalyse[36] anhand seiner eigenen Träume[37]. „Für mich", schreibt Freud, ist dieses Buch „ein Stück meiner Selbstanalyse ... meine Reaktion auf den Tod meines Vaters, also auf das bedeutsamste Ereignis, den einschneidendsten Verlust im Leben eines Mannes".[38]

Sogar die Physiologen Hobson und McCarley,[39] welche Träume nur als Versuche einer möglichst plausiblen Interpretation zufälliger und damit sinnloser neuronaler Impulssalven verstehen, gestehen mit dieser Perspektive implizit ein, dass Träumen ein Ausdruck des Bedürfnisses eines Menschen ist, seinen äußeren und inneren Bewegungen einen Sinn zu verleihen.

---

strumente, geschweige denn die modernen bildgebenden Verfahren – zu denen Michael Huber in seinem Beitrag Näheres ausführt – noch gar nicht erfunden waren.

[34] W. Mertens: Was bleibt von Freuds Traumpsychologie? In: Z Psychoanal. Theorie u. Praxis 16, 2001, 126.

[35] W. Mertens 2001, 125.

[36] W. Mertens 1999, 16f.; H. Deserno 1999, 10ff.

[37] Insofern ist die ‚Traumdeutung' eine Fundgrube für Freud-Biographen (vgl. J. v. Scheidt: Der unbekannte Freud. Neue Interpretationen seiner Träume. Müchen. 1974).

[38] S. Freud 1900a, kursiv T. A. „Ich bin recht hin davon ... hat mich der Tod des Alten sehr ergriffen ... Ich habe ein recht entwurzeltes Gefühl" (S. Freud an Fließ, Okt. u. Nov. 1896. In: S. Freud: Briefe an Wilhelm Fließ. Frankfurt 1985, 212f.).

[39] J. A. Hobson u. R. W. McCarley 1977; zit. n. Mertens 1999.

Seit Menschengedenken gibt es eine Fülle unterschiedlicher Sichtweisen auf den Traum, die aber weitgehend – abgesehen von rein naturwissenschaftlichen, ausschließlich physiologischen Erklärungen – darin übereinstimmen, dass Träumen eine im Prinzip sinnvolle seelische Aktivität darstellt und insofern Träume eine Bedeutung besitzen. Auch Freud betont im ersten Satz seiner ‚Traumdeutung': „... jeder Traum [ist] ein sinnvolles psychisches Gebilde".[40] Die Bedeutung ist jedoch nicht offensichtlich, sondern der manifeste Traum[41] erfordert eine hermeneutische Erschließung des latenten[42] Trauminhalts, bedarf der *Traumdeutung*.

Wenn die modernen Humanwissenschaftler (z.B. Mediziner, Neurobiologen, Psychologen, Psychoanalytiker), also die wissenschaftsgläubigen Menschen, die Funktionalität des Traumes für die psychosomatische Gesundheit in den Mittelpunkt stellen, dann schließt das andere z.B. religiöse Betrachtungsweisen des gläubigen Menschen, welcher auch im Träumen eine Manifestation des göttlichen Wirkens findet, nicht aus. Die verschiedenartigen Perspektiven auf den Traum können vielmehr Ergänzungen im Sinne einer ganzheitlicheren Betrachtung des Menschlichen sein. Ein verantwortlicher Wissenschaftler bleibt sich immer der Grenzen seiner jeweiligen Betrachtungsweise und der Vorläufigkeit seiner Erkenntnisse bewusst.

---

[40]   S. Freud 1900a, 1.

[41]   Vgl. H. Nagera: Basic psychoanalytic concepts on the theory of dreams. London 1969, 54.

[42]   Vgl. H. Nagera 1969, 31.

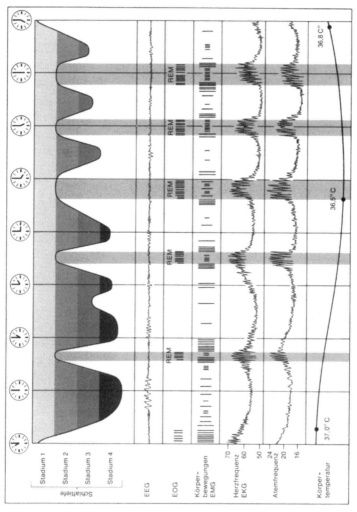

Abb. 1: Veränderung der verschiedenen physiologischen
Maße während des Schlafes einer Nacht. Die Kurven sind
schematisch dargestellt. (Aus: Christian Becker-Carus:
Wer träumt, schläft besser. Ergebnisse der modernen Schlafforschung, Stuttgart 1977.)

179

3. Physiologische und psychologische Grundlagen des Träumens

Der Schlafzustand und der Schlafverlauf in vier Tiefestadien, die allnächtlich periodisch mehrfach erreicht werden, werden durch ein Zusammenwirken bestimmter Hirnstrukturen vor allem in Zentralhirn physiologisch ausgelöst – dazu mehr und Differenzierteres im Beitrag von Michael Huber[43] – und sind durch den natürlich vorgegebenen 24-stündigen Tag-Nacht-Rhythmus geprägt (Abb. 1). Dabei wechseln periodisch sogenannte NREM-Phasen und REM-Phasen[44] ab. Parallel zu den REM-Phasen treten zudem sowohl bei Männern wie bei Frauen regelmäßig und relativ unabhängig vom Trauminhalt sexuelle Reaktionen auf.[45]

Das Ich-Selbst des Menschen geht, wie Freud formulierte, zur Nachtzeit in wesentlichen Aspekten schlafen.[46] Dadurch ist auch die Ichfunktion der sogenannten Realitätsprüfung in hohem Maße außer Kraft gesetzt. Die Traumwelt, das „Traumleben", sagt Meltzer ist der Ort, „den wir im Schlaf aufsuchen, wenn wir unsere Aufmerksamkeit ganz dieser inneren Welt zuwenden können".[47] Und im Anschluss an den briti-

---

[43] In diesem Buch.

[44] REM = rapid eye movement

[45] H. Bach: Zur experimentellen Traumforschung. In: W. W. Kemper: Der Traum und seine Be-Deutung. Vollständig überarbeitete Neuausgabe. München 1977; C. Becker-Carus 1977, 36.

[46] S. Freud: Das Ich und das Es. 1923b, 243.

[47] D. Meltzer: Traumleben. München 1988, 51.

schen Psychoanalytiker Winnicott nennt Khan diesen Zugang zur inneren Wirklichkeit den „Traumraum".[48]

Der wesentliche Unterschied zwischen dem Wachzustand und dem Schlafzustand ist die weitgehende Einschränkung der Handlungsaktivität (Motilität). Wir schlafen im Liegen, im Sitzen, manchmal sogar im Stehen, auf jeden Fall in einer Ruheposition. Im Schlaf fällt außerdem weitgehend die visuelle Wahrnehmung weg, während die anderen Sinneskanäle offen bleiben und auch Auswirkungen auf die Traumbildung haben. Das Prozessieren von Wahrnehmungen bleibt also im Schlaf partiell erhalten.[49] Das betrifft sowohl Sinneseindrücke aus der Außenwelt wie Wahrnehmungen aus dem Innern des Körpers.

1. *Kurz bevor mein Wecker mich weckt, bin ich noch einmal eingeschlafen. Als er dann anfängt zu klingeln, bilde ich blitzschnell einen Traum mit einer Tanzszene, in der gerade die Musik zu spielen beginnt. Leider lässt sich der Wecker von diesem wunderschönen Traum nicht täuschen und klingelt unbarmherzig weiter, bis ich dann doch aufwachen muss und ihn abstelle.*

2. Ein Traum, den vermutlich in ähnlicher Form die meisten von Ihnen schon einmal geträumt haben werden: *Während des Schlafes tritt ein Harndrang auf. Ich bilde einen Traum, in dem ich schon in*

---

[48] „dream space" (M. R. Khan: Selbsterfahrung in der Therapie. München 1977, 381ff.).

[49] W. Leuschner 2000b, 726.

*einem Toilettenraum bin und uriniere. Leider lässt
sich mein Körper ebensowenig täuschen wie in
dem anderen Traum mein Wecker, und so muss
ich schließlich doch aufwachen und zur Toilette
gehen.*

Diese Träume sind übrigens auch Beispiele für den
Traum als „Hüter des Schlafes",[50] als „Schlafwäch-
ter" oder „Nachtwächter".[51]

Im Gegensatz zu den Bewegungsaktivitäten bleiben
bestimmte Gehirnaktivitäten im Schlaf erhalten beziehungsweise verlagern sich gegenüber dem Wachzustand. Durch die motorischen Einschränkungen
wird ein Freiraum geschaffen für Varianten der See-
lenaktivität, denen im Wachen keine oder weniger
Zeit bleibt.[52] Ging man anfänglich davon aus, dass
Träume (nur) in den REM-Phasen auftreten, so ist
seit Foulkes[53] klar, dass Träume ebenso in den
NREM-Phasen vorkommen. Diese sind jedoch ab-
strakter und aktualitätsnäher. ,Luzide Träume' oder
,Klarträume' sind Träume, in welchen dem Träumer
bewusst ist, dass er träumt. Damit wird seinem Ich
eine gewisse Steuerung des Traumes möglich.[54] Der
Schlafforscher Hau betont, „daß Träumen kein nur

---

[50] S. Freud 1900a, 239, 415.

[51] S. Freud: Vorlesungen zur Einführung in die Psychoanalyse.
      1916-17a, 223.

[52] Vgl. J. L. Fosshage: The psychological function of dreams: a
      revisited psychoanalytic perspective. In: Psychoanalysis and
      Contemporary Thought 4, 1983, 659.

[53] D. Foulkes: Die Psychologie des Schlafs. Frankfurt 1969.

[54] W. Leuschner 1999, 361; F. J. Varela 2001, 129ff.

vereinzelt stattfindendes Ereignis ist, sondern eine bestimmte Form mentaler Aktivität in allen Schlafstadien stattfindet".[55] Auch das weist darauf hin, „daß Träume keine vorübergehenden, nebensächlichen Phänomene sind".[56] Zwischen dem Wachzustand und dem Schlafzustand gibt es natürlich verschiedene Übergangsstadien, in denen Tag- oder Wachträume auftreten können.

Grundsätzlich unterstreichen die Befunde der modernen Traumforschung, „daß sich Träume nicht fundamental von Wachgedanken unterscheiden".[57] Die „Traumkontinuität"[58] ist vielleicht der bemerkenswerteste Befund der Traumforschung überhaupt, nämlich „daß die Menschen in vielen Träumen mit genau den Problemen und Situationen beschäftigt sind, mit denen sie es auch am Tage zu tun haben".[59] Schon Donald W. Winnicott hatte den Traum als „Brücke zwischen der inneren und der äußeren Welt"[60] bezeichnet. Für Ella Freeman Sharpe errichtet der Traum eine „Brücke zwischen der Gegenwart und der Vergangenheit"[61] und bietet einen Zugang zum „Lagerhaus

---

[55] S. Hau: 40 Jahre experimentelle Traumforschung – Abkehr von der Psychoanalyse? In: Luzifer – Amor 24, 1999, 122; vgl. H. Beland: Einleitung zu: S. Freud: Schriften über Träume und Traumdeutungen. Frankfurt 1994, 21, kursiv T. A.

[56] S. Hau 1999, 117.

[57] S. Hau 1999, 132.

[58] S. Hau 1999, 126, 132.

[59] S. Hau 1999, 126.

[60] D. W. Winnicott: Holding and interpretation. London 1986, 78.

[61] E. Freeman Sharpe: Traumanalyse. Stuttgart 1984, 72.

der Erinnerungen und Erfahrungen".[62] Der Traum ist im Sinne Winnicotts ein Übergangsraum.[63] In diesem können die Strukturen und Grenzen der Rationalität des Wachdenkens, die sogenannten *Sekundärprozesse* in Frage gestellt, überschritten und teilweise außer Kraft gesetzt werden. Und damit entsteht Platz für neue und kreative Lösungswege unter Wirksamwerden der *Primärprozesse*. Insofern besitzt der Traum auch eine teleologische Dimension „aus dem Unbewussten heraus".[64] Das primärprozesshafte Denken ignoriert die Orientierung in Zeit und Raum, die Kausalität, die Unvereinbarkeit von Widersprüchen und Gegensätzen, und die Naturgesetze. Im Traum ist alles möglich. Wir können der kühne Weltraumflieger sein und der gescheiterte Bruchpilot, strahlender König und verzweifelter Bettler, Mörder, Angeklagter, Richter und Henker.

Das Neugeborene träumt noch nicht – oder ständig, mit anderen Worten: Seine äußere und seine innere Wirklichkeit sind anfänglich noch nicht deutlich voneinander geschieden. Frühgeborene verbringen 70 bis 90 % ihres Schlafes im REM-Zustand, Neugeborene von ihren 16 Stunden Schlaf etwa 50 %.[65] Abgesehen davon fehlen dem Baby zwangsläufig anfänglich weitgehend noch bildhafte Erinnerungsspuren, aus denen visuelle Träume geschaffen werden könnten.

---

[62] E. Freeman Sharpe 1984, 39.

[63] transitional space.

[64] F. de Mendelssohn: Das Theater der inneren Bilder. Psychoanalyse des Traumes und des Träumens in der Tradition Klein – Bion – Meltzer. In: Werkblatt 18, 2001, 67.

[65] H. Bach 1977, 246; Becker-Carus 1977, 21f..

Erst im Alter von etwa fünf Jahren ist dann im Prinzip eine relativ klare Unterscheidung zwischen Traum und Realität möglich. „Träumen ist eine Fähigkeit, die sich in einem langen Prozeß erst nach und nach entwickelt ... in enger Verschränktheit zur übrigen kognitiven und emotionalen Entwicklung".[66] Freud betonte, Kinderträume „entbehren der Traumentstellung; bedürfen daher auch keiner Deutungsarbeit. Manifester und latenter Traum fallen hier zusammen."[67] Dem widerspricht m.E. nicht, dass Kinder häufiger als Erwachsene unter Angstträumen leiden.[68]

4. Traumarbeit (Traumgenerierung)

Das Träumen als eine Variante seelischer Arbeit – vergleichbar der bewussten Bearbeitung täglicher Herausforderungen im Wachzustand – ist wie die Trauerarbeit oder die Bildung von (krankhaften) Symptomen ein Konfliktlösungsversuch.[69] „Der Kranke spricht ähnlich wie im Träumen",[70] und „der Traum selbst ist auch ein neurotisches Symptom, und zwar eines, das den für uns unschätzbaren Vorteil hat, bei allen Gesunden vorzukommen".[71] Freud betont

---

[66] S. Hau 1999, 126.

[67] S. Freud 1916-17a, 126.

[68] Wie W. Leuschner (1999, 362) meint.

[69] Zum Beispiel S. Freud 1900a, 95; S. Freud: Metapsychologische Ergänzung zur Traumlehre. 1916-17f, S.412.

[70] S. Freud: Zur Dynamik der Übertragung. 1912b, 374.

[71] S. Freud 1916-17a, 79.

hiermit ausdrücklich die Analogie der seelischen Tätigkeit zwischen der Bildung eines Traumes und dem Ausbilden einer Neurose bzw. eines Symptoms.[72] Damit ist nicht einer Pathologisierung des Träumens das Wort geredet, sondern es ist vielmehr ein Hinweis darauf, dass bei der Traumgenerierung dieselben vor allem unbewussten seelischen Mechanismen am Werk sind wie bei den pathologischen Produktionen. Auch diese sind jedoch immer ein – wenn auch häufig nicht glückender – Konfliktlösungsversuch (vgl. Abb. 2).

Der Mensch ist fortwährend – Tag und Nacht – mit der bewussten und unbewussten seelischen Bearbeitung und Bewältigung äußerer und innerer, aktueller und rezenter Herausforderungen, Konflikte und auch Traumatisierungen beschäftigt.

Die Traumarbeit findet unter spezifischen seelischen Bedingungen statt (vgl. Abb. 3).

Im Schlaf erfolgt zunächst eine Regression[73] von den das Wachdenken wesentlich prägenden Sekundärprozessen hin zu den Primärprozessen. Unter der Regression kommt es zu einer Auflösung von Kohärenz, Synthesen und Integration zugunsten von Spaltungen, Dissoziationen und Fragmentierungen. Auch die zensurierende Funktion des Über-Ich-Systems wird dabei gemildert, allerdings nicht völlig außer Kraft gesetzt. Dadurch wird eine Freisetzung von ansonsten kon-

---

[72] Vgl. H. Deserno 1999, 350; S. Freud 1900a.

[73] S. Freud 1900a, 538ff.

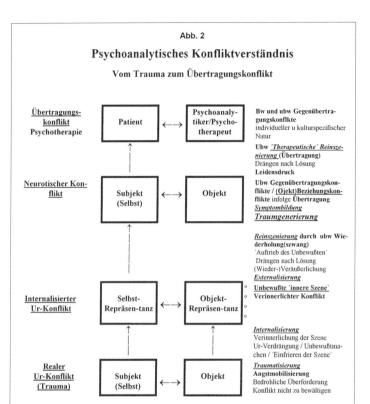

Abb. 2

Psychoanalytisches Konfliktverständnis

Vom Trauma zum Übertragungskonflikt

| Übertragungs-konflikt Psychotherapie | Patient ←→ Psychoanaly-tiker/Psycho-therapeut | Bw und ubw Gegenübertra-gungskonflkte individueller u kulturspezifischer Natur |

Ubw *'Therapeutische' Reinsze-nierung* (Übertragung) Drängen nach Lösung **Leidensdruck**

| Neurotischer Kon-flikt | Subjekt (Selbst) ←→ Objekt | Ubw Gegenübertragungskon-flikte / **(Ojekt)Beziehungskon-**flikte infolge **Übertragung** *Symptombildung* *Traumgenerierung* |

Reinszenierung durch ubw Wie-derholung(szwang) 'Auftrieb des Unbewußten' Drängen nach Lösung (Wieder-)Veräußerlichung *Externalisierung*

° **Unbewußte 'innere Szene'**
° **Verinnerlichter Konflikt**
°

| Internalisierter Ur-Konflikt | Selbst-Repräsen-tanz ←→ Objekt-Repräsen-tanz | |

Internalisierung Verinnerlichung der Szene Ur-Verdrängung / Unbewußtma-chen / 'Einfrieren der Szene'

| Realer Ur-Konflikt (Trauma) | Subjekt (Selbst) ←→ Objekt | *Traumatisierung* **Angstmobilisierung** Bedrohliche Überforderung Konflikt nicht zu bewältigen |

Die 'traumatische Ur-Szene' (Ur-Konflikt) setzt sich zusammen aus: den **agierenden Personen (Subjekt und Ob-jekt)**, dem **interaktionellen Geschehen** zwischen ihnen und dem **kognitiven, emotionalen und psychosomatischen Erleben** in einem **spezifischen gesellschaftlichen** und kulturellen Umfeld.

Abb. 2: Psychoanalytisches Konfliktverständnis.
Vom Trauma zum Übertragungskonflikt

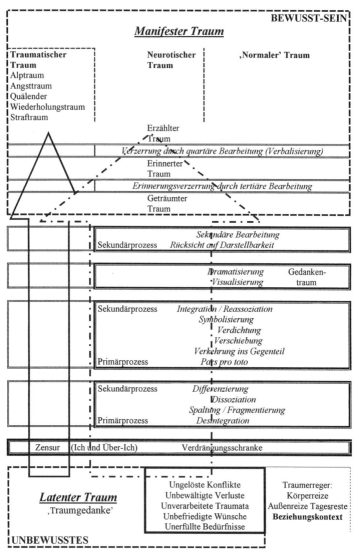

Abb. 3: Die Entwicklung eines Traumes aus psychoanalytischer Perspektive

trollierten und verdrängten Triebimpulsen, Affekten und unbewältigten Erfahrungen begünstigt.

Am Beispiel des Traumes wirft Freud deshalb die Frage auf, ob und inwieweit der Mensch auch für sein Unbewusstes verantwortlich sei?[74] „Selbstverständlich", antwortet er, und zwar sowohl für sein „böses Wesen" als auch für das „sittliche Wesen",[75] das sich z.B. im Traume[76] ebenso manifestiere.[77] Davon gingen offensichtlich auch schon die Menschen in der Antike aus. So berichtet uns Plutarch, daß Marsyas zum Tode verurteilt wurde, weil er geträumt hatte, den Tyrannen Dionysios ermordet zu haben. Und die Begründung lautete ausdrücklich, dass nur derjenige eines solchen Traumes fähig sei, der insgeheim mit derartigen Mordabsichten umhergehe.[78] Freud erwähnt, dass die Inquisition ähnlich dachte: „Spricht jemand im Traum seine Ketzereien aus, so sollen die Inquisitoren daraus Anlaß nehmen, seine Lebensführung zu untersuchen, denn im Schlafe pflegt das wie-

---

[74] S. Freud: Einige Nachträge zum Ganzen der Traumdeutung. 1925i, 567.

[75] „... daß der normale Mensch nicht nur viel unmoralischer ist, als er glaubt, sondern auch viel moralischer, als er weiß" (S. Freud 1923b, 281f.).

[76] S. Freud 1925i, 568; vgl. S. Freud 1900a, 68ff.

[77] Fromms ([1951] 1981, 42) „scharfer Gegensatz" zu Freud, dass „Träume Ausdruck sowohl der niedrigsten und irrationalsten als auch der höchsten und wertvollsten Funktionen unserer Seele" seien, erweist sich somit als künstliche Konstruktion, welche verschleiert, dass Fromm schlicht einen Gedanken Freuds übernommen hat, ohne seine Quelle anzugeben!

[78] W. W. Kemper 1955, 10.

derzukommen, was unter Tage jemand beschäftigt hat (Thomas Carena 1659)".[79] Das sind historisch frühe Hinweise auf das Ahnen der Menschen um die Existenz des Unbewussten.

Neben den Körperreizen und den Außenreizen im Schlafzustand spielen einerseits die Tagesreste und andererseits die aktuell sowie lebensgeschichtlich ungelösten Probleme als *Traumerreger*[80] eine bedeutsame Rolle bei der Traumgenerierung.

Am unbewussten Quellgrund der Träume finden wir unbefriedigte Wünsche, ungestillte Sehnsüchte, unerfüllte Bedürfnisse, ungelöste Konflikte, unbewältigte Verluste und unverarbeitete Traumata (Abb. 3). Ihr direktes Bewusstwerden wäre mit unerträglich erscheinendem Schmerz, Angst und Unlust verbunden, wogegen das Ich Abwehr und Widerstand mobilisiert. Deshalb setzen das Ich und das Über-Ich als *Traumzensoren*,[81] nachdem der *latente Trauminhalt* die Verdrängungsschranke durchbrochen hat, allerlei Mechanismen in Bewegung, welche mittels der *Traum-entstellung* das Verdrängte (nur) in einer verzerrten, maskierten – und damit dem bewussten Ich leichter annehmbaren – Form zum manifesten Traum-Ausdruck bringen. Das Träumen erlaubt also eine gebrochene Spiegelung einer unerträglichen oder unerträglich erscheinenden Wirklichkeit. Der ursprüngliche Traumgedanke oder *latente Traum*[82]

---

[79] S. Freud 1900a, 73 FN.

[80] S. Freud 1900a, 558.

[81] S. Freud 1900a, 100; S. Freud: Neue Folge der Vorlesungen zur Einführung in die Psychoanalyse. 1933a [1932], 15.

[82] S. Freud 1900a, 140.

durchläuft gewissermaßen eine ganze Reihe von Filtern, ehe er erinnert, und noch einmal, bis er mitgeteilt werden kann.

5. Mechanismen der Traumbildung

Die Traumgenerierung (Abb. 3) bedient sich vor allem bestimmter unbewusster Ich-Funktionen oder -mechanismen.

1. In einem ersten Schritt wird der Vorstellungskomplex des latenten Traumes in einzelne Elemente aufgespalten (*Spaltung*). Seelische Inhalte, zum Beispiel Vorstellungsbilder und damit assoziierte Affekte, werden voneinander geschieden (*Dissoziation, Isolierung*) und Verbundenes wird getrennt (*Desintegration*), sodass Fragmente entstehen (*Fragmentierung*). Man könnte auch von einer ,*De-Assoziierung*' sprechen.
Diese partielle und passagere Entstrukturierung erlaubt nun

2. die verschiedenartigsten Verzerrungen und Entstellungen des Traummaterials:

2.1. *Verschiebung* bedeutet eine Umgewichtung, Umzentrierung und Umwertung von Trauminhalten. Unbedeutendes wird bedeutsam, Randständiges Mittelpunkt und umgekehrt. Freud spricht von der „Umwertung aller psychischen Werte"[83] im Traum.

---

[83] S. Freud 1900a, 335.

2.2. Bei der *Verkehrung ins Gegenteil* wird ein Affekt oder ein Bildelement in sein Gegenteil verwandelt, zum Beispiel oben in unten, Ärger in Freundlichkeit.

2.3. Die Teilelemente erlauben auch eine *Darstellung pars pro toto* und auch vice versa, dass ein Ganzes für ein Detail steht.
Herr S. (39) träumt: „*Ich laufe durchs Haus ‚unten-herum nackt'* ... *‚unten' im Haus ist eine ‚Abstell-kammer'.*" Über das Verbindungsglied ‚unten' macht Herr S. eine bis zu diesem Zeitpunkt seiner Analyse nicht angesprochene gravierende sexuelle Störung in der Beziehung zu seiner Partnerin zum Thema.

2.4. Eine weitere „Verkleidung der latenten Gedan-ken"[84] erlaubt dann die *Symbolisierung*.
Herr J. (51) träumt von einer „*Frau ohne Arme*". Die-se symbolisiert seine Mutter, von der er sich nie hin-reichend gut ‚gehalten' erlebte.

2.5. Der nächste Schritt der Filterung des Traumes hat dann eher synthetisierenden und integrierenden Charakter, die Traumelemente unterliegen nun einer *Verdichtung*, zum Beispiel in Mischbildungen oder Sammelpersonen.
Die 38-jährige Frau U. träumt von einem „*weißen Kampfhund, aber der hatte so einen Kopf, das könnte auch ein Lamm sein*". In der Analyse des Traumes wird von der Gruppe die Abwehr (‚lammfromm', ‚Unschuldslamm') der aggressiven Impulse (‚Wolf im Schafspelz') herausgearbeitet.

---

[84] S. Freud 1900a, 357.

3. Auch wenn im Traum aufgrund der Regression zu den Primärprozessen alle Regeln der Rationalität und der Logik außer Kraft gesetzt sind, erfordern sowohl das bewusste Erinnern eines Traumes als auch seine Mitteilung an einen anderen eine gewisse Überarbeitung (*sekundäre Bearbeitung*). Bei dieser beginnen progressiv die Sekundärprozesse mit der Rücksicht auf Darstellbarkeit[85] oder Verständlichkeit[86] wieder eine Rolle zu spielen. Man könnte dafür auch von einer *Re-Assoziierung*[87] sprechen. Dabei spielt die *Visualisierung*, also die Wiederbebilderung des Traummaterials und ihre *Dramatisierung*,[88] also die szenische Gestaltung,[89] eine Rolle. Je nach deren Gewicht im Traumprozess erscheinen die Träume dann auf den ersten Blick sinnvoll und verständlich oder aber eher absurd, verworren, unzusammenhängend und befremdlich.

Allerdings: Den „sinnlichen, vornehmlich visuell erlebten Träumen müssen heute Gedankenträume mit eher fragmentarischen Zügen zur Seite gestellt werden ... Visualisierung ist also nicht mehr essentieller Bestandteil des Traumes."[90] Die bildhaften Träume

---

[85] S. Freud: Über den Traum. 1901, 672.

[86] S. Freud 1901, 679.

[87] Vgl. W. Leuschner: Traumarbeit und Erinnern. In: Psyche 54, 2000.

[88] E. Freeman Sharpe 1984, 57.

[89] Vgl. auch S. Mentzos: Traumsequenzen. Zur Psychodynamik der Traumdramaturgie. In: Psyche 49, 1995, 653-671.

[90] W. Leuschner 2000b, 725.

korrespondieren eher mit den REM-Phasen und die
‚gedanklichen' eher mit den NREM-Phasen.[91]

6. Zu den Funktionen des Traumes – oder:
   ‚Jenseits der Wunscherfüllung'

Voraussetzung des Träumens im engeren Sinne ist,
wie erwähnt, der Zustand des Schlafens. Der Psychoanalytiker Spitz bezeichnet den Rückzug in den
Schlaf als den „Prototyp aller Abwehr"[92] vor allem
gegen Unlusterfahrungen. Unlust resultiert aus einem
Konflikt zwischen einem Bedürfnis oder Wunsch und
der Unmöglichkeit seiner Befriedigung. Im Anschluss daran besteht nach Freud die wichtigste Funktion des Träumens in der 1. *Wunscherfüllung.*
„Der Traum ist eine Wunscherfüllung",[93] sagt er und
präzisiert das später: „... der Traum ist der *Versuch*
einer Wunscherfüllung."[94]

Ein 50-jähriger katholischer Priester träumt:
„Ich bin gestorben und komme in den Himmel. Petrus
schaut in einem großen Buch nach und bedeutet mir
dann, dass ich nicht angemeldet sei und deshalb nicht
in den Himmel käme. Ich gehe weiter zum Fegefeuer.
Auch dort schaut man im Aufnahmebuch nach, findet
aber wiederum meinen Namen nicht. Da ich auch
dort nicht herein kann, muss ich also weiter zur Hölle

---

[91] Vgl. S. Hau 1999, 123f.; H. Bach 1977, 266.

[92] R. Spitz: Nein und Ja. Stuttgart 1978, 65.

[93] S. Freud 1900a, 127, Hvhg. S. F.

[94] S. Freud 1933a, 30, Hvhg. S. F.

ziehen. Dort sagt der Teufel zu mir: ‚Hier kannst du nicht herein, denn du hast ja keinen Schwanz. In die Hölle kommen nur Leute mit Schwänzen'. Dann aber führt mich der Teufel in einen Nebenraum, wo an der Wand lauter Schwänze hängen. Ich könne mir einen aussuchen. Es hingen dort welche in allen Größen, dicke und dünne, lange und kurze. Ich suche mir den längsten und größten aus.“

Dass er seinen Traum völlig unbefangen in einem größeren Kreis zum Besten gibt, zeugt von seiner Verdrängungsleistung und dem Grad der Unbewusstheit, den diese fast überdeutliche Symbolisierung der zölibatären Problematik für ihn selber hat.

Das bis heute gültige Grundkonzept der Wunscherfüllung im Traum bedarf allerdings noch weiterer Amplifizierung und Ergänzung jenseits der Wunscherfüllung. Freud selber ermunterte seine Fachkollegen dazu: „Die Analytiker benehmen sich, als hätten sie über den Traum nichts mehr zu sagen, als wäre die Traumlehre abgeschlossen.“[95]

So betont zum Beispiel Pontalis, dass ein Traum immer mit irgendeinem Verlust oder einem Mangel zu tun habe.[96] Infolge seines kompensatorischen Bemühens besitze der Traum 2. eine *schöpferische Funktion*[97].

---

[95] S. Freud 1933a, 7.

[96] J.-B. Pontalis 1992, zit. n. H. Deserno 1999, 276.

[97] S. Mentzos 1995.

Der Psychoanalytiker John Klauber spricht von den „kreativen Zwecken des Traumes".[98] Für Khan ist der Traum der „Prototyp psychischer Kreativität beim erwachsenen Menschen".[99] Varela charakterisiert den Traum als einen „Raum der Erneuerung ... eine Art Probevorstellung, die einem erlaubt, mit neuen Möglichkeiten aufzuwarten".[100] Er bietet „alternative Erlebnisweisen oder sogar ‚Lösungen'" und „ist eine Phantasietätigkeit sui generis".[101]

Am bekanntesten ist in diesem Zusammenhang wohl die Geschichte, dass dem Chemiker Kekulé die Entdeckung des Benzolringes ‚im Schlaf' eingefallen sei. Sein Traumbild war das uralte Symbol einer ‚*Schlange, welche sich selbst in den Schwanz beißt*'. De facto sagt er selbst, dieses Bild sei ihm „im Halbschlaf versunken" gekommen.[102] Wenn sich die Gerüchte um solche Erfindungen und Entdeckungen ‚im Schlaf' jedoch so hartnäckig halten, dann verweist das ebenfalls auf die unbewusste hohe Bedeutung, welche die Menschen dem Träumen beimessen.

Wie vorher erwähnt, sind dieselben unbewussten seelischen Mechanismen und Funktionen wirksam beim Träumen, bei den pathologischen Produktionen (Symptombildung, Krankheitsbildung als Heilungsversuch) und bei kreativen Produktionen. Kunstwerke

---

[98] J. Klauber: Schwierigkeiten in der analytischen Begegnung 1980, 19; vgl. Fosshage 1983, 656.

[99] M. R. Khan 1977, 38.

[100] F. J. Varela 2001, 52.

[101] S. Mentzos 1995, 670.

[102] W. W. Kemper 1955, 122.

lassen sich insofern auch als Materialisierung von Träumen und Phantasien begreifen.

Träume haben außerdem eine sehr wichtige 3. *erkenntnisbildende* und *selbsttherapeutische Funktion*.[103] „Dreams serve the function of selfrevelation",[104] damit aber besitzen sie dann eine auch 4. *„angstbindende Funktion"*[105] und eine 5. *„stressabbauende Funktion".*[106]

Dem Traum ist eine intrasubjektive 6. *regulatorische* und *organisierende Funktion*[107] zu eigen, indem er dabei hilft, ungelöste und unbewältigte Tageskonflikte und andere Probleme einer nächtlichen Bearbeitung zugänglich zu machen.

Dies wird natürlich gefördert durch die 7. *„problemlösende Funktion* des Traumes".[108] Schon Freud spricht vom „Lösungsversuch einer Aufgabe"[109] im Traum.

---

[103] D. Meltzer 1988; H. Beland: Einleitung in D. Meltzer 1988, V.

[104] „Träume besitzen die Funktion einer Selbstoffenbarung" (D. W. Winnicott: The child, the family and the outside world. London 1957, 146).

[105] H. Deserno 1999, S. 201.

[106] S. Hau 1999, 133.

[107] J.-L. Fosshage 1983.

[108] H. Beland 1988, VI; W. Mertens 1999, 52; T. French: The integrative process in dreams. Chicago 1954; J.-L. Fosshage 1983.

[109] S. Freud 1916-1917a, 228.

Hierzu einige Beispiele:

1. Herr R. (40) verlor ein Jahr zuvor durch einen Unfall seine Lebensgefährtin T. Immer wieder überwältigt ihn die Trauer über diesen schweren Verlust. Er träumt:

„Im Traum steht T. hinter mir und sagt etwas zu mir. Ich frage sie: ,Ist das nun ein Traum oder Wirklichkeit?' Sie schlägt mir folgende Überprüfung vor: ,Leg das Lesezeichen in dem Buch an eine andere Stelle. Wenn es nach dem Aufwachen an der gleichen Stelle liegt, war es ein Traum.' Als ich das Lesezeichen aus dem Buch nehme, um es an eine andere Stelle zu legen, wache ich auf.“

Wir verstehen diesen Traum als einen Entwicklungstraum vom unbewussten langsamen Anerkennen der schmerzlichen Wirklichkeit, dass T. tot ist. Sogar im Traum stellt R. nun schon ihre lebendige Existenz in Zweifel: ,Ist das nur ein Traum?'

2. Auch im Traum von Frau G. (32) geht es um die Bearbeitung des Todes eines nahe stehenden Menschen: Der Bruder von Frau G., mit dem diese lebenslang in heftigster Rivalität gelebt hatte, kommt bei einem Sportunfall ums Leben. Er fällt vom Segelschiff über Bord ins Meer und bleibt verschwunden. Lange Zeit kann Frau G. überhaupt nichts dazu empfinden, ihre Gefühle sind wie eingefroren. Etwa zwei Jahre danach träumt sie:

„Ich bin an einem Strand und finde eine kleine rosa Muschel. Ich nehme die Muschel in die Hand. Sie wird größer und größer. Schließlich verwandelt sie sich in einen Stein, einen Grabstein. Ich wache auf und fühle einen ganz tiefen Schmerz in mir und muss

heftig weinen. Da spüre ich, dass das der Schmerz über den Tod meines Bruders ist, den ich bis zu diesem Zeitpunkt nie fühlen konnte".

Ihre bis zu diesem Zeitpunkt ungelösten Gefühle hatten sich im Traum ein Symbol zum Erinnern geschaffen. Einen Grabstein für den Bruder, den es aufgrund der Umstände seines Zu-Tode-gekommen-Seins in der Wirklichkeit nicht gibt. Dieser kreative, ‚virtuelle' Erinnerungsort ermöglichte ihr die unumgängliche Trauerarbeit und das Abschiednehmen vom Bruder und der gemeinsamen belasteten Vergangenheit.

Wenn ein Traum nicht nur erinnert wird, sondern auch mitgeteilt werden soll, kommt schließlich die 8. „*kommunikative Funktion* des Traumes"[110] ins Spiel. „Schlafen ist narzißtisch, aber träumen bezieht sich auf Objekte."[111]

Wir können also grundsätzlich einen regressiven Aspekt des Träumens und einen progressiven unterscheiden, einerseits im Bezug auf den Vorgang der Traumbildung und andererseits bezüglich der Trauminhalte. Schließlich gibt es die wichtige Unterscheidung zwischen dem oberflächlich sichtbaren, vom Bewusstsein her direkt zugänglichen, *manifesten* Trauminhalt und dem dahinter liegenden, verborge-

---

[110] M. Kanzer: The communicative function of the dream. In: Int J Psycho-Anal. 36, 1955; vgl. J. Körner u. S. Krutzenbichler 2000, 8.

[111] „Sleep is narcissistic, but dreaming is relating to objects" (S. Ferenczi 1913; zit. n. M. S. Bergmann 1966, 360). „Ferenczi was the first to regard dreams as communications" (M. S. Bergmann 1966, 360).

nen, unbewussten *latenten* Traumgedanken (Abb. 3), dessen Sinngehalt erst erschlossen werden muss und gedeutet werden kann.

Der Traumforscher Wolfgang Leuschner führt eine Liste von ca. 30 verschiedenen „Traumtypen"[112] auf, welche dem Ausdruck beziehungsweise der Bearbeitung verschiedener seelischer Konflikte und Probleme dienen. Eine generelle Funktion des Träumens möchte ich im Folgenden noch etwas näher beleuchten.

7. Über die Fähigkeit und die Unfähigkeit zu träumen – oder: Der Traum im Dienste der Gesundheit

Schon in der Antike wurden z.B. in Griechenland die Träume von Erkrankten und ihre Deutung in den Asklepios-Tempeln zu Heilzwecken genutzt. An diese Tradition professioneller heilkundlicher Traumdeutung knüpft die moderne Psychotherapie an.

„Es gibt biologisch so etwas wie eine vitale Notwendigkeit zu träumen ... für das physiologische Gleichgewicht"[113], „für die geistige oder körperliche Gesundheit"[114]. „Heute weiß man, daß die Traumerinnerung und -reflexion eine erhebliche psychohygienische Funktion haben"[115] und Ausdruck von Selbsthei-

---

[112] W. Leuschner 1999, 361 FN.

[113] H. Bach 1977, 273; H. Beland 1994, 14; W. Mertens 1999, 91.

[114] H. Beland 1994, 13; S. Hau 1999, 132, 133.

[115] W. Mertens 1999, 12.

lungstendenzen[116] der Seele sind. Sie besitzen eine „*therapeutische Funktion*".[117] Meltzer spricht von der ‚selbsttherapeutischen Funktion'[118] des Traumes und Winnicott direkt vom „heilenden Traum".[119]

Insofern sind Träume nicht nur „multifunktionell",[120] sondern sogar „existentiell, weil sie die seelische und körperliche Gesundheit sichern helfen".[121]

Die Traumforscher Crick und Mitchison bezeichnen das Träumen als eine Form, überflüssige und störende Informationen und Assoziationen auszusortieren: „Wir träumen, um zu vergessen."[122] Der Neurobiologe Winson versteht den Traum ähnlich als eine nächtliche Neubewertung am Tage gesammelter lebenswichtiger Informationen durch Informationsabgleichung und damit als problemlösende Informationsverarbeitung.[123] Dies hatte schon in Ansätzen der Arzt und Traumforscher W. Roberts im vorvorigen Jahrhundert herausgestellt: „Der Traum leistet dem überbürdeten Gehirn die Dienste eines Sicherheitsventils."[124] Träume helfen zur Befreiung von ‚Schlacken'

---

[116] W. Mertens 1999, 71.

[117] H. Beland 1994, 15.

[118] D. Meltzer 1988; vgl. H. Beland 1988, V.

[119] D. W. Winnicott: Through paediatrics to psychoanalysis. London 1958, 197.

[120] S. Hau 1999, 133.

[121] W. Leuschner 2000b, 726.

[122] F. Crick und G. Mitchison 1983; zit. n. W. Mertens 1999, 96.

[123] Winson 1985; zit. n. W. Mertens 1999, 97f.

[124] W. Roberts 1896; zit. n. S. Freud 1900a, 83.

der Tageserinnerung[125] durch „Ausscheidung",[126] stellen gewissermaßen ein ‚Ausmisten der Seele'[127] dar. Insofern haben „Träume ... [eine] heilende, entlastende Kraft"[128] und auch eine „gedächtniskonsolidierende Funktion".[129]

„Das Träumen ist ein Ort des seelischen Wachstums und des Neubeginns."[130] Fosshage definiert als „übergeordnete Funktion des Träumens die Entwicklung, die Aufrechterhaltung der seelischen Balance[131] und, wenn nötig, die Restauration seelischer Prozesse, Strukturen und Organisationen".[132] Masud R. Khan entwirft das Konzept vom „guten Traum",[133] den er dadurch definiert, dass dieser einen unbewussten Wunsch erfolgreich verarbeitet.[134] Und die „Fähigkeit, einen ‚guten Traum' zu träumen, [ist] eine Vorbedingung der psychischen Gesundheit".[135]

---

[125] S. Freud 1900a, 184.

[126] S. Freud 1900a, 83.

[127] S. Freud 1900a, 84.

[128] S. Freud 1900a, 83; vgl. 596.

[129] S. Hau 1999, 133.

[130] M. Ermann: Traumstörung: Über die Kreativität des Träumens und ihr Scheitern. In: Forum der Psychoanal. 16, 2000, 365; vgl. S. Mentzos 1995.

[131] „maintenance" (Regulation)

[132] J.-L. Fosshage 1983, 657.

[133] M. R. Khan: 1977, 38ff.

[134] M. R. Khan 1977, 40.

[135] M. R. Khan 1977, 40.

Wer Menschen mit Schlaf- oder Traumentzug traktiert und damit am Träumen hindert, treibt sie in den Wahnsinn.[136] Insofern kann man Freuds Satz vom „Traum als Hüter des Schlafes" auch umkehren und sagen: ‚Der Schlaf ist der Hüter des Traumes', respektive des Träumens. Im Gegensatz zu Thomä u. Kächele[137] bin ich allerdings der Auffassung, dass beide Aussagen gleichermaßen zutreffend sind und sich nicht ausschließen müssen. „Wer träumt, schläft besser",[138] meint Becker-Carus. Wenn die „schlaferhaltende Funktion des Träumens" konfliktbedingt versagt, „dann wird das Aufwachen zum neurotischen Symptom: der Träumer erwacht. Daraus entsteht dann eine Schlafstörung."[139] „Wer nicht die Fähigkeit entwickelt hat, bedeutungsvoll zu träumen, wird im Traum auch keine Konfliktbearbeitung vollziehen können. Die Traumstörung ... beruht auf einer [früheren] unzureichenden Erfahrung, im Denken verstanden zu werden und zu verstehen".[140] Folgen eines Versagens der produktiven Traumfunktion sind zum Beispiel Angstträume, Alpträume und schließlich Schlafstörungen.

---

[136] Bei Katzen führt extremer Schlafentzug sogar zum Tode (H. Bach 1977, 258).

[137] H. Thomä u. H. Kächele: Lehrbuch der psychoanalytischen Psychotherapie 1. Berlin / Heidelberg / New York 1985, 142.

[138] C. Becker-Carus 1977.

[139] M. Ermann: Traumstörung: Über die Kreativität des Träumens und ihr Scheitern. In: Forum d. Psychoanal. 16, 2000, 364.

[140] M. Ermann 2000, 368.

Frau N. (45) träumt:

„Ich bin in einem vollkommen dunklen Raum ohne Wände oder Grenzen. Es gibt darin keine Akustik, niemand hört mich, und ich kann niemand hören. Ich fühle mich völlig verloren und falle und falle und finde nirgendwo Halt. Es ist fürchterlich."

Frau N. wurde mit einer Lippen-Kiefer-Gaumen-Spalte geboren, blieb nach der Geburt monatelang allein in der Klinik, wurde zigmal im Gesicht operiert und als Kind nach den Operationen mit den Händen am Bettchen festgebunden (um sich die Wunden nicht wieder aufzureißen) und durfte/konnte das Gesicht nicht bewegen, nicht weinen, nicht schreien. Von Geburt an ist sie zudem auf einem Ohr taub.

Frau A. (41) träumt:

„Ich bin in einem Raum, und da ist noch eine Gruppe. Ich habe ein weißes Nachthemd an. Da ist ein riesiger Frosch – sie zeigt mit den Händen etwa 30 cm an –, der springt mich immer wieder an. Ich ekele mich und versuche wegzurennen, er verfolgt mich. Schließlich springt er mich oberhalb der Brust an und saugt sich an meiner Haut fest. Das tun die Frösche bei der Paarung. Die anderen in der Gruppe, darunter auch mein Mann, lachen nur und helfen mir nicht. Voller Angst, Ekel und Abscheu wache ich auf."

Frau A. ist von ihrem Vater jahrelang immer wieder sexuelle Gewalt angetan worden, was ihre Mutter nicht wahrgenommen hat und ihre Familie bis heute zu verleugnen sucht.

Da die *kathartische Funktion* des Träumens bei diesen Menschen beeinträchtigt ist, kommt es zu gesundheitlichen Problemen, die sich zu einer seeli-

schen Erkrankung steigern können. Auch kann dadurch ein unseliger Teufelskreis ausgelöst werden:
Keine Entlastung durch produktives Träumen führt
zu Schlaflosigkeit, Nichtschlafenkönnen vermindert
die Möglichkeit zum Träumen, was wiederum die
Schlaflosigkeit verstärkt usw., usf.

8. Traum und Selbst

„... daß jeder Traum die eigene Person behandelt"[141]

Schon im Talmud heißt es: „Was und wie der Mensch
ist – so träumt er"[142] oder ähnlich: „A man is shown
(in a dream) from the thoughts in his own heart."[143]
„Ein Traum ... sagt etwas Einzigartiges über den
Träumer und enthält eine Botschaft über ihn."[144] „Alle
Träume zeigen letzten Endes den Selbst-Zustand
an."[145] Nach Bartels bringt der Traum das „Selbstver-
ständnis des Träumers zum Ausdruck".[146] Entsprechend bezeichnet Klauber den Traum als ein „priva-

---

[141] S. Freud 1900a, 327.

[142] Zit. n. W. W. Kemper 1955, 10.

[143] „Ein Mensch offenbart sich (in seinem Traum) mit Gedanken
seines innersten Herzens"; zit. n. M. S. Bergmann 1966, 356.

[144] M. Ermann 2000, 363.

[145] H. Deserno 1999, 200; vgl. U. Moser u. I. v. Zeppelin: Der
geträumte Traum. Stuttgart 1996, 21, 133ff.

[146] M. Bartels: Ist der Traum eine Wunscherfüllung? In: Psyche
33, 1979, 130.

tes Kunstwerk",[147] und Winnicott spricht vom „lebendigen Kern der Persönlichkeit".[148]

Hunt hat zwei Arten von Träumen unterschieden: autosymbolische (Selbstträume) und narrative (interaktive Träume).[149] Ähnlich differenziert Lüders zwischen Träumen, die nur etwas über das Selbst aussagen, und Träumen, die Aussagen über seine Objektbeziehungen[150] machen. Auch Träume, in denen mehrere Personen auftreten, können durchaus Selbstträume sein: „Die Welt der Träume ist eine Bühne, in der allnächtlich ein Mensch in seiner Zeit viele Rollen spielt."[151]

Die ‚Selbst-Deutung' eines Traumes wird nach C. G. Jung als „Deutung auf der Subjektstufe"[152] bezeichnet im Gegensatz zu einer Deutung auf der Objektstufe, also auf der Beziehungsebene.

Im Traum können sich schließlich auch Selbstbeschädigungen, narzisstische Verletzungen und Störungen und narzisstische Restitutionsversuche[153] ma-

---

[147] J. Klauber 1980, 28.

[148] „the living core of personality" (D. W. Winnicott: Playing and reality. London 1971, 31).

[149] H. T. Hunt: Multiplicity of dreams. New Haven 1989; zit. n. U. Moser u. I. v. Zeppelin 1996, 16.

[150] W. Lüders: Traum und Selbst. In: Psyche 36, 1982, 813.

[151] E. Freeman Sharpe 1984, 58.

[152] C. G. Jung [1912] 1961.

[153] U. Grunert: Narzißtische Restitutionsversuche im Traum. In Psyche 31, 1975.

nifestieren. Kohut bezeichnet diese als „Selbst-Zustands-Träume".[154]

In die vorletzte Stunde einer vierjährigen Psychoanalyse bringt Frau C. (40) folgenden Traum mit:
„*Mehrere Kinder befinden sich auf einer Art Spielplatz und turnen zum Teil auf einem Klettergerüst herum. Ein Kind schreit furchtbar. Ich nehme das Kind in den Arm, und schon beginnt es sich ein wenig zu beruhigen. Da bemerke ich, dass es ganz fest eingewickelt ist, fast so wie eine Raupe im Kokon. Nur an den Füßen löst sich die Umhüllung. Als ich die Füße auswickle, stelle ich entsetzt fest, dass sie verkrüppelt sind. Ich nehme die Füßchen fest in die Hand, massiere sie, und sie werden heil*".
Kurz zuvor hatte sie darüber gesprochen, wie sie durch ihre Therapie festen Boden unter die Füße bekommen hatte. Frau C. nimmt ihre Wieder-gutmachung selbst in ihre Hand.

Um narzisstische Probleme geht es besonders in solchen Träumen, welche nicht einfach mit dem Konzept der Wunscherfüllung verstanden werden können, wie starke Angst- und Alpträume, traumatische Träume,[155] welche immer wieder in ein erfahrenes Trauma zurückführen,[156] oder perennierende Träume,[157] welche sich seit der Kindheit immer von Neuem wiederholen. Sie alle sind ein indirekter Ausdruck

[154] H. Kohut Die Heilung des Selbst. Frankfurt 1979, 103.
[155] S. Freud 1933a [1932], 29.
[156] S. Freud 1916-17a, 284.
[157] S. Freud 1900a, 112.

des menschlichen Bedürfnisses nach narzisstischer Integrität. Gerade die auf den ersten Blick unverständlichen Wiederholungen sind ähnlich wie Wiederholungen im kindlichen Spiel[158] motiviert von der Erwartung und Hoffnung, dass dadurch die traumatische Erfahrung ausgelöscht werden oder doch ein gutes Ende finden könne, indem das zuvor passiv Erduldete nun aktiv gemeistert werde.[159] Aus der Tendenz zur Traumawiederholung als Versuch der Traumabewältigung leitet der Psychoanalytiker Sandor Ferenczi neben dem Prinzip Wunscherfüllung ein zweites Prinzip des Träumens ab: die traumalösende Traumfunktion (traumatolytische Funktion).[160] Bei diesen traumatischen Träumen verkleinert sich häufig auch die Differenz zwischen latentem und manifestem Traum, mit anderen Worten: Der manifeste Trauminhalt entspricht weitgehend dem latenten Traumgedanken (vgl. Abb. 3). Hierfür lassen sich aus der Traumatheorie zwei Erklärungsmodelle herbeiziehen:

1. Der vor allem auch affektive Überdruck der unbewältigten traumatischen Erfahrung durchschlägt gewissermaßen die Traumfilter.

2. Die Filter (Ich-Funktionen) selbst sind durch das Trauma beschädigt und durchlöchert worden und können deshalb ihrer Aufgabe nicht mehr voll gerecht werden, „die Funktion des Traumes versagt".[161]

---

[158] S. Freud 1920g, 14ff.

[159] U. Grunert 1977.

[160] S. Ferenczi 1931, 242ff.; vgl. H. Will: Traumdeutung in der Stunde. In: Luzifer – Amor 24, 1999, 80.

[161] S. Freud 1933a [1932], 30; vgl. 1916-17a, 220f.

Thomä und Kächele stellen besonders den Traum als „Mittel der Selbstdarstellung"[162] heraus. Sie betonen: Die „Beziehung zwischen aktuellen und lebensgeschichtlichen Problemlösungen [im Traum] zeigt nicht nur auf verdrängte Wünsche und Konflikte, sondern auch zukunftsbezogene Probehandlungen".[163]

9. Traum-Deutung

> *„Die Traumarbeit wird durch die Deutungsarbeit rückgängig gemacht"*[164]

Im Talmud (Berachot 55a)[165] finden wir den Gedanken: „Ein unverstandener Traum ist wie ein uneröffneter Brief."[166]

Im Zusammenhang mit dem Traum lassen sich zwei entgegengesetzte Arten von seelischer Tätigkeit unterscheiden: 1. die Traumarbeit (Traumbildung) und 2. die Deutungsarbeit (Traumdeutung). Es erscheint sinnvoll, zunächst zu differenzieren zwischen der Fähigkeit zu träumen und der Fähigkeit, einen Traum zu erinnern.[167] Winnicott unterscheidet darüber hinaus noch zwischen:

---

[162] H. Thomä u. H. Kächele 1985, 164.

[163] H. Thomä u. H. Kächele 1985, 164; vgl. S. Mentzos 1995, 670.

[164] H. Thomä u. H. Kächele 1985, 145.

[165] Zit. n. E. Fromm 1981, 86.

[166] W. W. Kemper 1955, 14.

[167] M. R. Khan 1977, 392; D. Meltzer 1988, 26.

1. dem geträumten Traum, 2. dem erinnerten Traum und 3. dem erzählten Traum.[168]

Exkurs: Zur Frage des Vergessens beziehungsweise Erinnerns von Träumen

Nur etwa ein Drittel der Menschen erinnern sich häufig oder regelmäßig an ihre Träume.[169] „Die meisten Träume, die wir haben, werden nicht erinnert",[170] „bewußtes Erinnern ist der Ausnahmefall".[171] Federn meint dazu: „Unter alltäglichen Lebensbedingungen wird die Fähigkeit, Träume zu vergessen, als ein Indiz für Gesundheit betrachtet, während der Einbruch des Traumes in den Wachzustand eher als ein Ausdruck einer Störung angesehen wird."[172] Näher liegend, als das Vergessen von Träumen ausschließlich als Ausdruck von Verdrängung zu betrachten, scheint es daher anzunehmen, dass nicht erinnerte Träume erfolgreiche Verstellungen ihres latenten Inhalts beinhalten und gelungene Wunscherfüllungen.[173] „Einige Träume werden sicher auch erinnert und mitgeteilt, weil die Traumerzählung die Entladungsfunktion des Traumes komplettiert. Andere werden erinnert, weil sie einen Konflikt offenbaren, welcher nicht in ande-

---

[168] D. W. Winnicott: Therapeutic consultations in child psychiatry. London 1971b, 115; vgl. auch U. Moser und I. v. Zeppelin 1996, 12; W. Mertens 1999, 112.

[169] S. Hau 1999, 122.

[170] F. Morgenthaler: Der Traum. Frankfurt 1986, 45.

[171] W. Leuschner 1999, 361.

[172] E. Federn 1952; zit. n. M. S. Bergmann 1966, 361.

[173] M. S. Bergmann 1966, 361.

rer Weise ausgedrückt werden kann."[174] Auch „in analytischen Behandlungen ... bekommen wir nur einen Teil, gewöhnlich einen Bruchteil, der tatsächlichen Traumfülle zu hören; die meisten Träume treten nie ins Bewußtsein".[175]

Bevor wir einen Traum erinnern oder jemand anderem mitteilen – sei es im täglichen Leben, sei es in einer psychoanalytischen Behandlung –, hat der ursprüngliche oder eigentliche (*latente*) Traum wie erwähnt gewissermaßen eine ganze Batterie von Filtern durchlaufen.[176] Darunter zählen die auch im Traum erhalten gebliebenen zensurierenden Funktionen des Über-Ich-Systems oder die „Rücksicht auf Darstellbarkeit"[177] oder „Verständlichkeit",[178] also ein progressives Wiedereinsetzen sekundärprozesshafter Ich-Funktionen.

Aufgrund der vielfachen oder mehrfachen *Determinierung* oder Determiniertheit[179] beziehungsweise *Überdeterminierung*[180] eines manifesten Traumes von seinen latenten Ursprüngen her – ganz abgesehen von seinen sekundären Überformungen – unterliegt seine Deutung der Möglichkeit einer vieldeutigen oder mehrdeutigen Interpretation. Der Träumer selbst be-

---

[174] M. S. Bergmann 1966, 361.

[175] S. Bach 1977, 274.

[176] Vgl. S. Hau 1999, 126; U. Moser u. I. v. Zeppelin 1996, 12f.

[177] S. Freud 1900a, 34.

[178] S. Freud 1901, 679.

[179] S. Freud 1900a, 301; 312ff.

[180] S. Freud 312ff.

sitzt allerdings grundsätzlich das Privileg für die Deutung seiner Träume.[181] Fremddeutungen oder gar Deutungsschemata für bestimmte Traumsymbole können bestenfalls Deutungsangebote für die Selbstdeutung sein. Bedeutsam für die psychoanalytische Auseinandersetzung mit einem Traum sind vor allem die Einfälle, die direkten und indirekten Assoziationen des Träumers selbst.[182]

Mitte des 2. Jahrhunderts n. Chr. stellte Artemidoros von Ephesos ein fünfbändiges, den damaligen Wissensstand dokumentierendes Werk über die Traumdeutung – „Oneirokritika" – zusammen, wobei er an der Schwelle zur Säkularisierung[183] zwei Hauptarten von Träumen unterschied, „die zukunftsweisenden, die doch als eine Art göttlicher Erscheinung anzusehen seien, und die gewöhnlichen, die sich nur auf Vergangenes und Gegenwärtiges aus dem Leben des Träumers bezogen".[184] Freud hebt hervor, dass Artemidoros schon den Kontext eines Traumes, „die Person und die Lebensumstände",[185] berücksichtigt. Man findet bei Artemidoros Beispiele für Ödipus-Träume, für narzisstische Träume, für Träume von Kastrationsangst, Inzest, Nacktheit.[186]

---

[181]   Vgl. S. Freud 1900a, 102 FN.

[182]   Vgl. S. Freud 1900a, 102 FN.

[183]   C. Walde 2001, 219.

[184]   W. W. Kemper 1955, 16; vgl. C. Walde 2001, 223ff.

[185]   S. 1900a, 102f.

[186]   A. Kiecle 1996, 28.

Als hilfreiche Instrumente für das Traumverständnis lassen sich auch die unterschiedlichen Theorien über den Menschen, verschiedene therapeutische Persönlichkeits- und Entwicklungstheorien oder diverse Aspekte innerhalb eines psychoanalytischen Theoriegebäudes betrachten. So kann man Träume zum Beispiel auf einer intrasubjektiven oder einer intersubjektiven Ebene, im Modell von Ich, Es und Über-Ich, mittels der Selbstpsychologie oder der Objektbeziehungspsychologie deutend angehen. Die Träume gewähren uns Einblick in die unbewussten ungelösten Vergangenheitskonflikte, Zugang zu den unbewussten Bewältigungsstrategien für die Gegenwart und den unbewussten Erwartungen und Lösungsansätzen für die Zukunft. Wir erhalten dadurch Aufschlüsse über das Vergangenheitsunbewusste, das Gegenwartsunbewusste und das Zukunftsunbewusste.

Auf dem Markt wird eine ganze Reihe von Büchern zur Traumdeutung angeboten. In einem Katalog fand ich folgende Buch-Ankündigung: „Das offene Geheimnis des Traumes. Diese detaillierte Anleitung zur Traumdeutung nach Freud und Jung wurde geschrieben, um Träume auch ohne Analytiker verstehen zu lernen." Freud äußerte sich recht kritisch zu einem solchen Unterfangen: „Niemand kann die Traumdeutung als isolierte Tätigkeit üben; sie bleibt ein Stück der analytischen Arbeit."[187] Ich glaube, dass Freuds Warnung etwas mit seinem großen Ernstnehmen des Traumes und mit seiner Besorgtheit um die Person des Träumers zu tun hat: „Der Psychoanalytiker weiß, dass er mit den explosivsten Kräften arbeitet

---

[187] S. Freud 1925i, 562.

und derselben Vorsicht und Gewissenhaftigkeit bedarf wie der Chemiker."[188] So ist zum Beispiel eine simple Zuordnung eines bestimmten Traumsymbols, einer Traumszene oder eines ‚typischen Traumes'[189] zu einem eindeutigen Gefühl, einem bestimmten Wunsch, einer spezifischen Person oder einer Entwicklung sicher angesichts der komplexen und komplizierten Zusammensetzung eines individuellen Traumvorganges ziemlich problematisch.[190] Deshalb können solche Traumdeutungsbücher nur relativ begrenzte Angebote machen und stehen in der ständigen Gefahr eines Reduktionismus und einer Simplifizierung. Die Autoren sind sich aber häufig entweder dessen nicht bewusst oder verschweigen dies bewusst. Die vom Träumer verwendeten Symbole entspringen zum Teil seinem recht begrenzten spezifischen Kulturraum, teilweise sind sie universell. „Die Symbolik gehört nicht dem Traume zu eigen an, sondern dem unbewußten Vorstellen, speziell des Volkes, und ist in Folklore, in den Mythen, Sagen, Redensarten, in der Spruchweisheit und in den umlaufenden Witzen eines Volkes vollständiger als im Traume aufzufinden."[191] Der Bedeutung eines bestimmten verwendeten Traumsymbols kann man jedoch nur unter Berücksichtigung der individuellen Persönlichkeit des Träumers in ihren spezifischen Beziehungskontexten näher kommen.

---

[188] S. Freud: Bemerkungen über die Übertragungsliebe. 1915a, 320.

[189] S. Freud 1900a, 247ff.

[190] Vgl. S. Freud 1900a, 356ff.

[191] S. Freud 1900a, 356.

Die Gegenwart eines lebendigen Gegenübers, das muss nicht unbedingt ein Therapeut sein, kann einem Träumer ein Hilfe dabei sein, die unaufhebbare Spannung jedes Menschen zwischen seinem Bedürfnis nach Selbstaufklärung und dem nach Selbstverborgenheit[192] auch bezüglich der eigenen Träume produktiv zu regulieren.

Träume bedürfen also einer sorgfältigen, vorsichtigen, behutsamen und taktvollen Behandlung. Ohne einer Remythologisierung des Traumes das Wort reden zu wollen, muss auch jede Trauminterpretation sich immer ihrer Grenzen bewusst bleiben, um den Zauber[193] und das Geheimnis des Traumes nicht zu zerstören, wie Pontalis betont. Er bezieht sich hierbei auf den Psychoanalytiker Winnicott. Der hatte einmal formuliert: „Ich bin immer überzeugt gewesen, daß eine wichtige Funktion der Deutung darin besteht, die Grenzen des Verstehens des Analytikers aufzuzeigen."[194] Und an anderer Stelle schreibt er: „Alles, was in einer Psychotherapie gesprochen oder getan wird, sollte auf dem schlichten Faktum beruhen, daß der Therapeut sich menschlich verhält und nicht auf dem hohen Roß seiner Professionalität sitzt. Und daß er sich nichtsdestoweniger des einmalig Geheimnisvollen jeder [therapeutischen] Begegnung bewußt

---

[192] A. Mitscherlich [1947]: Gesammelte Schriften IX. Frankfurt 1983, 10.

[193] J.-B. Pontalis 1998, 154.

[194] D. W. Winnicott: The Maturational Processes and the Facilitating Environment. London 1965, 189.

bleibt."[195] Ähnlich argumentiert die Psychoanalytikerin Joyce McDougall: „Wir müssen uns ... ständig daran erinnern, dass wir etwas anrühren, was für den Träumenden unendlich kostbar ist."[196] Und Felix de Mendelssohn warnt: „Wenn die Psychoanalyse mit Träumen so verfährt, dass sie die kraftvolle emotionale Sprache der primärprozesshaften inneren Dramaturgie bloß in intellektualisierende Interpretationen verwandelt, wird sie damit selbst zum Agens einer perversen Form von ‚Heilung' des Patienten, anstatt das zu tun, was sie wirklich zu leisten vermag: jene innere Triebfeder des Patienten anzusprechen, die die fortschreitende Integration und Herausdifferenzierung seiner internalisierten Objektbeziehungen erst ermöglicht und entfaltet."[197]

10. Der Traum im psychoanalytischen Prozess

Nach all dem bislang Dargestellten wundert es nicht, wenn Freud[198] den Traum als „Schibboleth"[199] der Psychoanalyse bezeichnet. Im Rahmen einer Psychotherapie kann das allgemeine Interesse von Menschen an ihren träumerischen Produktionen professionell für den Behandlungsprozess nutzbar gemacht werden. Denn Träume können wichtige Vehikel für den Prozess der Selbsterkenntnis, des Selbstverständnisses

---

[195] D. W. Winnicott: Psychoanalytic Explorations. London 1989, 320.

[196] J. McDougall 2001; zit. n. Varela 2001, 102.

[197] F. de Mendelssohn: 2001, 77.

[198] S. Freud 1914a, 101.

[199] Y. Blumenberg 1999.

und der Selbstvergewisserung sein, den „Kern jeder Therapie“.[200] Für Klauber drückt der in einer Behandlungsstunde berichtete Traum „den Kern der Sitzung“[201] aus.

In einem analytischen Prozess interessiert neben der möglichen Inhaltsdeutung auch die Funktion eines Traumes in der Beziehung und für die Kommunikation zum Therapeuten[202], wir sprechen von der *Übertragungsebene* des Traumes. Darüber hinaus ist diese Beziehungs- oder Übertragungsfunktion eines Traumberichts an sich von Bedeutung, ja Morgenthaler,[203] Ermann[204] und Deserno[205] weisen ihr hohen Vorrang vor der Inhaltsanalyse eines Traumes zu. Für Morgenthaler geht diese *Traumdiagnostik*[206] immer der Traumdeutung voraus.[207] Danach ist in der Regel vor einer inhaltlichen Bedeutungssuche zu fragen: Warum erzählt ein Patient diesen Traum gerade jetzt in dieser Stunde, an diesem Punkt des therapeutischen Prozesses? Was bedeutet es in und für die Beziehung, dass er dem Therapeuten einen Traum mit-

---

[200] D. W. Winnicott: Therapeutic consultations in child psychiatry. London 1971b, 62.

[201] J. Klauber 1980, 21.

[202] J. Körner u. S. Krutzenbichler 1999, 8.

[203] F. Morgenthaler 1986, 56.

[204] M. Ermann: Träume erzählen und die Übertragung. In: Forum d. Psychoanal. 16, 1998.

[205] H. Deserno 1999.

[206] F. Morgenthaler 1986.

[207] Vgl. auch R. Binswanger: Formale Gesichtspunkte bei der psychoanalytischen Arbeit mit Träumen. In. Werkblatt 18, 2001, 33ff.

bringt? Ist es ein Geschenk?[208] Ein Ausdruck gewachsener Sicherheit? Ein Bestechungsversuch? Eine Unterwerfung? Eine Ablenkung, also eine Abwehrbemühung?

Was ist die Botschaft, die Mitteilung, die er mit diesem Traum macht für die therapeutische Beziehung, für seinen Entwicklungsprozess, für seinen Selbstzustand, für seinen Konfliktfokus? „Im Kontext der Übertragung ist es wichtig, herauszufinden, zu welcher unbewußten Beziehungsform der Analysand seinen Analytiker ‚einlädt', indem er ihm einen bestimmten Traum zu einem bestimmten Zeitpunkt erzählt ... im Inhalt des Traumes ist eine konflikthafte Beziehungsphantasie enthalten, die sich durch die spezifische Art, wie der Traum in der Analysestunde plaziert und mitgeteilt wird, unbewußt ausgedrückt oder inszeniert."[209]

Als Beispiele hierfür einige Traumsequenzen, welche die analytische Situation betreffen:

1. Herr D. (43) träumt:
„Ich bin in meinem Kinderzimmer, und es ist dunkel. Ich versuche Licht zu machen und betätige verschiedene Lichtschalter an verschiedenen Stellen. Es wird aber nicht ganz hell, sondern nur einige Plätze werden etwas lichter."
Er sieht im ‚Lichtmachen im Kinderzimmer' ein Symbol für seine Therapie. Dass es nicht ganz hell wird, dafür sorgen seine inneren Widerstände.

---

[208] F. Morgenthaler 1986, 13.
[209] H. Deserno 1999, 67.

2. Frau V. (37) träumt:

„Ich bin mit meiner Mutter und noch einer jungen Frau an einem Strand. Ich bin mir nicht sicher, ob die Kläranlage die Abwässer genügend reinigt, um schwimmen zu können, oder ob sie das Meer verseucht."

Sie bringt ihrem Traum mit ihrer Ambivalenz gegenüber dem therapeutischen Prozess (der Kläranlage) in Verbindung.

3. Frau S. (42) bebildert den paradoxen Aspekt der „Intimitätsdistanz" (Grunert) in der analytischen Situation durch folgenden Traum im fortgeschrittenen Stadium ihrer Behandlung:

„Aus dem längeren Traum erinnere ich nur noch, dass die Sitzung unter der Dusche stattfand. Damit wir nicht nass wurden, hatten Sie und ich sterile Anzüge an, die das Wasser abprallen ließen."

Einerseits verlegt Frau S. die analytische Begegnung in eine ganz intime Situation unter die Dusche, anderseits kleidet sie die Personen in sterile Anzüge, welche die intime Nähe durch sterile Distanz wieder aufheben sollen. Selbstverständlich umfasst dieser vielfach determinierte Traum eine Fülle weiterer Aspekte (z.B. die sexuelle Gewalterfahrung durch ihren Vater), die ich aber hier vernachlässige.

Es gibt noch einen weiteren behandlungstechnischen Zusammenhang zwischen einer psychoanalytischen Therapie und dem Traum. Ein bedeutsamer Aspekt einer Psychoanalyse ist immer das Bewusstmachen und Bewusstwerden von zuvor Unbewusstem. Für das Wahrnehmen des fremden (und eigenen) Unbewussten ist eine bestimmte seelische Haltung Voraussetzung, welche Freud die „gleichschwebende Aufmerksamkeit"[210] genannt hat. Der britische Psychoanalytiker Bion spricht für diesen psychischen Zustand, welcher aus der frühen Mutter-Kind-Beziehung abgeleitet ist, von „Reverie".[211] Im Deutschen wird der Begriff mit „träumerischem Ahnungsvermögen" oder „träumerischer Gelöstheit"[212] übersetzt.

Die spezifische Beziehung zwischen einem bestimmten Patienten und einem bestimmten Psychotherapeuten hat ebenso wie jede andere Beziehung des Patienten auch einen Einfluss auf die Traumgestaltung. Die szenischen Bilder und die Sprachbilder, die ein Träumer verwendet, sind unter anderem ein Ergebnis der internalisierten und der antizipierenden Kommunikation zwischen Traumerzähler und Traumhörer. Schon Freud beobachtete, dass die analytisch behandelten Patienten den Inhalt ihrer Träume nach den Lieblingstheorien ihrer Ärzte einrichten.[213] Auf diese Weise kommen dann sog. ‚Jung-sche Träume', ‚Freud-sche Träume' oder auch ‚Religiöse Träume' zustande. Wie in jeder Wissenschaft ist auch bei der Traumwissenschaft also der Untersuchungsgegenstand immer mitgeprägt durch das Untersuchungsinstrument und die Untersuchungsmethode, im Falle

[210] S. Freud 1912e, 377.

[211] W. Bion: Lernen durch Erfahrung 1962.

[212] E. Krejci: Vorwort zu W. Bion: Lernen durch Erfahrung. Frankfurt 1992, 9-35; R. D. Hinshelwood: Wörterbuch der kleinianischen Psychoanalyse. Stuttgart 1993.

[213] S. Freud 1916-17a, 244.

einer Psychoanalyse also den jeweiligen Therapeuten.[214]

Von besonderer Bedeutung ist der erste in einer Analyse berichtete und der erste während der Analyse geträumte und berichtete sogenannte *Initialtraum*. In ihm sind häufig nicht selten sowohl der zentrale Konflikt, die tiefsten Ängste und wichtigsten Erwartungen und Sehnsüchte an die Therapie bzw. den Therapeuten verdichtet. Der erste Traum, welcher in einer Analyse mitgeteilt wird, „umfaßt den gesamten zentralen Konflikt wie in einer Nußschale".[215] Er stellt ein „kunstvolles Miniatur-Modell" dar, das „in gedrängter Form alles Wesentliche über die Struktur des Patienten, die Entstehungsgeschichte seines Leidens und Ansatzmöglichkeiten für seine Gesundung"[216] enthält. Dafür drei Beispiele von Initialträumen:

1. Frau K. (31) träumt:
„Meine Mutter, eine ältere Bekannte, Sie und ich fahren in einem dunkelroten Auto aus dem Schwarzwald herunter nach Freiburg. Meine Mutter und ich sitzen hinten, Sie haben die Chauffeursrolle eingenommen. Auf der Fahrt unterbrechen wir öfter, weil es immer etwas zu erledigen und zu besprechen gibt. Immer wenn wir anhalten, denke ich, dass Sie jetzt bald die Geduld verlieren. Die ältere mir unbekannte Frau beschimpft mich. Ich lasse mir das nicht weiter gefallen und werfe sie hinaus. Vor Ende der Fahrt machen wir noch eine längere Rast. Ich möchte gerne etwas

---

[214] Vgl. S. Freud 1916-17a, 245.

[215] M. S. Bergmann 1966, 362.

[216] W. W. Kemper 1955, 188.

für Sie machen, Ihnen etwas Gutes tun. Ich frage Sie,
wie es Ihnen geht? Sie sagen: gut. Dann frage ich
Sie, ob Sie uns weiterfahren? Sie machen so ein hei-
teres, gelockertes Gesicht."

2. Frau V. (40) träumt:
„Ich bin in Belgien am Meer. Auf der Rückfahrt nach
Aachen kommen wir an eine Haltestelle in Eupen. Ich
sitze bei warmem Wetter auf einer Bank. Es gibt dort
eine Höhle zu besichtigen. Ich sage dem Höhlenfüh-
rer am Eingang, dass ich befürchte, dass es in der
Höhle kalt und unfreundlich ist. Er sagt, ich solle mir
keine Sorgen machen, bei diesem schönen Sommer-
wetter werde er keine vierstündige, sondern nur eine
einstündige Höhlenwanderung durchführen. Ich bin
einverstanden, und es geht eine Wendeltreppe hinun-
ter. Der Rest ist verschwommen."
Aus verschiedenen Gründen begann ihre Psychoanalyse mit einer Wochenstunde und nicht mit deren
vier.

3. Frau M. (37) träumt:
„Ich bin im Garten mit anderen, vielleicht ist es mei-
ne Familie. Da sind brennende Stücke, die herumflie-
gen, wie aus einem Vulkan. Die andern rennen ins
Haus, aber ich bleibe in dem Garten, laufe hin und
her, um den brennenden Stücken auszuweichen. Ich
denke mir, im Haus bin ich nicht so sicher, denn es
könnte ja Feuer fangen und brennen. Ich halte mich
besser im Garten auf und laufe herum. Dann wache
ich plötzlich mit einem Schrecken auf."[217]

---

[217] Für die Überlassung dieses Traumes danke ich meiner Kolle-
gin Regina Hermans.

Von ebensolcher besonderer Bedeutung wie die Initialträume können natürlich auch die *Beendigungsträume* in Analysen sein. Deserno betont besonders „die rekapitulierende Funktion von Beendigungsträumen".[218] Cavenar und Nash beschäftigen sich mit Träumen, welche als ein frühes unbewusstes Signal für die beginnende Beendigung der Analyse[219] verstanden werden können.

1. Frau B., eine 28-jährige multipel traumatisierte Patientin, träumt drei Jahre nach Analysebeginn:
„Ich bin durch einen tiefen Fluss getaucht und tauche in einer sonnigen, blumenreichen Landschaft wieder auf, wo sich viele Menschen befinden. Ich beobachte gerade noch, wie Polizisten meinen Bruder abführen."
Der hatte ihr jahrelang sexuelle Gewalt angetan, was ihr erst in der Analyse bewusst zugänglich wurde. Vierzehn Tage später träumt sie:
„Sie und ich sitzen uns hier im Raum gegenüber. Sie sind ganz schwarz gekleidet, haben aber ein freundliches Gesicht. Wir sprechen über das Ende der Analyse. In einer anderen Ecke des Raumes sind mehrere Frauen, die sich angeregt miteinander unterhalten und beschäftigen. Sie stören aber nicht, es ist ganz natürlich."

2. Frau R. (24) träumt nicht lange vor dem Ende ihrer Gruppenpsychotherapie:

---

218 H. Deserno 1999, 201.

219 J. O. Cavenar u. J. L. Nash: Dreams as a signal of termination. In: J. Am. Psa. Ass. 24, 1976, 425-436.

„Es war am Montag vor unserer Sitzung. Wir [alle Gruppenmitglieder] gehen in einem Wäldchen spazieren. Dann kommen wir zu einem Sanatorium, das von einem Chefarzt geleitet wird. Wir gehen durch verschiedene Gänge auf eine Empore. Wir können ziemlich tief hinabsehen in einen großen Raum. Hinunter führen verknüpfte Seile wie die Takelage eines Segelschiffes. Auf der Empore steht ein Telefon, das läutet. Wir nehmen den Hörer ab und hören eine Stimme wie von einem Anrufbeantworter. Diese Stimme sagt jedem Einzelnen seinen Weg nach unten. Dann beginnen wir hinabzuklettern. Wir kommen alle sicher auf dem Boden an. Dann ist es zu spät, die Gruppenstunde ist vorbei. Wir kommen nicht mehr hin."

In einer Arbeit zur „Bedeutung letzter Träume in Psychoanalysen"[220] setzt sich die Psychoanalytikerin Ingrid Behrens allerdings kritisch mit einer Typisierung und Verallgemeinerung in Aussagen über Beendigungsträume auseinander. Sie resümiert: „Ich möchte ... deutlich machen, daß alle Generalisierungsversuche im Hinblick auf die Deutung von Träumen mehr als eine Frage offenlassen."[221]

---

[220] I. Behrens: Die Bedeutung letzter Träume in Psychoanalysen. In: Psyche 49, 1995, 633-652.

[221] I. Behrens 1995, 651.

11. Traum und Vision

> *„Ein Volk ohne Vision geht zugrunde;*
> *wohl dem, der das Gesetz hält"*[222]

Wohl eine der bekanntesten traumhaften Visionen stammt aus der Rede des schwarzen amerikanischen Bürgerrechtlers Martin Luther King am 28. August 1963: „Ich versichere Euch, trotz dieser Schwierigkeiten, die sich heute und morgen vor uns türmen, habe ich noch immer einen Traum. Einen Traum, der tief verwurzelt ist im Traum Amerikas. *Ich habe einen Traum*, daß sich diese Nation eines Tages erheben wird, daß sie den wahren Sinn ihres Credos leben wird: Wir halten diese Wahrheit für selbstverständlich, daß alle Menschen gleich erschaffen sind."[223] Luther King bezieht sich dabei auf den ‚amerikanischen Traum', welcher in der Unabhängigkeitserklärung in Worte gefasst worden war.

Die 22-jährige deutsche Widerstandskämpferin gegen die Nazis, Sophie Scholl, träumt in der Nacht vor ihrer Hinrichtung am 22. 2. 1943:
„Ich trug an einem sonnigen Tag ein Kind in langem weißen Kleid zur Taufe. Der Weg zur Kirche führte einen steilen Berg hinauf. Aber fest und sicher trug ich das Kind in meinen Armen. Da plötzlich war vor mir eine Gletscherspalte. Ich hatte gerade noch so-

---

[222] Spr 29,18 übersetzt von D. Sölle: Ein Volk ohne Vision geht zugrunde. Wuppertal 1986.

[223] Zit. n. C. Scott King: Mein Leben mit Martin Luther King. Gütersloh 1979, 205.

viel Zeit, das Kind sicher auf der anderen Seite nie-
derzulegen – dann stürzte ich in die Tiefe."
Sophie Scholl selbst interpretiert ihren Traum gegenüber ihrer Mitgefangenen Else Gebel, die uns den
Traum überliefert hat, folgendermaßen: „Das Kind ist
unsere Idee, sie wird sich trotz aller Hindernisse
durchsetzen. Wir durften Wegbereiter sein, müssen
aber zuvor für sie sterben."[224]

In diesem Zusammenhang möchte ich auch auf die
eindrucksvolle Traumsammlung von Charlotte Beradt
hinweisen, die unter dem Titel „Das Dritte Reich des
Traumes"[225] noch in der Nazizeit Träume von Betroffenen gesammelt und später publiziert hat.

Der Mensch als ‚homo somnians', als Träumer, bedarf immer wieder des partiellen und passageren Aus-
stiegs aus der Wirklichkeit der äußeren Realität in die
größere Freiheit der Übergangsräume,[226] der Phantasie „jenseits des Realitätsprinzips".[227] Die nackte
Wahrheit ist bisweilen unerträglich. „Weder die
Sonne noch den Tod kann man unverwandt anbli-
cken", sagte der französische Philosoph la Rochefou-
cauld.[228] Wer Menschen daran hindert, zeitweilig zu
träumen oder bisweilen ‚verrückt zu spielen', zum

---

[224] I. Scholl: Die weiße Rose. Frankfurt 1953, 81f.; H. Vinke: Das kurze Leben der Sophie Scholl. Ravensburg 1980, 157.

[225] C. Beradt: Das Dritte Reich des Traumes. Frankfurt 1966.

[226] D. W. Winnicott 1971b, 188.

[227] C. Rycroft: Jenseits des Realitätsprinzips. In: Psyche 28, 1974.

[228] Zit. n. E. Fogelmann: ‚Wir waren keine Helden'. Lebensretter im Angesicht des Holocaust. Frankfurt 1995, 70.

Beispiel im Karneval, beim Jahrmarkt oder sonstigen ,events', der macht sie wirklich verrückt. Allerdings wird ein überlanger Verbleib im Reich der Träume und Illusionen als Rückzug aus der äußeren Wirklichkeit möglicherweise pathologisch. Das veranlasste den Schriftsteller Günter Eich in einem Gedicht zu dem Ausspruch: „Wacht auf, denn Eure Träume sind schlecht ... Seid unbequem, seid Sand, nicht das Öl im Getriebe der Welt."[229]

Und ist nicht die visionäre Kraft von Träumen – welche Komplexitäten nicht verleugnet und Simplifizierungen vermeidet – genau das, was wir an unseren heutigen geistigen und politischen Führungsfiguren häufig schmerzhaft vermissen, die sich allzuoft in den Sümpfen der ,Realpolitik', welche eine Wahlperiode von vier Jahren nicht überschreitet, aufreiben?

Nur die ständige Dialektik zwischen Träumen und Realitätsprüfung, zwischen Grenzerfahrung und Grenzüberschreitung, zwischen Chaos und Ordnung, zwischen Integration und Desintegration, der uneingeschränkte Zugang zum *Möglichkeitsraum* (Winnicott) auch des Traumes, erlaubt dem Menschen, in lebendiger seelischer Bewegung und Entwicklung zu bleiben, so lange, bis er seinem Tod[230] wirklich begegnet.

---

[229] G. Eich: Träume. Frankfurt 1953.

[230] „... der einzige traumlose Zustand ist der Tod" (E. Freeman Sharpe 1984, 13).

Literatur

Altmann, L. A. (1992): Praxis der Traumdeutung. Frankfurt (Suhrkamp)

Auchter, T., u. Strauss, L. V. (1999): Kleines Wörterbuch der Psychoanalyse. Göttingen (Vandenhoeck u. Ruprecht)

Bach, H. (1977): Zur experimentellen Traumforschung. In: Kemper, W. W. (1977): Der Traum und seine Be-Deutung. Vollständig überarbeitete Neuausgabe. München (Kindler), 225-275

Bartels, M. (1979): Ist der Traum eine Wunscherfüllung? In: Psyche 33, 97-131

Becker-Carus, C. (1977): Wer träumt, schläft besser. Stuttgart (Franckh'sche Verlagsbuchhandlung)

Behrens, I. (1995): Die Bedeutung letzter Träume in Psychoanalysen. In: Psyche 49, 633-652

Beland, H. (1994): Einleitung zu: Freud, S.: Schriften über Träume und Traumdeutungen. Frankfurt (Fischer), 7-28

Beradt, Ch. (1966): Das Dritte Reich des Traumes. Frankfurt (Suhrkamp)

Bergmann, M. S. (1966): The intrapsychic and communicative aspects of the dream. In: Int. J. Psychoanal. 47, 356-363

Binswanger, R. (2001): Formale Gesichtspunkte bei der psychoanalytischen Arbeit mit Träumen. In: Werkblatt 18, 33-43

Blumenberg, Y. (1999): Die Traumdeutung als Schibboleth (und) im Schatten der Illegitimität. In: Körner u. Krutzenbichler (1999), 183-195

Cavenar, J. O., u. Nash, J. L. (1976): Dreams as a signal of termination. In: J. Psa Assn 24, 425-436

Danckwardt, J. F. (2000): Buch-Essay: Traum ohne Ende. In: Psyche 54, 1283-1296

Deserno, H. (Hg.) (1999): Das Jahrhundert der Traumdeutung. Stuttgart (Klett-Cotta)

Ermann, M. (1998): Träume erzählen und die Übertragung. In: Forum der Psychoanalyse 14, 95-110

Ermann, M. (2000): Traumstörung: Über die Kreativität des Träumens und ihr Scheitern. In: Forum der Psychoanalyse 16, 358-371

Fogelmann, E. (1995): ‚Wir waren keine Helden'. Lebensretter im Angesicht des Holocaust. Frankfurt (Campus)

Fosshage, J. L. (1983): The psychological function of dreams: a revisited psychoanalytic perspective. In: Psychoanalysis and Contemporary Thought 4, 641-669

Foulkes, D. ([1965] 1969): Die Psychologie des Schlafs. Frankfurt (Fischer)

Freemann Sharpe, E. ([1937] 1984): Traumanalyse. Stuttgart (Klett-Cotta)

French, T. (1954): The integrative process in dreams. Chicago (The University of Chicago Press)

Freud, S. (1900a): Die Traumdeutung

Freud, S. (1901): Über den Traum

Freud, S. (1910a): Über Psychoanalyse

Freud, S. (1912b): Zur Dynamik der Übertragung

Freud, S. (1912e): Ratschläge für den Arzt bei der psychoanalytischen Behandlung

Freud, S. (1915a): Bemerkungen über die Übertragungsliebe

Freud, S. (1916-17a): Vorlesungen zur Einführung in die Psychoanalyse

Freud, S. (1916-17f): Metapsychologische Ergänzung zur Traumlehre

Freud, S. (1920g): Jenseits des Lustprinzips

Freud, S. (1923b): Das Ich und das Es

Freud, S. (1925h): Die Verneinung

Freud, S. (1925i): Einige Nachträge zum Ganzen der Traumdeutung

Freud, S. (1932): Revision der Traumlehre

Freud, S. (1933a [1932]): Neue Folge der Vorlesungen zur Einführung in die Psychoanalyse

Freud, S. (1938): Abriß der Psychoanalyse

Fromm, E. (1[1951] 1981): Märchen, Mythen, Träume. Reinbek (Rowohlt)

Grunert, U. (1977): Narzißtische Restitutionsversuche im Traum. In: Psyche 31, 1057-1078

Hau, S. (1999): 40 Jahre experimentelle Traumforschung – Abkehr von der Psychoanalyse?: In: Luzifer – Amor 24, 112-153

Hermes, L. (1996): Traum und Traumdeutung in der Antike. Zürich (Artemis)

Kanzer, M. (1955): The communicative function of the dream. In: Int J Psycho-Anal. 36, 260-266

Kemper, W. W. (1955): Der Traum und seine Be-Deutung. Hamburg (Rowohlt)

Khan, M. R. (1977): Selbsterfahrung in der Therapie. Theorie und Praxis. München (Kindler)

Kiecle, A. (1996): Von der Antike bis zu Freud. In: Meiser, H. C. (1996) (Hg.): Träume. Deutung und Bedeutung. Frankfurt (Fischer), 19-32

King, Coretta Scott (1979): Mein Leben mit Martin Luther King. Gütersloh (Mohn)

Klauber, J. (1980): Schwierigkeiten in der analytischen Begegnung. Frankfurt (Suhrkamp)

Körner, J., u. Krutzenbichler, S. (Hg.) (1999): Der Traum in der Psychoanalyse. Göttingen (Vandenhoeck u. Ruprecht)

Kohut, H. (1979): Die Heilung des Selbst. Frankfurt (Suhrkamp)

Leuschner, W. (1999): Experimentelle psychoanalytische Traumforschung. In: Deserno (1999), 356-374

Leuschner, W. (2000a): Traumarbeit und Erinnern. In: Psyche 54, 669-720

Leuschner, W. (2000b): Traum: In: Mertens, W., u. Waldvogel, B. (Hg.): Handbuch psychoanalytischer Grundbegriffe. Stuttgart (Kohlhammer), 721-727

Lüders, W. (1982): Traum und Selbst. In: Psyche 36, 813-829

Meiser, H. C. (Hg.) (1996): Träume. Deutung und Bedeutung. Frankfurt (Fischer)

Meltzer, D. (1988): Traumleben. Eine Überprüfung der psychoanalytischen Theorie und Technik. München (Verlag Internationale Psychoanalyse)

Mendelssohn, F. de (2001): Das Theater der inneren Bilder. Psychoanalyse des Traums und des Träumens in der Tradition Klein – Bion – Meltzer. In: Werkblatt 18, 67 -77

Mentzos, S. (1995): Traumsequenzen. Zur Psychodynamik der Traumdramaturgie. In: Psyche 49, 653-671

Mertens, W. (1999): Traum und Traumdeutung. München (Beck)

Mertens, W. (2001): Was bleibt von Freuds Traumpsychologie? In: Zeitschrift für psychoanalytische Theorie und Praxis 16, 123-148

Mitscherlich, A. ([1947] 1983): Gesammelte Schriften IX. Frankfurt

Morgenthaler, F. (1986): Der Traum, Fragmente zur Theorie und Technik der Traumdeutung. Frankfurt (Campus)

Moser, U., u. von Zeppelin, I. (1996): Der geträumte Traum. Wie Träume entstehen und sich verändern. Stuttgart (Kohlhammer)

Nagera, H. (1969): Basic psychoanalytic concepts on the theory of dreams. London (Allen and Unwin)

Pontalis, J.-B. ([1977]1998): Zwischen Traum und Schmerz. Frankfurt (Fischer)

Rycroft, C. (1974): Jenseits des Realitätsprinzips. In: Psyche 28, 340-352

Scheidt, J. vom (1974): Der unbekannte Freud. Neue Interpretationen seiner Träume. München (Kindler)

Scholl, I. (1953): Die weiße Rose. Frankfurt (Fischer)

Sölle, D. (1986): Ein Volk ohne Vision geht zugrunde. Wuppertal (P. Hammer Verlag)

Thomä, H., u. Kächele, H. (1985): Lehrbuch der psychoanalytischen Therapie. Bd. 1. Berlin / Heidelberg / New York (Springer)

Thomas, K. (1994): Religiöse Träume und andere Bilderlebnisse. Stuttgart/Hamburg (J.F. Steinkopf)

Varela, F. J. (2001): Traum, Schlaf und Tod. München/ Zürich (Piper)

Vinke, H. (1980): Das kurze Leben der Sophie Scholl. Ravensburg (Otto Maier)

Walde, C. (2001): Von Artemidor und anderen Traumdeutern. In: Zeitschrift für psychoanalytische Theorie und Praxis 16, 209-231

Will, H. (1999): Traumdeutung in der Stunde. In: Luzifer – Amor 24, 65-85

Winnicott, D. W. (1957): The child, the family and the outside world. London (Tavistock Publ.)

Winnicott, D. W. (1958): Through Paediatrics to Psychoanalysis. London (Tavistock Publ.)

Winnicott, D. W. (1965): The Maturational Processes and the Facilitating Environment. London (Tavistock Publ.)

Winnicott, D. W. (1971a): Playing and reality. London (Tavistock Publ.)

Winnicott, D. W. (1971b): Therapeutic consultations in child psychiatry. London (Hogarth Press)

Winnicott, D. W. (1986): Holding and Interpretation. London (Hogarth Press)

Winnicott, D. W. (1989): Psychoanalytic Explorations. London (Karnac)

Thomas Auchter, Gotthard Fuchs,
Michael Huber, Michael Schlagheck,
Gregor Weber

... im Dialog

1. Themenkomplex: Traum, Harmonie und Konflikt, Karfreitag und Ostern

Michael Schlagheck: Herr Fuchs, nach dem Verbindenden von Christentum und Psychoanalyse im Blick auf den Traum gefragt: Was wäre für Sie der mögliche Brückenschlag?

Gotthard Fuchs: Psychoanalyse und Tiefenpsycholo-gie sind aus dem Geist des Judentums und des Christentums erwachsen. Sie haben Anteil an deren Kultur der Erinnerung und Erwartung. Auf der Expedition in das innere Ausland, in der Situation des Exils also und des falschen Lebens, soll in Erinnerungsarbeit und Erwartungsleidenschaft der (Wieder-)Einzug in das gelobte (Mutter-)Land realisiert werden, wo Milch und Honig fließen. Der Traum steht in solchem „Vorübergang" (Pesach/Pascha) zwischen Erinnern und Erwarten, zwischen Eingedenken zurück und nach vorn, zwischen Verheißung und Erfüllung.
Und etwas Zweites möchte ich benennen: Religionen können verstanden werden als Deutungs- und Bewältigungsbemühungen kollektiver und individueller Art, um Grundfragen des Lebens und Überlebens zu bestehen: Die abgründige Herkunft in Zeugung, Empfängnis und Geburt als Ursprungstriade, das geburtli-

che Zur-Welt-Kommen und die Trennung aus der Mutter-Kind-Symbiose, die Präsenz des Todes von Geburt an in Gestalt von Begrenzungen. Religionen sind demnach als immer auch kulturell ausgeformtes Beziehungsgeschehen zu verstehen, in dem es Menschen um den Bezug zu einem sie Umgreifenden und Übersteigenden geht, was sie „unbedingt angeht". Immer spielt dabei die Einbildungskraft zusammen mit Vernunft und Wille die Rolle eines Motors zur Unterbrechung des Bestehenden, zur Transzendierung des (vermeintlich) Selbstverständlichen, zur Durchschreitung des (bloß) Gewussten und Bewussten. So gesehen, sind Religionsgeschichten immer Traumgeschichten.

Thomas Auchter: Bei Ihrem Versuch, Herr Fuchs, den Traum ‚im Vorübergang' zu lokalisieren, haben Sie die These vertreten, Psychoanalyse und Tiefenpsychologie sollten dazu beitragen, „in Erinnerungsarbeit und Erwartungsleidenschaft den (Wieder-) Einzug in jenes gelobte (Mutter-)Land zu realisieren, wo Milch und Honig fließen". Als praktizierender Freud'scher Psychoanalytiker habe ich eine große Schwierigkeit mit Ihrer Formulierung und fühle mich herausgefordert, die Psychoanalyse vor einer Vereinnahmung durch diese Theologie in Schutz zu nehmen.
Ich möchte dazu zunächst an zwei Gedanken von Sigmund Freud erinnern: „Solange der Mensch leidet, kann er es noch zu etwas bringen" (Freud in einem Brief an Lou-Andreas Salome vom 17. 2. 1918) und „Die Absicht, daß der Mensch ‚glücklich' sei, ist im Plan der Schöpfung nicht enthalten" (Freud 1930a, 434). Für den Analytiker steht am Ende nicht unbe-

dingt das ‚Land, wo Milch und Honig fließen'. Sie haben ja auch zutreffend vom „Wieder-Einzug ins *Mutter*-Land" gesprochen. Der Psychoanalytiker würde diesbezüglich von einer *Regression* in die früheste Säuglingszeit der *Mutter-Kind-Beziehung* sprechen. Die mag ein Teil des *Weges*, aber für den Analytiker nicht unbedingt das *Ziel* einer Analyse sein.

Der Psychoanalytiker wird sich vielleicht eher mit der Figur des Moses – ich erinnere an Freuds (1939a) „Mann Moses" – identifizieren, „welcher sein Volk nur bis an den Rand des Gelobten Landes führen konnte. Es muß dann der Entscheidung des Volkes – des *Patienten* – überlassen bleiben, ob es in das Land gehen will, wo Milch und Honig fließen, ob es Schwerter zu Pflugscharen umzuschmieden beginnt oder ob es den Tanz ums Goldene Kalb wieder aufnehmen will" (Auchter u. Strauss 1999, 26).

Gotthard Fuchs: Das biblische Bildwort vom „Land, wo Milch und Honig fließen", kann natürlich regressiv missverstanden werden, zumal, wenn Freuds Einsichten und Theorien allein im Hintergrund stehen. M.E. gelte es aber zu unterscheiden zwischen schöpferischer und behindernder Regression: die frühkindlichen Erfahrungen und Bedürfnisse bleiben ja als Versprechen und Verheißung lebenslang prägend, gerade auch auf dem Weg des Erwachsenwerdens. Auch der reife Mensch, selbstbewusst und beziehungsfähig, begibt sich, z.B. wenn er liebt, in Abhängigkeit – aber eben nicht symbiotisch und in diesem Sinne regressiv, sondern in schöpferischer Selbst-Bindung. Diese zu beschreiben und zu gestalten, bleiben auch die frühkindlichen Erfahrungen wichtig – und gehört nicht solch schöpferische Regression auch zum reifen Leben? Es geht also, um es mit Heinz Kohut zu sagen, um einen gestalteten Narzissmus, wenn ich das biblische Bild vom (Mutter-)Land, wo Milch und Honig fließen, aufgerufen habe. Ich denke z.B. an Ernst Blochs großes Werk „Prinzip Hoffnung" mit seinen wunderbaren Analysen zur Bedeutung der Nacht- und Tagträume. Der Schlusssatz der 1600 Seiten heißt: „Hat er [der aufgeklärte, wache Mensch] sich erfaßt und das Seine ohne Entäußerung und Entfremdung in realer Demokratie begründet, so entsteht in der Welt etwas, das allen in die Kindheit scheint und worin noch niemand war: Heimat." So spricht die Bibel (und der christliche Glaube), auf die sich Theologen normativ beziehen, vom Land, wo Milch und Honig fließen, als Vorausbild rundum gelingenden Lebens: Es geht ja um den *Wüsten*weg in das Gelobte Land, also nicht um eine Rückkehr zu den Fleischtöpfen Ägyptens (obwohl diese Versuchung stark ist), sondern um das Weiterschreiten und den Exodus in jenes Neu-Land, das erst denen zugänglich wird, die die Wüstenwege durchschreiten – wir könnten also sagen: jene, die den Mut zur eigenen Biografie haben und, mit Kierkegard gesprochen, ein Selbst wagen und sich dem Segen wie der Last, erwachsen zu werden, nicht entziehen.

Für mich entsteht hier die Frage, ob die Psychoanalyse, jedenfalls in Freud'scher Systematik, nicht eine historisch verständliche, aber sachlich problematische „heroische" Position einnimmt, die mit dem Stoizismus ihres Gründers zu tun haben dürfte (wie sehr schön in der Arbeit von Yerushalmi: Freuds Moses. Endliches und unendliches Judentum. Berlin 1992, verdeutlicht wird). Ihre Frage, Herr Auchter, ist ausgesprochen hilfreich. Denn die psychoanalytische

„Hermeneutik des Verdachts" hilft ja zur Klärung und auch zur Erkennung von Fehlhaltungen im Religiösen allgemein und im Christlichen speziell. Wenn freilich hinter Ihrer Frage die Freud'sche These stehen sollte, Religion sei ipso facto „Illusion" und harmonisierende Wegverführung aus der ganzen Realität, wie sie jenseits von Eden ist, dann würde ich, jedenfalls für den biblischen Gottesglauben, entschieden widersprechen. Es geht jedenfalls christlich ausdrücklich nicht um die Rückkehr in irgendeinen Mutter- oder Gottesschoß (vgl. Joh 3,4ff.), sondern um den Aufbruch in jenes Leben, das selbst den Tod in sich hat. Christen sind ja bekanntlich Menschen, die mit Berufung auf den verwundeten Arzt aus Nazareth an eine österliche Vollendung glauben, die gerade nicht die bloße Wiederholung der paradiesischen Uranfänge im „Schoß" Gottes ist. Lassen Sie es mich mit einem Traum verdeutlichen, der von Martin von Tours berichtet wird. Im Traum weist Martin eine Gestalt, die *nur* den *herrlichen*, den *österlichen* Christus darstellt, als ‚Teufel' zurück. Eine Heilandsgestalt ohne Wunden, ohne Durchgestaltung des realen Lebens, ist für ihn nicht nur nicht glaubhaft, sondern eine satanische Versuchung; wirklich heilkräftig ist für ihn nur der verwundete Arzt, der gekreuzigte Auferstandene. Für Martin – nur ein Beispiel für viele andere – gehört zur ‚Christusförmigkeit', zum wahren Leben, nämlich auch der *karfreitagliche* Christus.

Thomas Auchter: Mit Ihrem letzten Gedanken kommen wir uns in unseren Positionen schon ein wenig näher. Dem Psychoanalytiker geht es als ideales Ziel um Erwachsenwerden und nicht um ein regressives Verbleiben in kindlicher Abhängigkeit. Die Verführung zur Weiterentwicklung, zum erwachsenen Leben, gelingt natürlich nur über Zukunftshoffnungen und -erwartungen. Das Selbstwerden schließt aber immer auch ein *Spannungsmoment* mit ein. Entwicklung ist unvermeidlich immer auch mit Trennung und Verlust verknüpft. Leben nach all *unserem* Wissen mit einem Lebensende, dem Tod. Alles Darüberhinausgehende ist *Glaube*. „Die Psychoanalyse beschränkt ihre Aussagen auf das Diesseits seelischer Vorgänge und erklärt sich für Aussagen über das Jenseits metaphysischer Phänomene als unzuständig" (Auchter 1996). Die Klage von Jesus am Kreuz: ‚Mein Gott, mein Gott, warum hast du mich verlassen' sollte nicht durch eine österliche Rede einfach übertüncht werden. Für mich bleibt hier eine unauflösbare Spannung.

Gotthard Fuchs: Auf keinen Fall sollte sie übertüncht werden! Wir sollten aber auch nicht vergessen, dass das von Ihnen zitierte Jesus-Wort in einem Psalm Israels steht, dessen Grundtenor Dank und Vollendung, biblisch ‚Herrlichkeit', sind. Der Schrei der Verlassenheit steht in einer Ostergeschichte – und christliche Theologie ist einzig dazu da, diesen österlichen Glauben zu verantworten und argumentativ zu vermitteln. Natürlich ist die Versuchung groß, den Osterglauben ohne Karfreitag zu entfalten und den Ernst der Menschwerdung zu verbilligen. Der andere Straßengraben liegt freilich genau so nah: dass wir – mehr oder weniger bloß tragisch, stoizistisch – nur den Karfreitag in den Blick nehmen und das Osterbekenntnis nicht entfalten. Hier berühren sich die Wege von Psychoanalyse und Theologie, hier unterscheiden sie sich aber auch deutlich. Jedenfalls sollten wir mit dem Spuk aufhören, christlicher Glaube impliziere ipso facto „regressives Verbleiben in kindlicher Abhängigkeit". Ganz im Gegenteil.

Michael Huber: Ich möchte mich auch auf die ‚Herrlichkeit' beziehen, und dabei schließe ich mich Thomas Auchter mit der Befürchtung an, dass ein bestimmter Zugang zur religiösen Erfahrung geprägt ist durch eine außerordentliche Regression, also den Rückgriff auf frühkindliche Einstellungen. Beschreibungen, Herr Fuchs, in Ihrem Vortrag wie „Leben in ihm" oder „absolut verlässliche dauerhafte Gemeinschaftsbeziehung" verweisen m.E. auf ein großes Bedürfnis nach ungetrennter, größtmöglicher Übereinstimmung bis zur Verschmelzung mit dem geliebten Objekt nach dem Vorbild der Beziehung zwischen einem sehr kleinen Kind und seiner Mutter. Auch die Hinweise auf den Mangel, die Sehnsucht und die Verzweiflung als Ursprünge für religiöse Erfahrung lassen mich daran denken, dass hier ein Modell für den Mensch-Gott-Bezug vorgestellt wird, das seine Ursprünge in einer frühkindlichen Mangelerfahrung hat. Als Analytiker (Psychoanalyse ist in erster Linie eine Methode) fragen wir uns beim Studium solcher Texte: Was bringt eine solche Einstellung dem Betreffenden? Welche Bedeutung hat das für ihn? Wo hat er das schon einmal erlebt? Als Analytiker wissen wir aber, dass Menschen mit einer solchen Erwartung an Beziehungen oft in erhebliche innere Schwierigkeiten kommen, weil sie eine andere Grunderfahrung des Menschseins mit aller Macht zu vermeiden versuchen wegen des damit verbundenen scheinbar nicht auszuhaltenden Schmerzes: die Getrenntheit, die Erfahrung, dass es eine grundsätzlich unüberwindbare Getrenntheit zwischen Menschen gibt, eben keine Übereinstimung ohne Worte. Diese Getrenntheit ist aber auch der Grund, weswegen wir uns als Menschen umeinander ernstlich bemühen müssen, um uns zu verständigen (z.B. mittels der Sprache!). Es scheint mir eine Illusion zu sein zu meinen, wir wären schon verbunden in einer umfassenden Weise und müssten nichts mehr für eine Verständigung und Gemeinschaft tun. Mir scheint, dass die Autoren des Neuen Testamentes in dieser Spannung gelebt haben und sie auch vermitteln: zwischen „Herrlichkeit" und Verbundenheit einerseits und den Worten Jesu am Kreuz, absoluter Verlassenheit und dem Verlorensein. In menschlichen Beziehungen muss es, meine ich, nicht so massive Gegensätze geben, psychoanalytische Arbeit bedeutet auch, dem Menschen seine radikale (frühkindliche) Angst auf ein ‚erwachsenes Maß' zu relativieren.

Nochmals möchte ich betonen, dass es für den Psychoanalytiker nicht möglich ist, die Herausforderung der *Verlassenheit* und des Todes durch *Harmonie* und unbedingtes Gottvertrauen aufzuheben.

Gotthard Fuchs: Offenkundig habe ich mich missverständlich ausgedrückt. Jedenfalls bin ich höchst überrascht über Ihre Reaktionen. Nichts lag und liegt mir nämlich ferner als eine religiöse Harmonisierung der Lebensspannungen, als eine Beschönigung und Beschwichtigung gar im Namen (eines) Gottes. Gewiss können neutestamentliche Texte, die vom „neuen und ewigen Bund" sprechen, vom inneren Christus, vom „Leben in Gott" neurotisierend missverstanden werden – und allzu oft sind die Gotteskinder im Schatten der „Mutter" Kirche und des „Vaters" Gott unerwachsen geblieben oder gar infantil. Selbstverständlich ist es auch für den Glaubenden und entsprechend für den kritischen Theologen eine Illusion, im Hier und Jetzt immer schon eine alles bestimmende Verbundenheit empirisch behaupten zu wollen. Ich stimme Ihnen sehr zu, dass sowohl die biblischen Texte wie die Stifterfiguren christlichen Glaubens gerade jene Spannung bezeugen, die Sie mit „Verlassenheit" und „Herrlichkeit" ansprechen. „Weglos, aber nicht ausweglos" – so schreibt z.B. Paulus von der Spannung christlicher Existenz (2 Kor 4,6). Nachdrücklich setzt er sich von jenen „Enthusiasten" ab, die sich hier auf Erden schon im siebten Himmel wähnen und die Kreuzesspannung des gelebten Lebens nicht wahrnehmen. Also nochmal klar unterstrichen: Der christliche Glaube ist keine Illusion, im Gegenteil eine spezifische Einladung, die Wirklichkeit im Ganzen, also mit Geburt und Tod, mit Gelingen und Scheitern, schöpferisch zu gestalten. Der Drive dabei aber ist die Überzeugung, dass die Gemeinschaft des Menschen mit Gott, die ersehnte Ganzheit, in Jesus Christus endgültig, wenngleich vorläufig schon geglückt *ist*. Das meint das Osterbekenntnis. Christlicher Glaube zeigt sich also „hoffend wider aller Hoffnung" in einem widerständigen Realismus, der nichts religiös verklärt oder faul entspannt. Aber der Notenschlüssel solch einer Haltung ist die österliche Überzeugung, dass jene Wirklichkeit, aus der heraus z.B. Jesus lebt und in die hinein er stirbt, wirklich verlässlich ist und trägt. Davon spricht das Neue Testament auf jeder Seite, das ist gemeint wenn vom „Leben in ihm" oder von einer „absolut verlässlichen dauerhaften Gemeinschaftsbeziehung" gesprochen wird. Das sind nicht Aussagen über die empirisch zugängliche Jetzt-Wirklichkeit; es sind Sätze des Osterglaubens, Einweisungen in eine bestimmte Hoffnungsstruktur, mit der sich anders leben und sterben lässt. Glaubend setzt der Mensch, jedenfalls christlich buchstabiert, eine Hoffnungsgewissheit voraus, die ihn gerade nicht weltflüchtig macht und aus den Ambivalenzen der Realität herausverführt, sondern *in* ihnen sich als kreativ und kritisch erweist.

Wir müssten also, wenn wir das Verhältnis von Psychoanalyse und Glaube bzw. Theologie bestimmen wollen, über die leitenden Grundvoraussetzungen und auch Grundentscheidungen sprechen, die das jeweilige Menschenbild prägen. Hier plädiere ich für einen schöpferischen Streit um die Wirklichkeit. Hier wäre z.B. nach den „religiösen" Implikationen der Psychoanalyse zu fragen, gerade auch auf der Spur von Freuds jüdischer Herkunft und Prägung. Auch ich halte nichts davon, Psychoanalyse und Theologie schnell zu versöhnen und z.B. eine Psychotheologie „light" zu entwickeln, wie es heute oft geschieht. Aber es gibt eine Fülle von vergleichbaren Optionen und möglichen Koalitionen – auf der Spur von Watzlawicks Frage: Wie wirklich ist die Wirklichkeit?

Michael Schlagheck: Wir haben nun an einem Punkt deutlicher erfahren, wo Differenzen zwischen den Disziplinen benannt werden müssen, wo Eigenidentität von Glaube und Theologie und auch die der Psychoanalyse zu wahren sind. Wo kann aber der gemeinsame Blick von Theologie und Psychologie auf den Traum neue Zugänge eröffnen? Kommt der Bearbeitung von Träumen eine wichtige Rolle in der Gotteserfahrung zu? Könnten nicht auf diese Weise zum Beispiel Aggressionen, Ängste, Unmündigkeit und Unterdrückung, also Spannungsmomente, von denen Thomas Auchter spricht, wahrgenommen und – mit Gott – entmachtet oder zumindest entkräftet werden? Können sich nicht so Menschen aus dem Gefangensein an ein Pseudoselbst befreien? Den Psychoanalytiker möchte ich fragen, ob sich Menschen bei der Bearbeitung von Träumen nicht gleichsam selbst ins Gesicht schauen, und den Theologen, ob dies nicht eine wichtige Voraussetzung für ein erwachsenes geistliches Leben ist? Herr Huber sprach davon, Träume seien in gewisser Weise notwendig, damit wir im Wachzustand in einer adaptiven Weise „funktionieren" könnten. Können Sie hierzu aus der Geschichte des christlichen Glaubens und seiner Mystik Überlegungen und Impulse einbringen?

Thomas Auchter: Die von Michael Schlagheck aufgeworfene Frage nach einer möglichen *Spiegelfunktion* des Traumes für den Menschen ist ganz bedeutsam. Wir Menschen stehen im Bezug auf unsere Wirklichkeit in einem dauerhaften Spannungsverhältnis zwischen dem Wunsch nach größerer *Selbstgewissheit* und dem Bedürfnis nach *Selbstverborgenheit*. Im Schlaf ist unsere Abwehr gegen die Zurkenntnisnahme unangenehmer, unbequemer oder unerträglicher Selbstanteile herabgesetzt. Das ist also eine Chance dafür, dass solche konfliktträchtigen Seiten aus dem Unbewussten auf dem Wege des Träumens näher an unser Bewusstsein kommen. Wir können uns in diesem Sinne im Spiegel der Träume selbst begegnen. Insofern können Träume als Selbstkonfrontation zur Bereicherung unseres bewussten Wissens um uns selbst beitragen und damit auch manche Fessel unbewältigter, unbewusster Konflikt-dynamik lockern oder gar lösen und dadurch unseren *Freiheitsspielraum* erweitern helfen.

Gotthard Fuchs: Lassen Sie mich aus einer bibli-schen Perspektive antworten. Natürlich hat die Bibel Anteil an all jenen Erfahrungen und Träumen, die in ihrem kulturellen Umfeld üblich waren – an Mantik, Orakelwesen, an therapeutischen Klassifikationen und Kriteriologien. Entscheidend für die biblische Deutung ist aber die wechselseitige Bundespartner-schaft zwischen Gott und seinem Volk und durch die-ses mit der ganzen Welt. In dieser Perspektive sind Träume wesentlich auch Medien der Kommunikation zwischen Gott und Mensch, zwischen Mensch und Mensch, zwischen Mensch und Welt. Ich möchte die-se Träume bezeichnen als Orte, „wo Gott einfällt" – und dies oft dann in schriftlich reflektierter, kulturell und künstlerisch gestalteter Textkomposition.

Bezeichnend ist dabei, dass gerade im Neuen Testa-ment die entscheidenden Botschaften nicht primär durch Träume erfolgen, sondern durch pneumatische, prophetische und charismatische Kommunikation, nicht zuletzt durch österliche Visionen. In biblischer Perspektive ist immer ein Zusammenklingen von in-nerem und äußerem Wort im Spiel, und dieses wird als unverfügbar und geschenkt, als Geistgeschehen von Gott her gedeutet. Kriterium zur Unterscheidung der Geister ist der Bezug zur Jesusgestalt, die Stim-migkeit des geistlichen Lebens in der Gemeinschaft der Glaubenden, der Mut zur Menschwerdung.

Auch die weitere Geschichte christlichen Glaubens und seiner Mystik ist geprägt von dieser Unterschei-dungsarbeit. Denken Sie nur an die Mönchsväter, an

Augustinus, Hildegard von Bingen, Rupert von Deutz, Johannes Tauler, Heinrich Seuse, Nikolaus von der Flüe, Jeanne d`Arc oder Thomas Müntzer, nicht zu vergessen Ignatius von Loyola und seine Exerzitien. Der Traum sei, so etwa Müntzer, ein „innerliches Wort" Gottes im „Abgrund der Seele"; wer sich derart unmittelbar von Gott ansprechen und führen lasse, habe den „letzten Grad" religiöser Entwicklung und geistlicher Reife erlangt.

Michael Schlagheck: Könnte die Theologie von der Tiefenpsychologie lernen, dass Träume wesentlich befreiende Auskunft geben, die Wege zu einer neuen Identität eröffnen können?

Gotthard Fuchs: Gewiss haben Glauben und Theologie von Psychoanalyse und Tiefenpsychologie viel zu lernen – gerade hinsichtlich solcher Unterscheidungsarbeit. Dass Träume befreiend sein können, ist natürlich im Vollzug des Glaubens vielfach erfahren und bezeugt. Aber schon die Unterscheidungen zwischen Traumbotschaft, Imagination, Einbildung und Illusion nötigt dazu, die Psychodynamik der jeweiligen Erfahrungen und ihre textlichen Gestaltungen genau zu beachten. Dabei ist nicht nur der „Verheißungscharakter" der Träume wichtig – also das, was sie an Erwartungen und Versprechen enthalten. Nicht minder bedeutsam sind z.B. die Angstträume, in denen Warnungen empfunden und vom Unbewussten ausgebildet werden. Die Wirklichkeit, die die Bibel Gott nennt, offenbart sich nicht nur in Verheißungen, sondern auch in Begrenzungen und Konfrontationen (biblisch gesagt: in Gnade und Gericht). Spannend fände ich deshalb auch die Frage, was Psychoanalyse und Tiefenpsychologie ihrerseits von Glaube und Theologie möglicherweise lernen können oder zu lernen hätten. Das Leitwort „neue Identität", das Sie eben angesprochen haben, zeigt nochmals den Unterschied: Im Licht christlichen Glaubens ist „Identität" nämlich immer eine unendliche Geschichte, im sterblichen Leben sozusagen unabschließbar und der Vollendung in Gott allererst bedürftig. Theologisch wäre kritisch zu fragen, ob nicht manche psychologischen und soziologischen Konzepte von Identität mehr versprechen, als sie halten können – weil sie diese grundsätzliche Offenheit und irdische Unerfüllbarkeit nicht genügend in den Mittelpunkt stellen.

Thomas Auchter: Ich weiß nicht, welche Identitätskonzepte Sie hier attackieren. Der in der Psychoanalyse seit Erik H. Erikson gebräuchliche Begriff der *Identität* betont im Gegensatz zur allgemeinen Logik, die ihn als vollständige Übereinstimmung, also *statisch* definiert, ihren Prozesscharakter, ist also fundamental *dynamisch*. Die psychoanalytische Vorstellung von Identität umfasst eigentlich paradox einen stabilen, konservativen, immer gleich bleibenden Aspekt und *gleichzeitig* einen flexiblen, progressiven, sich dauernd verändernden Anteil. *Erikson* (1970) definiert die *psycho-soziale Identität* als „sowohl ein dauerndes inneres Sich-selbst-gleich-Sein, wie ein dauerndes Teilhaben an bestimmten gruppenspezifischen Charakterzügen". Wieder hebt die Psychoanalyse das Spannungsmoment zwischen beiden Anteilen hervor und entspricht damit der grundsätzlichen inneren Widersprüchlichkeit des lebendigen, d.h. ständig sich in Entwicklung befindlichen Menschen.

2. Themenkomplex: Historische und kulturelle Einbettung des Traumes

Zuhörer: Meine Frage als Arzt – vor allem an Herrn Huber – gilt dem Zusammenhang zwischen Träumen und der *epileptischen Erfahrung* als ‚mystischem Erlebnis'. Ich möchte in diesem Zusammenhang moderne ‚Stigmatisierte' erwähnen.

Michael Huber: Ich denke, ein Neurologe würde sagen, die Erfahrung, die z.B. aus Saulus Paulus machte, war eine epileptische Aura. Dostojewski hat ja (auch im Fürst Myschkin – der Idiot) beschrieben, dass seine epileptischen Auren zu den wichtigsten Erfahrungen seines Lebens gehört haben, die er niemals würde missen wollen. Auch Paulus' Poltern, sein öfter aggressiv unterlegter Diskussionsstil, sein Persönlichkeitsstil passen zu einem Epileptiker. Aber ich denke, ob epileptisch oder nicht, sagt uns wenig über den Wahrheitsgehalt seines Erlebens, das ist eine ganz andere Kategorie.

Michael Schlagheck: Herr Weber hat uns in seinem Beitrag eindrucksvoll aufgezeigt, wie ernst Träume zu allen Zeiten genommen wurden. Sie wurden nicht diskreditiert. Die Traumwelt war ein Teil von Wirklichkeit. Könnte man aus Ihrer Perspektive im historischen Vergleich sagen, dass heute ein *Verschwinden* ‚religiöser' Träume beziehungsweise ein *Bedeutungsverlust* ‚öffentlicher' Träume zu beobachten ist?

Gregor Weber: Ohne Zweifel können wir heutzutage z.B. im Vergleich mit der Antike einen Rückgang von Träumen konstatieren, die einen religiösen Inhalt aufweisen, in einen religiösen Rahmen gestellt bzw. religiös interpretiert werden. Beigetragen dazu haben sowohl die Monopolisierung der Träume durch die Kirche als auch die Aufklärung. Auch der neue Umgang mit Träumen seit Freuds Traumdeutung weist in eine säkulare Richtung.

Thomas Auchter: Aller Säkularisierung ist aber auch aus psychoanalytischer Sicht eine Grenze nicht nur durch die Existenz des Unbewussten gesetzt, sondern auch durch den Respekt vor einem unaufhebbaren *geheimnisvollen* Kern im Menschen (Donald W. Winnicott, Alexander Mitscherlich), der sich jeder positivistischen Verfügbarkeit durch Wissenschaft entzieht.

Zuhörer: Könnte das Schwinden ‚tiefer religiöser Erlebnisse' oder religiöser Träume auch mit der modernen Reizüberflutung gerade im Vergleich mit der reizärmeren Antike in Verbindung gebracht werden?

Gregor Weber: Die Frage nach der Relevanz moderner Reizüberflutung für die nächtliche Bilderwelt ist im Hinblick auf die Antike nur schwer zu beantworten. Man kann nur sagen, dass das Spektrum der geträumten Symbole und Szenen sich innerhalb dessen bewegte, was für die damaligen Menschen im weitesten Sinne vorstellbar war. So konnte man sich zum Beispiel in der Antike vorstellen, dass Menschen fliegen, aber natürlich nicht mit einem Flugzeug.
Der gesamte Umgang mit Träumen ist stark kulturell abhängig. In der Antike wurde es nicht als lächerlich empfunden, wenn die Oberschicht über Träume

kommuniziert hat. Außerdem waren Träume insofern öffentlich interessant, als sie für die Zukunft des Gemeinwesens wichtig sein konnten. Träume von Herrschern wurden auf Grund von deren hohem Sozialstatus für sehr signifikant gehalten. Wir leben heute dagegen in einer ‚Schamkultur'. Stellen Sie sich einmal vor, wie es wirken würde, wenn der Bundeskanzler oder der Bundestrainer seine nächtlichen Träume veröffentlichen würde. Hierauf würde sich doch die gesamte Presse, insbesondere berufene und nichtberufene (selbst ernannte) Psychoanalytiker, stürzen und Korrelationen mit dem bisherigen Leben versuchen. Insgesamt würde man eine solche Veröffentlichung wohl als einen *Skandal* empfinden.

3. Themenkomplex: Träume als individuelle oder kollektive Phänomene

Michael Schlagheck: Herr Weber, bei all unseren bisherigen Überlegungen haben wir wohl den Traum vor allem als eine Leistung des Individuums verstanden, und zugleich hat doch Thomas Auchter auch vom „american dream" gesprochen oder von Visionen, die ein Volk hatte. Kennt die Antike Zeugnisse über kollektive bzw. ‚nationale' Träume? Wie steht es um die gesellschaftliche Dimension des Traums?

Gregor Weber: Soweit ich sehe, gibt es nur wenige Beispiele. Eines finden wir bei Artemidor. Der Prämisse, dass der Sozialstatus des Träumenden (Herrscher, Priester etc.) für die Glaubwürdigkeit des Traumes essentiell ist, wird als gleichwertig gegenübergestellt, wenn viele Personen mit niedrigem Sozialstaus (Sklaven, Freigelassene, Arme etc.) denselben Traum haben. In diesem Fall ersetzt die Quantität, die Masse der Träumenden, die Qualität des einzelnen Träumers bzw. seines Taumes. Ein zweites Beispiel wird durch Victor von Vita, Autor einer Geschichte der Verfolgungen unter den Vandalen im 5. Jh. n. Chr. aus Nordafrika, zur Zeit der vandalischen Eroberung berichtet. Hier sollen zwei Jahre vor dem Einfall der Vandalen viele Personen dieselben diesbezüglichen Träume gehabt haben. Das massenhafte Auftreten derselben Träume wurde als Glaubwürdigkeitsbeweis angesehen.

Gotthard Fuchs: Spannend finde ich in diesem Zusammenhang die Frage, ob die Psychoanalyse – mindestens als Methode – vom Ansatz her zu *individualistisch* bleibt, steht doch die Arbeit zwischen Analytiker und Analysand im Mittelpunkt. Wie aber wird die Individualität und Sozialität der Lebensgestaltung vermittelt? Wie kommen die sozialen, gesellschaftlichen und politischen Dimensionen des Lebens ins Spiel? Ein *Martin Luther King* meinte mit dem Traum, den er träumt, eine immens politische Alternative. Haben wir bisher vom Traum sowohl psychoanalytisch wie theologisch zu individualistisch gesprochen?

Thomas Auchter: Wenn Sie nur die Psychoanalyse als Einzelpsychotherapie in den Blick nehmen, dann steht dort die Zweierbeziehung zwischen den Individuen Analytiker und Analysand natürlich ganz im Vordergrund. Wobei wir allerdings dabei auch nie unser eigenes Verwobensein in größere Zusammenhänge und das unserer Patienten verleugnen. Die

Psychoanalyse als *Sozialpsychologie,* als *Kulturtheorie und Kulturkritik* dagegen befasst sich im übrigen ganz speziell mit den von Ihnen hervorgehobenen Verknüpfungen. Von Beginn an betrachtet die Psychoanalyse die gesunde und kranke Entwicklung des Individuums auch im Kontext seiner Familie und seines gesellschaftlichen und kulturellen Umfeldes. Außerdem nimmt sie die *wechselseitige* Beeinflussung von Individuum und Gruppe, Masse und Gesellschaft und die zwischen dem Subjekt und kulturellen Schöpfungen in den Blick. Insofern sich die gesellschaftlichen und kulturellen Bedingungen als unterdrückend und krank machend erweisen, wird die Kulturtheorie zur *Kulturkritik.*

Gegenstand psychoanalytischer Gesellschafts- und Kulturtheorie sind beispielsweise intersubjektive, Gruppen- oder Großgruppenkonflikte, gesellschaftliche Entwicklungs- und Entfremdungsprozesse, Institutionen und institutionelle (Abwehr-)Prozesse, Religionen und Ideologiebildungen, Vorurteilserkrankungen, Fragen nach Gewalt, Krieg und Frieden, aber auch kreative Leistungen wie Literatur, Kunst, Film, Internet und anderes mehr.

In diesem Zusammenhang möchte ich auch nochmals ausdrücklich, wie in meinem Vortrag, auf ‚kollektive Träume' im Sinne von Visionen verweisen.

4. Themenkomplex: Instrumentalisierung des Traumes für religiöse, strategische oder politische Zwecke

Michael Schlagheck: Bei der Tagung sprach Gotthard Fuchs davon, dass gerade auch im Blick auf die

Träume eine Unterscheidung der Geister erforderlich sei. Dabei führte er das Kriterium der pneumatischen Sozialverträglichkeit ein: Dienen Träume konkret der christlichen Lebenspraxis, und sind sie jesusgemäß? Herr Fuchs, Sie sprachen von der Notwendigkeit einer neuen Kultur der Traumunterscheidung. Kann diese Unterscheidung der Geister dazu beitragen, dem Traum eine „vernünftige Rolle" in der Gotteserfahrung zukommen zu lassen?

Gotthard Fuchs: In jedem Fall. Gerade in Kirche und Theologie gibt es oft einen problematischen Rationalismus, der die Bedeutung der Gefühle und die Dimension des Traumes unterbelichtet, unterschätzt oder ganz abspaltet. Diesbezüglich ist eben von der Bibel, von Mystikern und Mystikerinnen viel zu lernen. Wenn denn Glaube eine den ganzen Menschen mit allen Sinnen betreffende Haltung ist, dann spielen Gefühle für die Artikulation des Glaubens (und der Offenbarung) eine zentrale Rolle, nicht minder die Sprache der Träume.

Thomas Auchter: Gerade an diesem Punkt zeigt sich für mich eine Problematik. Gotthard Fuchs sah in der Tat die Unterscheidung der Geister als erforderlich an und benutzte im Zusammenhang mit dem Petrus-Traum den Satz: „worauf es ankommt". Er sprach auch von der notwendigen „Sozialkontrolle" der religiösen Träume. Für mich stellt sich diesbezüglich die Frage: *Wem* kommt es worauf an? *Wer* übt die Sozialkontrolle über die Träume aus? Besteht auch bei religiösen Träumen die Gefahr der *Instrumentalisierung*, der *Politisierung*? Also konkret auf den Petrus-Traum bezogen, könnte am Anfang die Vorstellung einer Ausweitung des Glaubens über die kleine jüdische Gemeinde hinaus gestanden haben, welche dann ‚nachträglich' mit diesem *passenden* ‚göttlichen' Traum legitimiert und begründet wurde?

Gotthard Fuchs: In der Tat ist die Gefahr der Instrumentalisierung und Politisierung gerade in religiös normierten Gemeinschaften groß. Geschichte und Gegenwart der christlichen Kirchen bieten eine Fülle von oft tragischen Beispielen für solch manipulative Einengungen von persönlichen Erfahrungen. Umgekehrt ist gerade im Christentum, wie ein so unverdächtiger Zeuge wie Michel Foucault betont, eine Kultur der Introspektion entstanden, die ihresgleichen sucht: also eine innere Achtsamkeit auf die Psychodynamik und, wenn ich so sagen darf, Theodynamik des seelischen Erlebens und menschlichen Verhaltens. Dabei ist das Zusammenspiel von persönlicher Erfahrung und offenem, fachkundigem Gespräch darüber von größter Bedeutung. Wenn man z.B. die Benediktsregel darauf hin liest, so bezeugt sie eine Kultur der Glaubensbegleitung, der dialogischen Prüfung der jeweiligen Erfahrung, die von größter Bedeutung ist. Psychoanalyse und Tiefenpsychologie in ihrer heutigen Gestalt sind ganz wesentlich in diesem biblisch vermittelten Gesprächs- und Überlieferungszusammenhang entstanden. Konsequenz also: auf keinen Fall Manipulation oder Instrumentalisierung persönlicher Erfahrungen, wohl aber Gespräche zwecks schöpferischer „Spiegelung", zwecks Unterscheidung der Geister und in diesem Sinne auch zwecks Gewissensprüfung. Trotzdem bleibt eine Fülle von oft auch tragischen Spannungen. Ich erinnere nur an die Geschichte der so genannten Ketzer, der

Häretiker, die in der jeweiligen kirchlichen Gemeinschaft keinen Platz und keine Anerkennung mehr fanden – oft genug, weil ihre eigenen Intuitionen und Überzeugungen, auch ihre Visionen und Optionen sie auf ganz neue und eigene Wege führten – im Konflikt mit der jeweiligen Glaubensgemeinschaft und in oft äußerst schmerzhafter Spannung dazu.

Gregor Weber: Hierzu fällt mir der aussagekräftige Kanon 14 der Synode von Karthago (401 n. Chr.) ein: „Denn die Altäre, die überall aufgrund von *Träumen* und eitlen Pseudo-Offenbarungen von irgendjemand errichtet werden, sind absolut zu verurteilen" (*nam quae per somnia et inanes quasi revelationes quorumlibet hominum ubique constituuntur altaria, omnimode reprobentur*). Der Text macht unmissverständlich deutlich, dass die reale Praxis als Missstand angesehen wurde, denn es haben sich einige Christen offenbar nicht davon abhalten lassen, vor ihren Mitbürgern ihre Exklusivität und auch ihr Engagement für die Gemeinde, basierend auf ihren Träumen, aufzuzeigen. Daraus geht auch hervor, dass es praktisch nicht möglich war, solche Inanspruchnahmen zu verhindern, somit die Träume einer Sozialkontrolle zu unterwerfen. In dem Zusammenhang möchte ich noch darauf hinweisen, dass vor dem 5./6. Jh. keine Träume bekannt geworden sind, in denen man sich ausdrücklich auf eine Anweisung/Erscheinung Gottes bzw. Christi beruft.

Thomas Auchter: Hier geht es offenbar neben der *Sozialkontrolle* auch um die *Deutungshoheit* über die Träume. Die lag ja in der Antike offensichtlich eher bei Herrschenden bzw. den ‚professionellen Traumdeutern'. Aus der Perspektive der Psychoanalyse möchte ich noch einmal betonen, dass das Privileg der Deutungshoheit über den Traum *grundsätzlich beim Träumenden* bzw. *beim Patienten* liegt. Ich zitierte in diesem Zusammenhang Christine Walde, die den Traum als „letzte Bastion der Individualität" bezeichnet.

Gotthard Fuchs: Die Spannung zwischen individueller Glaubensüberzeugung und gemeinschaftlichen Glaubenszeugnissen durchzieht als Thema, auch als Herausforderung die ganze Kirchengeschichte. Ich verhehle nicht, dass es dabei auch immer wieder zu Missbrauch gekommen ist. Wie in dem Synodenzitat von Karthago, das Gregor Weber erwähnte, in der Weise, dass individuelle Träume zur Manipulation von Gemeinden missbraucht wurden, als auch umgekehrt, dass individuelle Träume von der Kirche monopolisiert wurden. Aber vergessen wir die Goldadern im Geröll nicht, also die humanisierende Kraft des Glaubens und auch der Kirchen.
Der Dichter Jean Paul hat von Jesus als einem ‚wildem Träumer' gesprochen. Seine Visionen vom Satansturz, seine Träume vom Reiche Gottes waren wild in dem Sinn, dass sie mit ihrer ursprünglichen Gottesleidenschaft die Verhältnisse aufmischten und Alternativen zum Status quo entwickelten. Das ist bei vielen christlichen Stifterfiguren so. Deshalb sind sie so faszinierend, aber auch störend.

Gregor Weber: Die Deutung von Textpassagen der Bibel, in denen vom ‚Sehen' die Rede ist, erweist sich als außerordentlich schwierig, z.B. die passivische Formulierung *‚ophte'* (vgl. dazu Clemens Hergenröder, Wir schauten seine Herrlichkeit. Das Johanneische Sprechen vom Sehen im Horizont von Selbsterschließung Jesu und Antwort des Menschen, Würzburg 1996). Ob das auf Träume verweist oder nicht, lässt sich nicht mit Sicherheit sagen und schon gar nicht generalisieren, sondern nur mit angemessener Berücksichtigung des textuellen und kulturellen Kontextes für den Einzelfall entscheiden.

5. Themenkomplex: Verhältnis von Traumwirklichkeit und ‚wirklicher' Wirklichkeit

Michael Schlagheck: Der Träumende erlebt die Traumwelt als wirkliche Welt, nach dem Erwachen jedoch als eine Welt der Vorstellung. Es stellt sich die Frage nach dem Bezugssystem, die Frage nach der Wirklichkeit.

Gregor Weber: In der Antike gibt es einige (wenige) Fälle, in denen der Träumer berichtet, beim Aufwachen (angeblich) einen geträumten Gegenstand neben sich vorgefunden zu haben. Ob das stimmt, lässt sich natürlich nicht mehr nachprüfen. Faktum ist aber, dass der Berichtende oft nicht mehr wusste, in welchem Status einem eine 'Erscheinung' zuteil wurde – im Traum, im Halbschlaf, im Wachen. Andererseits wurde, und darauf hatte ich ja in meinem Vortrag ausdrücklich hingewiesen, in der Antike die Traumwelt trotz aller Unterschiede als Teil der Wirklichkeit empfunden.

Michael Schlagheck: Ich möchte in unserem Gespräch noch bei der von Ihnen angesprochenen Wirklichkeit bleiben, denn die Frage nach der Wirklichkeit ist auf dem spirituellem Weg wohl eine sehr bedeutsame. Die Frage, was denn wirklich ist, hat Menschen aller Zeiten begleitet. Lassen Sie mich dazu eine Überlegung Anselm Grüns in unsere Gesprächsrunde geben. Auch er fragt beim Blick auf die Träume, was denn wirklich ist? „Können wir die Wirklichkeit erkennen, oder sehen wir nur einen Schein davon? Was ist wirklich: die geistige Welt der Ideen oder die Materie ... Die Metaphysik sagt uns, dass Gott die eigentliche Wirklichkeit ist und dass wir nur wirklich sind, insofern wir an Gottes Sein teilhaben." Unser alltägliches Wirklichkeitsverständnis dürfte ein anderes sein und doch: „... es ist nicht von vorneherein gesagt, dass die Träume unwirklicher seien als das, was wir im Bewusstsein wahrnehmen. Im Traum kann Gott einbrechen. Im Traum kommen Bilder hoch, die scheinbar nichts mit unserer bewussten Wirklichkeit zu tun haben, die uns aber grade das Wesen dieser Wirklichkeit enthüllen." Könnte man das Träumen als eine Betrachtung unseres Lebens von einer anderen Seite her verstehen?

Thomas Auchter: Ich würde gerne theoretisch zwischen einer *äußeren Wirklichkeit* und einer *inneren Wirklichkeit* unterscheiden. Die innere Realität umfasst einerseits alle (szenischen) Abbildungen (wobei diese Bilder keine 1:1-Abbildungen sind, sondern immer schon ‚*Konstruktionen*') von Erfahrungen der äußeren Welt und des eigenen Körpers. Sie bilden sich in und aus der *Interaktion* zwischen ‚der (äußeren) Welt', vor allem verkörpert in den bedeutsamen Personen unserer Mitwelt, und unterliegen einer ständigen Modifikation durch neue Erfahrungen, also

Einwirkungen der äußeren Realität. Die innere Wirklichkeit beeinflusst andererseits wiederum die Wahrnehmung der äußeren Wirklichkeit und unser Verhalten ihr gegenüber. Die äußere Realität mag es ‚objektiv' geben, aber sie kann immer nur ‚subjektiv' wahrgenommen werden. Ich erinnere in diesem Zusammenhang an Platons Höhlengleichnis, dass wir immer nur die Schatten, Abbildungen von Wirklichkeit sehen. Nur die Übereinstimmung und Verständigung zwischen mehreren Subjekten konstruiert objektivere Wirklichkeit.

In der Tat könnte man nun den Traum als einen subjektiven übergangshaften Verständigungsprozess zwischen bewusster innerer Wirklichkeit, unbewusster innerer Wirklichkeit und äußerer Wirklichkeit betrachten. Insofern kann uns der Traum dabei behilflich sein, bislang *unbewusste* Teile von uns selbst *bewusster* zur Kenntnis zu nehmen und insofern den Reichtum unseres Selbst-Bewusstseins zu erhöhen. Damit erweitert sich der Umfang unserer Handlungsoptionen, wir gewinnen größere *Handlungsfreiheit*.

Der Traum ist aus der Sicht der Psychoanalyse im Überschneidungsraum zwischen Wirklichkeit und Nicht-Wirklichkeit angesiedelt, er spielt in einem ‚dritten', von Donald W. Winnicott so genannten ‚*intermediären*', Bereich zwischen subjektiver und objektiver Realität.

Gotthard Fuchs: Dem kann ich für die Konstitution und Genese des religiösen Bewusstseins, insbesondere des christlichen Glaubens, nur zustimmen. In der theologischen Tradition, bei Augustinus etwa, hat sich früh die Auffassung entwickelt vom Zusammenspiel des inneren und des äußeren Wortes: Wir werden angesprochen von außen, z.B. durch die Verkündigung des Evangeliums; aber dem korrespondieren innere Antworten und Reaktionen. „Die Botschaft höre ich, allein mir fehlt der Glaube" – sagen die einen. Andere dagegen finden genau in diesem Zusammenklang von außen und innen zum Glauben – und erleben das als Geschenk, als Bereicherung. Sie begreifen ihr Leben „in Gott", dem allzeit verlässlichen Grund.

Autoren

Thomas Auchter
Dipl.-Psych., Psychoanalytiker (DPV), Aachen

Gotthard Fuchs
Dr., Referent für Kultur, Kirche, Wisenschaft, Wiesbaden

Michael Huber
Priv.-Doz. Dr. med., Psychoanalytiker (DPV), Institut für Psychosomatik und Psychotherapie der Universität zu Köln

Michael Plattig
Prof. DDr., Karmelit, Professor für Theologie der Spiritualität an der Phil.-Theologischen Hochschule Münster und Leiter des an die Hochschule angegliederten Instituts für Spiritualität

Michael Schlagheck
Dr. phil., Direktor der Katholischen Akademie „Die Wolfsburg", Mülheim an der Ruhr

Gregor Weber
Dr. med., Priv.-Doz., Lehrstuhl für Alte Geschichte, Katholische Universität Eichstätt

Bisher liegen vor:

Theologie & Psychologie im Dialog über ...

... die Schuld

Beiträge von Josef Fuchs, Thomas Auchter,
Lorenz Wachinger
1996. 165 Seiten.
ISBN 3-87088-919-5

... die Frage nach Gott

Beiträge von Bernhard Grom, Michael Schlagheck,
Reinhard Tausch, Siegfried Zepf
1996. 104 Seiten.
ISBN 3-87088-918-7

... die Angst

Beiträge von Eugen Biser, Piet C. Kuiper, Hans Rotter
1997. 72 Seiten.
ISBN 3-87088-978-0

... ihre Menschenbilder

Beiträge von Annelise Heigl-Evers, Franz Furger,
Ulrike Willutzki
1997. 102 Seiten.
ISBN 3-87088-936-5

Im Buchhandel erhältlich

BONIFATIUS
Druck · Buch · Verlag

Theologie & Psychologie im Dialog über ...

... das Böse

Beiträge von Bernd Claret, Dieter Schnocks, Dieter Funke
1998. 144 Seiten.
ISBN 3-89710-052-5

... Identität und Fremdheit

Beiträge von Carl-Friedrich Graumann,
Wulf-Volker-Lindner, Ernst-Josef Nagel
2000. 114 Seiten.
ISBN 3-89710-097-5

... Sterben und Tod

Beiträge von Alexander Böhle, Elke Böhle-Neugebauer,
Annelise Heigl-Evers, Franz-Josef Nocke, Franco Rest,
Joachim Wittkowski
2001. 144 Seiten.
ISBN 3-89710-149-1

... über den Traum

Beiträge von Thomas Auchter, Gotthard Fuchs,
Michael Huber und Gregor Weber
2003. 261 Seiten.
ISBN 3-89710-206-4

Theologie & Psychologie im Dialog über Sterben und Tod

Beiträge von
Alexander Böhle
Elke Böhle-Neugebauer
Annelise Heigl-Evers
Franz-Josef Nocke
Franco Rest
Joachim Wittkowski
2001. 144 Seiten.
ISBN 3-89710-149-1

Die Zahl krebskranker Menschen mit einer langen Zeitspanne zwischen der Diagnoseerstellung und dem Tod ist gestiegen. Psychosoziale Probleme unheilbar Aids-Kranker sind besonders bedrängend. Entwicklungen, die intensivere wissenschaftlich-psychologische Beschäftigung mit der Todesthematik erfordern. In den letzten zehn Jahren hat sich eine Thanato-Psychologie herausgebildet, die das Erleben und Verhalten gegenüber Sterben und Tod erforscht. Im Kontrast zu dieser Entwicklung steht die Meinung, unsere Gesellschaft gehe unfähiger denn je mit Sterben und Tod um. Der Tod sei gesellschaftlich tabuisiert und verdrängt, nicht zuletzt weil die eigene Endlichkeit nicht zugelassen werden könne. Wenn auch andererseits die zum Teil heftigen Auseinandersetzungen um Sterbehilfe und Organtransplantation und die zunehmenden Bemühungen um Sterbebegleitung eine wachsende Sensibilität anzeigen, wird man letztlich die Einschätzung weit verbreiteter Erfahrungslosigkeit gegenüber dem Tod bestätigen müssen. Dabei sind diese Erfahrungen die sichersten der Menschen; allen sind sie gewiss.

So wie sich die Psychologie seit der Formulierung der psychoanalytischen Lehre vom Todestrieb stetig weiter entwickelt hat, können auch in der Theologie Entfaltungen festgestellt werden. Der Tod sei nicht nur zu erleiden, sondern solle auch aktiv getan werden. Erst hier falle die eigentliche, freie Entscheidung über das ganze Dasein.

BONIFATIUS
Druck · Buch · Verlag